Educar filhas FORTES
numa sociedade líquida

Meg Meeker

Educar filhas FORTES

numa sociedade líquida

Título original
Raising a Strong Daughter in a Toxic Culture: 11 Steps to Keep Her Happy, Healthy, and Safe

Publicado em acordo com a Regnery Publishing.

Capa
Gabriela Haeitmann

Dados Internacionais de Catalogação na Publicação (CIP)
(Câmara Brasileira do Livro, SP, Brasil)

Meeker, Meg
Educar filhas fortes numa sociedade líquida/ Meg Meeker; tradução Diego Fagundes. — 1. ed. — São Paulo, SP: Quadrante Editora, 2022.

ISBN: 978-85-54991-54-8

1. Jesus Cristo - Biografia I. Título.

CDD- 649.133

Índices para catálogo sistemático:
1. Pais e filhas: Educação: Vida familiar 649.133
Eliete Marques da Silva - Bibliotecária - crb-8/9380

Todos os direitos reservados a
QUADRANTE EDITORA
Rua Bernardo da Veiga, 47 - Tel.: 3873-2270
CEP 01252-020 - Sao Paulo - SP
www.quadrante.com.br / atendimento@quadrante.com.br

Sumário

Como fazer a coisa certa 13

Conheça o coração dela 17

    Primeiro desejo: amar 20

    Segundo desejo: criar laços de apego profundo 22

    Terceiro desejo: cuidar 26

    Quarto desejo: ser amada 29

Responda às quatro grandes questões
que ela tem 35

    Primeira pergunta: de onde eu vim? 37

    Segunda pergunta: tenho valor e importância? 41

        Aceitação: a armadilha das redes sociais 49

    Terceira pergunta: a moral existe? 55

    Quarta pergunta: para onde vou? 60

Mãe: mentora, aliada, cola 63
Cola 67
A mãe como mentora 70
Como ser uma boa mentora 75
Como ensinar a tenacidade 77

Pais: sejam o primeiro amor, o protetor e o líder de suas filhas 87
O pai como primeiro amor 90
O pai como protetor 91
A dedicação do pai 97

Ajude-a a controlar as telas 103
O maior medo dos pais 105
Entendendo o perigo 106
Entre garotas, as redes sociais têm clara conexão com a depressão 108
Solidão e depressão 116
O que todos os pais podem fazer 117

Ensine a diferença entre o feminismo saudável e o feminismo nocivo 123
Uma revolução em curso 124
Começa uma segunda revolução 126
Depois, uma terceira e quarta ondas 129
Os efeitos colaterais do feminismo 131
As mulheres estão menos felizes 132
As mulheres estão mais solitárias 132
As mulheres estão mais ansiosas e deprimidas 133
Distanciamento emocional 134
O conflito relacionado à autonomia 135
A guerra contra os homens 135
A desvalorização da vida humana 136

A guerra contra a feminilidade...138

Mentiras sobre a biologia...139

Onde encontrar um feminismo saudável?.....................141

Ensine-as a cultivar um bom caráter..............................142

Ajude-a a encontrar fortaleza com humildade............144

Ensine-a a ser assertiva sem ser insolente....................145

Ensine-a a ser tolerante, mas não permissiva...............146

Ensine-a a ver a coragem e o bem do amor..................148

Uma última lição: ame os homens..................................149

Alimentação e imagem corporal: como ajudar nossas filhas a alcançar o equilíbrio..151

Obesidade..155

Anorexia nervosa...159

Bulimia nervosa..159

O que podemos fazer para ajudar nossas filhas?.........164

Limite o acesso às mídias sociais....................................164

Mude a maneira como você fala......................................165

Regras de alimentação..166

Fundamente a fé em Deus.................................171

O desejo de buscar a verdade..174

Como encontrar uma perspectiva saudável...................178

A experiência da paz...180

O que os pais podem fazer?...184

Cinco maneiras de ensinar sua filha a ter fé................186

1. Faça uma reflexão sobre a sua fé..............................186

2. Pratique a sua fé..187

3. Ajude sua filha a buscar a Deus................................190

4. Reze com ela..190

5. Ensine-a a conhecer Deus...192

Ajude-a a desenvolver uma sexualidade saudável 195

O desenvolvimento de uma sexualidade saudável.............................. 201

Como sua filha se desenvolve do ponto de vista cognitivo e psicológico.................... 202

Uma cultura que corrompe.............................. 204

O papel dos pais 206

Garotas e sexo: o que você precisa saber.................... 207

Garotas, sentimentos e sexo 211

Como pais e mães podem fazer a diferença.............. 214

Ajude-a a fazer boas amizades (e a lidar com as ruins)............................221

Por que nossas filhas precisam das amigas.................223

As garotas anseiam por conexões profundas e pela felicidade........................ 224

As amizades ajudam sua filha a se compreender melhor..............................226

As amizades deixam as nossas filhas mais felizes.......................... 229

Diferentes tipos de amizade............................ 230

A dramática 231

A «amiga» que suga as energias........................232

A amiga problemática................................232

A amiga descolada 233

A amiga que idolatra...............................234

As meninas malvadas............................234

Por que as garotas magoam umas às outras? 237

Inveja.............................. 237

Insegurança 238

O que é uma boa amiga? 239

Amigas têm interesses, crenças
e valores em comum...240

Elas têm experiências de vida em comum.................243

Como ajudar nossas filhas a estabelecer
relações saudáveis..243

Ajude-a a ser forte, e não uma vítima.........247

Quais são as consequências
para as nossas filhas?...253

Mudando de perspectiva...258

Eduque-a para ser independente,
e não para depender de você..................................258

Como mantê-la forte..261

Deixe que ela tenha a oportunidade
de se esforçar sozinha...261

Ensine-a a viver sem medo......................................262

Ajude-a a assumir riscos calculados
e a enfrentar o fracasso...267

Nunca faça por ela o que ela
pode fazer por si mesma..270

Agradecimentos...273

Referências bibliográficas.............................275

A Ainsley, Mary, Maggie e Elliot,
a próxima geração de mulheres fortes.

INTRODUÇÃO

Como fazer a coisa certa

Sejamos sinceros: ter filha dá trabalho.

Mas isso é porque elas são humanas. Você dá trabalho também. Todos nós damos, pois, ao mesmo tempo que queremos fazer a coisa certa (na condição de pais ou de filhos), também somos tentados a fazer a coisa errada.

Esse não é um dilema recente. De fato, é possível encontrá-lo até na Bíblia. Quando se dirigiu aos romanos, São Paulo disse algo extraordinário. Apontando com precisão o conflito enfrentado por todos os homens, mulheres e crianças, ele disse: *Não entendo, absolutamente, o que faço, pois não faço o que quero; faço o que aborreço* (Rm 7, 15).

Para nós, pais e mães, é fundamental reconhecer que nossas doces e inocentes filhas vivem o mesmo dilema. Mesmo que tenha apenas dois anos de idade, sua filha já tem uma ideia geral do que é certo e do que é errado. Ela sabe intuitivamente aquilo que não deve fazer (bater na cabeça do irmãozinho com um bastão de plástico) e, no entanto, ela o faz. Ela nasceu com uma consciência e desde pequena sente essa tensão fundamental entre fazer o que é certo e fazer o que é errado. Ela luta contra as próprias vontades e desejos de independência, e também contra uma tendência à travessura que todos os pais de filhas jovens conhecem.

Sua função enquanto pai ou mãe é entender sua filha, ajudá-la a vencer essa luta que se dá na consciência, ajudá-la a desejar o que é bom e evitar o que é mau (ainda que as coisas más possam parecer passageiras), saber quando a desobediência é, na realidade, uma tentativa de chamar atenção (e as atitudes autodestrutivas de muitas garotas são exatamente isso) e guiá-la em meio às decepções e percalços inevitáveis.

É mais difícil ser criança ou adolescente nos dias atuais do que no passado. A cultura de hoje é muito diferente da cultura de, digamos, dez anos atrás e costuma ser hostil às coisas que fazem bem às crianças. Meninas começam a fazer dieta na terceira série. Professores ensinam a nossos filhos que o «gênero» é «fluido» e que eles podem escolher se são meninos ou meninas. Algumas garotas começam a ficar menstruadas na terceira série. Outras têm "namorados" na quinta ou sexta. Também por volta da quinta série a maioria das garotas está familiarizada com o termo «sexo oral», e talvez já tenha visto esse ato por meio de material pornográfico (caso não o tenha até mesmo presenciado). Elas sabem tudo sobre doenças sexualmente transmissíveis e sobre contracepção, sobre o que é um aborto e sobre como devem se «proteger».

No ensino médio elas conhecerão a bebida e o cigarro, bem como as relações sexuais descompromissadas. Muitas vão achar que essas relações são algo que se espera delas, ainda que elas mesmas odeiem essa prática (é o que costuma acontecer). No segundo ano do ensino médio (quando não antes), conhecerão garotas que sofrem de ansiedade e depressão e terão notícia de outras garotas da mesma idade que cometeram suicídio.

Nossas filhas e netas enfrentam muitas ameaças, mas a boa notícia é que nós, que somos pais e avós, temos uma enorme influência sobre a vida delas e sobre as decisões que tomam. Tudo começa com algo muito simples, tão simples quanto estar atento e afirmar com clareza que o valor próprio da sua filha é inerente a ela, e não algo que ela precisa conquistar. Essa ideia é reforçada sempre que você se esforça para que suas interações com ela sejam positivas — o que consiste em estar ao seu lado, em, dizer que é agradável estar perto dela e em mostrar que ela é uma excelente companhia.

Há alguns anos, trabalhei em uma casa de apoio a adolescentes problemáticas na região onde moro. A maioria das garotas chegava ao local com raiva e uma postura contestadora. O que as curava era a atenção dos adultos — a atenção que elas negavam querer e da qual diziam não precisar. Ali, eram acompanhadas por psicólogos adultos. Faziam as refeições entre adultos, trabalhavam com adultos e tinham professores adultos. Na maioria das vezes, levava mais ou menos uma semana para que as garotas respondessem ao tratamento, mas elas pouco a pouco respondiam — e gostavam de estar entre adultos que se importavam com elas.

Se você quer criar uma filha forte, o primeiro passo é mostrar a ela que você se importa. Essa pode ser uma tarefa fácil no início, enquanto ela ainda for uma criança (ou talvez não, se ela for do tipo que passa metade da noite chorando). Quando for uma adolescente meio esquisita, a tarefa pode ficar mais complicada (ou talvez não, já que as adolescentes têm o poder de derreter o coração do pai). O mais importante é permanecer próximo, estar presente, compreender. Este livro é o ápice dos meus trinta anos de textos, palestras, aulas e consultas na área de pediatria. Procurei reduzir ao máximo o número de notas para que fosse possível manter o foco em histórias que ilustram algumas das lições mais importantes que aprendi sobre as crianças e que podem ajudar você e suas filhas a fazerem a coisa certa e terem uma vida feliz e saudável juntos.

CAPÍTULO 1

Conheça o coração dela

Do coreto da igreja olhei para baixo e vi Stefani. Ela tinha oito anos, e meus instintos me diziam que havia algo de terrivelmente errado com ela. Stefani estava com os lábios azulados e se movia com lentidão. Embora não fosse minha paciente, eu conhecia sua mãe. Depois da Missa desci as escadas correndo para ver a garota mais de perto. Ela estava magra, combalida e pálida. A mãe de Stefani me disse que ela estava «se recuperando de uma infecção viral recente que lhe havia afetado o coração». Descreveu os sintomas da filha, e deduzi que aquela fosse uma infecção pelo vírus de *coxsackie*, que pode causar irritação na pele, febre e, em ocasiões mais raras, problemas no coração. Disse a ela que achava que Stefani precisava de uma avaliação mais atenta do pediatra. Um amigo cardiologista rapidamente encaminhou Stefani para a Mayo Clinic, onde os pais dela foram informados de que a garota precisava receber um transplante de coração rapidamente, ou então morreria por falência do órgão.

Stefani entrou na fila do transplante, e nossa pequena igreja rezou intensamente por ela. Tanto ela quanto os pais passaram a viver a agonia da espera por um novo coração. Um dia, esse coração chegou.

Num gesto de profunda generosidade e abnegação, os pais de Oliver — um menino de sete anos recém-falecido — doaram o coração dele.

Um pouco antes da cirurgia, o médico de Stefani, dr. Ackerman, apareceu para vê-la. Os dois conversaram por alguns instantes. Em seguida, o bondoso médico rezou com ela e perguntou se ela tinha alguma dúvida. «Sim», respondeu a menina. «Eu vou morrer?»

«Não!», ele exclamou. «Na verdade, vou dançar com você na sua formatura do colégio!» Vinda de um médico de Minnesota para uma garota do Michigan com oito anos de idade, essa era uma promessa e tanto.

A cirurgia de Stefani foi extremamente delicada, mas ela se saiu muito bem. Transplantar um órgão vital envolve desafios que não fazem parte de outras cirurgias. Stefani teria de enfrentar uma possível rejeição do órgão. Precisaria tomar medicamentos fortes por um longo período, a fim de impedir que seu corpinho rejeitasse o coração que vinha de fora. A medicação incluía esteroides que a fizeram ficar inchada como um balão.

Ela tomou alguns desses remédios por meses; outros, por anos; mas nunca ouvi nem Stefani, nem os pais dela reclamarem dos efeitos colaterais ou dos outros desafios que a menina precisou enfrentar. Ela continuou sendo uma alma bondosa, gentil e de fala suave.

Stefani enfrentou os anos de tratamento com força e humildade. Hoje ela é enfermeira — uma boa enfermeira, diga-se de passagem, cheia de compaixão. Ela se casou e leva uma vida feliz. Ah, e o baile de formatura? Stefani comprou um lindo vestido, chegou ao salão e, enquanto confraternizava com seus colegas, olhou para o lado e teve uma visão memorável. A alguns passos dela estava o dr. Ackerman. Ele fora até ali para dançar com ela, como havia prometido dez anos antes. Todos ficaram boquiabertos enquanto aquela jovem, dona de um novo coração, dançava com um cirurgião da Mayo Clinic.

Stefani teve dois corações na vida, mas sua personalidade não mudou.

Quando falamos sobre o coração de uma pessoa, estamos nos referindo a muito mais do que à manifestação física do órgão. Falamos sobre corações partidos, sobre corações que representam nossas paixões, sobre as coisas que nos atraem, sobre nosso verdadeiro eu. Nossos corações choram de tristeza ou explodem de alegria. E todos esses sentimentos podem ter manifestações físicas: nossos corações batem mais rápido quando estamos ansiosos, podemos rir até doer a barriga, ou ainda nos contorcer de angústia.

O coração é um órgão físico, obviamente, mas quando falamos sobre o coração de uma filha, falamos também de suas emoções, de sua personalidade e de sua espiritualidade. O coração dela — a personalidade, aquilo que ela traz no mais profundo de si — é constante, ainda que as *expressões* da personalidade, dos sentimentos, dos pensamentos e das emoções não o sejam.

Toda filha traz quatro desejos no «coração». Ela quer dar amor, quer criar laços de apego profundo, quer cuidar e quer ser amada.

Em seus primeiros anos de vida, toda filha espera que os pais possam lhe transmitir uma firme sensação de confiança e segurança. Porém, à medida que ela cresce, a perspectiva que temos enquanto pais e mães deve mudar. Para os pais, já não se trata apenas de pensar no que podemos dar às nossas filhas; trata-se de pensar no que *elas* precisam dar aos outros.

Talvez você diga: «Minha filha se recusa a demonstrar afeto. Ela me trata com desprezo. Longe de ser carinhosa com o irmão menor, ela o trata com maldade. É maldosa até com os próprios amigos». Eu sei, mas continue a leitura. Pouco importa a maneira como ela age ou o quanto as necessidades dela estão escamoteadas — lá no fundo ela ainda nutre o desejo de dar amor e de ser amada, um desejo que subsiste como um anseio constante. E isso ser fonte de esperança, porque, por trás do bebê que faz escândalo ou da pré-adolescente irritadiça que diz ser mais legal trocar mensagens com os amigos do que conversar com você, ou ainda da adolescente tatuada que pensa que é muito revolucionária — por trás de tudo isso existe um coração que ainda é terno. Ele pode estar soterrado de ódio, decepção, tristeza ou ciúme — e tudo bem se for assim. Seu trabalho enquanto pai ou mãe é remover gentilmente cada uma das barreiras que ela possa erguer em torno do coração. Mas saiba sempre que o coração dela ainda está lá, e que ela ainda deseja dar amor e ser amada. Você não pode — e não precisa — controlar tudo o que ela faz. A vida inevitavelmente deixará algumas cicatrizes nela. Mas, se você entender os anseios constantes e fundamentais de sua filha, em algum momento vocês vão se entender e a sua relação irá mudar — às vezes dramaticamente — para melhor.

Primeiro desejo: amar

Para a maioria dos pais, é fácil demonstrar amor por uma filha. É igualmente fácil e natural para uma menina expressar o amor que sente por seus pais por meio de abraços e beijos, por meio de desenhos, e também por meio da vergonha que ela sente ao infringir regras domésticas ou se comportar mal. Ela sente que o amor é uma via de mão dupla e que, expressando o amor que sente, tem mais chances de ser amada de volta.

Quando eu tinha oito anos de idade, meu pai me levou para trabalhar com ele em três ou quatro manhãs de sábado. Aquilo fez com que eu me sentisse especial, e guardei essas boas memórias pelo resto da vida. Ele me deixava ficar girando em sua enorme cadeira e, depois de sair do escritório (que ficava no Hospital Geral de Massachussets), íamos os dois andando até a Harvard Square. Até hoje eu adoro cheiro de fumaça de cachimbo, porque ele fumava. Na calçada, meu pai fazia questão de andar pelo lado que dava para a via, dizendo que «um homem deve sempre se colocar entre você e a rua, para o caso de algo acontecer. Assim ele vai se machucar e você, não».

Costumávamos ir a um lugar onde ele pedia café, eu tomava chocolate quente e ambos comíamos *babá* ao rum — um bolo fermentado, embebido em rum e açúcar e coberto com chantilly. Para falar a verdade, eu nunca gostei do bolo. Eu tinha oito anos e gostava de Ho Hos e Twinkies. Mas comia mesmo assim, para mostrar ao meu pai que eu o amava.

Fui uma criança de sorte. Nunca duvidei do amor de meu pai. Podia dar a ele um desenho ridículo ou um cachorro de feltro que eu havia costurado — pouco importava: ele sempre sorria graciosamente, dizendo: «Adorei» (embora meus artesanatos não durassem muito tempo em casa).

Quando sua filha expressa o amor que sente por você, ela o está testando. Você vai amá-la de volta ou vai ignorá-la? Você vai retribuir o beijo dela ou vai virar o rosto? Se lhe trouxer algum objeto que ela mesma fez, você vai parar e admirar esse objeto ou vai dispensá-la com um gesto impensado, enquanto fica grudado na tela do celular?

Se você retribuir o amor da sua filha, ela vai confiar mais nos outros e o coração dela permanecerá terno. Mas, se as investidas dela forem inúteis, ela vai erguer um muro em volta do próprio coração e se recolherá ali dentro, com medo de ser ferida novamente.

Sejamos sinceros: todos nós desapontamos nossos filhos, pelo menos ocasionalmente. Não podemos reagir com júbilo a cada gesto de amor. A questão, porém, não é ser perfeito; é estar presente (fisicamente, mentalmente e emocionalmente) e oferecer a nossas filhas uma experiência geral de amor e apreço. Um coração sincero é tudo o que a sua filha precisa. Faça o seu melhor e não se preocupe com os erros.

Segundo desejo: criar laços de apego profundo

Em seus primeiros anos de vida, uma filha busca inconscientemente se apegar a seus pais. Se você reagir bem a essas investidas e atender às necessidades dela, ela se sentirá segura. Se, no entanto, ignorar ou ficar bravo com a menina, e se o fizer repetidas vezes nos primeiros três anos de idade, ela poderá ter problemas para se apegar de maneira saudável a outras pessoas ao longo da vida.

A ideia da «criação com apego» foi popularizada pelo trabalho revolucionário do psiquiatra britânico John Bowlby, que estudou crianças com algumas desordens e concluiu que a impossibilidade de se apegar profundamente à mãe é um grande fator de problemas emocionais e psicológicos[1].

Uma das alunas dele, a dra. Mary Ainsworth, levou a pesquisa adiante e ajudou a confirmar as conclusões de Bowlby, tornando-se uma das mais respeitadas personalidades no campo da psicologia infantil.

O trabalho de Bowlby e Ainsworth, bem como o da dra. Mary Main (que foi aluna de Ainsworth), levou à identificação de quatro tipos de apego[2].

No *apego seguro*, as crianças confiam em seus pais (ou cuidadores) quanto à satisfação de suas necessidades. Essas crianças geralmente são bem-sucedidas na vida e estabelecem relações saudáveis com outras pessoas.

O *apego preocupado-ansioso* ocorre quando a filha sente um anseio de segurança e, por ter medo de ser negligenciada e não sentir firmeza nos momentos em que recebe atenção, agarra-se aos pais, temendo separar-se deles e ficar sozinha. Ironicamente, ao mesmo tempo que se aferra aos pais, ela não confia neles do ponto de vista emocional.

---

1   Courtney Ackerman, «What is Attachment Theory? Bowlby's 4 Stages Explained». *PositivePsychology.com*, 27 de abril de 2018. Disponível em: https://positive psychology.com/attachment-theory/#definition.

2   *Ibidem.*

Conheça o coração dela

No apego *desapegado-evitativo*, a criança se fecha emocionalmente a fim de se resguardar da dor, chegando a evitar até mesmo os pais.

Por fim, o *assustado-evitativo* dá-se quando a garota desconfia de seus pais ou cuidadores, isola-se dos outros e costuma ser agressiva e nervosa.

A teoria do apego tem muitos aspectos, mas a menciono aqui para sublinhar um ponto simples: sua filha quer ter um relacionamento saudável com você, e o primeiro passo é oferecer a ela apoio emocional e atenção constantes. Ao fazer isso, você terá dado uma grande contribuição para que comece a vida com o pé direito.

Muitos pais e mães (sobretudo mães, e de modo especial aquelas que trabalham em tempo integral) preocupam-se em fomentar o tipo certo de apego com seus filhos. Alguns se perguntam se já é tarde demais para promovê-lo. E há ainda (também costumam ser as mães) os que ficam tentados a se apegar demais às filhas. A pergunta de um milhão de dólares, então, é: como fazer as coisas do jeito certo?

Bowlby focou-se no apego que os filhos nutrem pelas mães porque nos anos 1940 e 1950, quando produziu boa parte de seu trabalho, a maioria das mães ficava em casa, enquanto os pais trabalhavam fora. Porém, os tempos obviamente mudaram, e hoje os pais também podem criar laços de apego com seus filhos. Pude ver isso acontecer em muitas famílias, inclusive na minha.

Quando as nossas duas filhas mais velhas eram pequenas, meu marido, que é médico, ficava em casa com elas enquanto eu concluía minha residência pediátrica. Isso durou três anos e meio, e eu me incomodava com o fato de, à noite, as meninas quererem ser confortadas por ele, e não por mim. Diante das contingências e necessidades do momento, elas achavam que o pai era o cuidador mais amoroso e compassivo, porque sempre atendia às necessidades delas. Ele e as meninas se apegaram de maneira muito saudável. E quanto a mim? Eu ainda sou próxima de todos os meus filhos, e até ajudo a cuidar dos netos. Compensei o tempo perdido fazendo o melhor quando pude. O apego saudável não é nenhum bicho de sete cabeças; todos os pais podem praticá-lo, contanto que não compliquem demais a questão.

Complicar a questão é um problema que afeta aqueles pais que «se apegam demais» às filhas: permitem que as filhas ocupem o centro do universo deles, em detrimento de outras relações. Todos conhecemos pais assim: aqueles que não param de falar dos filhos, que agem como se o sucesso dos filhos pertencesse a eles próprios. Se você não se sente completo sem seu filho, se você mede seu valor a partir das conquistas deles, se você precisa que seu filho esteja junto com você na maior parte do tempo, então é provável que vocês dois estejam apegados de maneira pouco saudável. Esse é um problema comum e pode acontecer aos pais mais bem-intencionados e amorosos. Pais e mães esforçam-se para fazer a coisa certa, mas às vezes passam da conta e se tornam dependentes da aprovação e do sucesso dos filhos. A realidade nua e crua é que as filhas precisam de seus pais, mas os pais podem viver sem suas filhas. E todos os pais devem lembrar que, em algum momento, as filhas sairão de casa. A melhor maneira de evitar o apego excessivo é amar sua filha e estar disponível quando ela precisa de você, mas também tocar sua vida (deixando que ela faça o mesmo) sem criar nenhuma obsessão por ela. É assim que pais e filhos aprendem a amadurecer de maneira saudável.

Na outra ponta do espectro estão aquelas garotas que passam os primeiros anos da vida em orfanatos mal administrados, onde são brutalmente negligenciadas ou sofrem abusos. Durante a infância, elas aprendem que o choro não traz comida, nem atenção, nem afeto. Então param de chorar e, conforme vão passando os meses, deixam de demonstrar qualquer tipo

Conheça o coração dela

de emoção. À medida que crescem, podem começar a exibir comportamentos antissociais, uma vez que nunca criaram laços de apego positivo com pais que transmitissem aos filhos uma sensação de segurança e confiança.

Uma das minhas pacientes foi uma menina de nove anos que vivera num orfanato estrangeiro até ser adotada, seis meses antes da primeira consulta, por uma família muito amorosa. Ela tinha problemas na escola, não conseguia fazer amigos (de fato, chegou a brigar com outros alunos), recusava-se a participar das atividades escolares e era nervosa e pouco comunicativa e quando estava em casa.

Consegui que a garota conversasse comigo e descobri que o orfanato dela era basicamente comandado pelas crianças mais velhas — os adolescentes —, que aterrorizavam os mais jovens. Algumas garotas sofriam abusos sexuais dos garotos. Evidentemente, ouvir aquilo foi terrível, mas a mãe dela tinha a esperança de que, com muito amor e apoio, a nova filha «superaria» boa parte da dor a que fora submetida anteriormente.

«Eu acho que a única coisa com a qual ela se sente confortável é a raiva», disse a mãe. «Ela nunca sorri, não quer ser abraçada ou beijada, puxa os cabelos dos colegas na escola e não hesita em fazer maldade com os irmãos. De fato, recentemente ela investiu contra o irmão de doze anos e tentou acertá-lo com um taco de beisebol. Ele ficou muito assustado.»

A mãe estava consternada e perguntava-se se havia algo que podia fazer para ajudar a filha. Ela passou por momentos difíceis; a filha se envolveu com drogas e atividades sexuais e quase fugiu de casa. No entanto, os pais ficaram ao lado da garota e contrataram um terapeuta para ajudar a família. À medida que foi amadurecendo e entrando na adolescência, a filha pouco a pouco deu vazão ao anseio de ser amada.

Para ser clara: nem toda criança criada em orfanatos ou com pais adotivos desenvolve distúrbios de apego. Já conheci centenas de crianças fortes que vieram de ambientes domésticos terríveis e que conseguiram ter uma vida saudável e produtiva. Meu argumento é mais geral: se você sente que sua filha pode ter um distúrbio de apego, converse com seu pediatra sobre o assunto.

Terceiro desejo: cuidar

Desde a infância, as meninas se interessam muito mais por relacionamentos do que os meninos. Meninos gostam de objetos que atraem o olhar. Meninas querem interação; querem comunicar, sentir e oferecer afeto.

Alguns psicólogos dirão que as meninas preferem brincar com bonecas do que com carrinhos porque foram educadas para isso. Mas eles estão errados. E se observamos uma menina enquanto ela brinca de boneca, parte da razão para tanto fica clara: ela faz carinho, coloca roupinhas e brinca de dar banho. Ela usa a boneca para expressar seu desejo de amar, para mostrar carinho e para cuidar. Todo pai e toda mãe que tenham criado tanto um filho quanto uma filha sabem que os meninos têm interesses, habilidades e formas de comunicação muito diferentes. E se você quiser fundamentação científica para aquilo que pode observar com os próprios olhos, procure o trabalho de especialistas como o dr. Leonard Sax, autor do excelente *Por que o gênero importa?*[3]. Citando estudos científicos rigorosamente conduzidos, ele mostra que as garotas veem, ouvem e processam informações de maneira muito diferente dos garotos. As diferenças não são apenas visíveis desde a infância, mas também fisiológica e geneticamente comprováveis.

Se deixarmos as bonecas de lado por um instante, também podemos obter reação similar das meninas com bichinhos de pelúcia. Elas pegam os bichinhos e conversam suavemente com eles. O desejo que têm de ser bondosas e de cuidar é vi-

---

3 Leonard Sax, *Why Gender Matters: What Parents and Teachers Need to Know about the Emerging Science of Sex Differences*. 2ª edição, Doubleday, Nova York, 2017.

Conheça o coração dela

sível o tempo todo. Veem filhotes de patos nadando e querem trazê-los para casa e cuidar deles. Se encontram um pássaro ferido no quintal (ou um coelho, ou até mesmo um sapo), elas o alimentam, abrigam e acalentam até que esteja recuperado. Passe algum tempo com a sua filha e você observará sua ânsia por dar carinho surgir e ressurgir em todo tipo de comportamento — dos trabalhos manuais que ela lhe dá de presente aos desenhos com giz de cera que expressam o quanto ela ama você.

Aos oito anos, Katherine foi internada em um hospital infantil para fazer uma cirurgia oftalmológica. Antes da internação, perguntou à mãe se podia levar seu bichinho de pelúcia favorito. «Claro», respondeu a mãe.

A cirurgia de Katherine correu bem. Enquanto se recuperava, ela percebeu que a maioria das crianças daquela ala do hospital não tinha bichinhos de pelúcia — nada de cachorrinhos felpudos, nem ursinhos com pelo macio, nem macaquinhos fofos. «Mãe», comentou, «fico triste por essas crianças».

Katherine teve alta, mas não deixou de se preocupar com as outras crianças. Perguntou à mãe se as duas podiam comprar alguns bichinhos para enviar ao hospital, e a mãe respondeu que sim. Mas não parou por aí. Katherine também pediu doações de bichinhos de pelúcia a amigos, familiares e até mesmo desconhecidos. Depois de alguns meses, a mãe dela já havia mandado milhares de brinquedos a hospitais espalhados pelo estado do Michigan — tudo isso antes que Katherine completasse a terceira série. Obviamente, Katherine foi um ponto fora da curva por ter feito a diferença na vida de muitas crianças sendo ainda tão jovem. Mas a maioria das garotas traz dentro de si uma compaixão semelhante, mesmo que isso se expresse em menor escala.

Para as meninas criadas em famílias felizes, geralmente é mais fácil expressar bondade, mas a história de Katherine nos ensina outra lição. Os pais dela eram divorciados, porém mantiveram um bom relacionamento enquanto a educavam. Mais uma vez: a perfeição não é o objetivo e não é factível. O objetivo é dar nosso melhor. Se fizermos isso, poderemos despertar em nossas filhas alguns dos maiores dons que elas podem oferecer ao mundo: bondade, paciência e piedade. Não é mera coincidência que tantas mulheres exerçam o cargo de enfermeiras ou de cuidadoras de idosos, por exemplo.

Certa vez conheci Brenda, que trabalhava na casa de repouso onde meu pai (que sofria de demência) passou os últimos anos.

Brenda falava muito sobre sua família. Ela tinha sete irmãos e era a do meio. Havia sido criada como uma boa católica polonesa. Cada um dos filhos tinha uma ocupação específica na família; ela, por exemplo, era a cozinheira.

Brenda se lembrava da infância com carinho. Falava sobre quando saía para caçar com o pai e cozinhava carne de cervo para a família. «Meu pai é um homem bom», dizia. «Trabalhava muito, e por isso nem sempre estava por perto, mas, quando estava, nós sabíamos disso porque ele fazia questão de ficar conosco. Isso era muito importante. Compensava boa parte do tempo que passava longe de nós, trabalhando.»

Brenda também falava sobre a mãe, que trabalhava em uma fazenda da região, colhendo e vendendo verduras e legumes. «O dinheiro era pouco, mas eu sempre vi minha mãe dar um jeito de acolher mais uma criança com fome ou um vizinho que enfrentava problemas. Era bondosa, trabalhava bastante e era resiliente.»

Brenda ajudou a salvar a vida do meu pai. Certa tarde, a cozinha da casa de repouso pegou fogo, e o incêndio se alastrou. Quando cheguei, meu pai e os outros residentes — todos em suas cadeiras de rodas, e todos meio perdidos — estavam organizados em fila no estacionamento. Brenda os contou, percebeu que faltava um e voltou correndo para dentro da casa em chamas para salvar uma mulher cega.

Depois que os bombeiros controlaram o incêndio, me aproximei de Brenda e perguntei-lhe como havia sido capaz de passar o meu pai (que pesava noventa quilos) da cama para a cadeira de rodas e, depois, empurrá-lo para fora da casa.

— Eu fui bem treinada — respondeu —, e minha mãe sempre me ensinou que, quando há alguém precisando de ajuda, não se deve pensar duas vezes. Acho que guardei isso comigo.

— Parece que sim — concordei. Não obstante, olhando para aquela mulher com 55kg e 1,60m de altura, fui obrigada a repetir a pergunta:

— Mas como você conseguiu?

— Eu o peguei e o coloquei na cadeira de rodas.

— Não, mas não é possível!

— Como eu disse, fui bem treinada.

Para mim, aquele foi o eufemismo do ano.

Brenda salvou a vida do meu pai naquele dia por uma razão: ela tinha um coração de filha. Por anos, estivera observando e aprendendo, amando e cuidando. Fora criada assim. O fato de o pai e a mãe trabalharem fora não fizera diferença. Ela não se sentiu negligenciada ou contrariada. Sabia que eles se importavam; por isso, foi aperfeiçoando suas noções de cuidado e compaixão.

Quarto desejo: ser amada

Nem toda verdade vem dos livros de medicina. Algumas podemos inferir da literatura, da filosofia ou da Bíblia. De acordo com a Bíblia, Deus fez a humanidade porque queria ter um relacionamento conosco. Não nos criou porque achou que seria uma boa ideia, mas porque, mesmo não precisando de nada além de si mesmo, Ele nos *queria*.

Pense nisso. O livro mais importante da civilização ocidental argumenta que fomos feitos para nos relacionar com Deus e uns com os outros. No centro dos ensinamentos constantes do Antigo e do Novo Testamento está a ideia de que Deus nos ama e deseja estar perto de nós. Na tradição judaico-cristã, a coisa mais importante que existe não é a carreira, o dinheiro ou as conquistas mundanas. A coisa mais importante é ter um relacionamento profícuo e recompensador com outras pessoas e, claro, com o Deus que nos criou.

Os médicos (e, talvez de maneira particular, os pediatras) sabem que os relacionamentos são vitais para o bem-estar emocional, espiritual e físico de seus pacientes. Há vários estudos mostrando que quem frequenta a igreja leva uma vida mais saudável e feliz — talvez porque a prática religiosa ajude a fomentar relações[4]. Pesquisas sobre desenvolvimento infantil também comprovam o óbvio: que ter boas amizades com outros indivíduos (e não apenas grupos de interesses comuns) aumenta a percepção do valor próprio e reduz os riscos de depressão e ansiedade entre as adolescentes[5]. Como disse Aristóteles (muito antes que as pesquisas mostrassem que ele estava certo), «na pobreza e em outros infortúnios da vida, as verdadeiras amizades são um refúgio confiável. Elas evitam que os jovens se envolvam em problemas; confortam e ajudam os velhos em suas fraquezas; e encorajam aqueles que estão na flor da idade a fazerem coisas nobres.»[6]

As garotas precisam de amizades autênticas, e essas amizades podem salvar suas vidas. Nunca vou me esquecer de uma conversa que tive com Melanie, uma garota de dezesseis anos. Ela viera para uma consulta de rotina, mas queria falar comigo sobre outra coisa.

---

4   Harold G. Koenig, «Religion, Spirituality, and Health: The Research and Clinical Implications». *ISRN Psychiatry*, 16 de dezembro de 2012. Disponível em: https://www. ncbi.nlm.nih.gov/pmc/articles/PMC3671693/.

5   Rachel K. Narr *et al.*, «Close Friendship Strength and Broader Peer Group Desirability as Differential Predictors of Adult Mental Health». *Child Development*, 21 de agosto de 2017. Disponível em: https://onlinelibrary.wiley.com/doi/ full/10.1111/cdev.12905.

6   Aristóteles, *Nichomachean Ethics*, University of Chicago Press, Chicago, 2012.

— Dra. Meeker, tenho uma amiga que está atravessando um momento difícil e não sei o que fazer para ajudá-la. Isso vem me incomodando bastante.

— Pode falar.

— Bom, nós fomos a uma festa com um garoto. Não era para estarmos lá. Os pais dele estavam viajando, e ele chamou alguns amigos... E aí aconteceram umas coisas. Acho que minha amiga pode estar em apuros. Se eu contar para você, você não vai falar para os meus pais, né?

— Depende, Melanie. Se sua amiga estiver precisando mesmo de ajuda, pode ser que eu tenha de falar com os pais dela, e talvez também com os seus. Se o problema for sério, nós duas vamos querer ajudar, certo?

— Acho que sim — disse ela, hesitante. Em seguida, prosseguiu: — O que aconteceu foi o seguinte: o pessoal estava bebendo na festa. Alguns dos rapazes estavam totalmente bêbados. Foi bem horrível. Enfim, minha amiga gostou de um dos caras que estavam bebendo. Eu achei que ele era um idiota, mas ela não me deu ouvidos.

Melanie ficou em silêncio por alguns instantes.

— Bom, ele perguntou se ela queria ficar com ele. Ela não queria, mas também não queria magoá-lo. Aí eles ficaram. Os dois foram para outra sala. Eu acho que tinha mais gente nessa sala. Ela fez sexo oral nele. É o que toda garota faz. Mas o pior veio depois.

Ela fez outra pausa.

— Depois disso, ele levantou e deixou minha amiga lá, sozinha na sala. Acho que ele contou o que tinha acontecido para os amigos dele. Outros rapazes se aproximaram dela e disseram que queriam ficar com ela também. Ela ficou assustada. Uns cinco caras a forçaram a fazer sexo oral neles. Depois, ela chegou para mim e me pediu para levá-la para casa. Ela estava terrivelmente abalada e com medo de encarar os pais, então me perguntou se podia ficar na minha casa. Ela chorou praticamente a noite toda. Eu não sabia o que fazer. Isso aconteceu na semana passada. Ela ainda está muito abalada e não quer ir para a escola. Ela não quer ver aqueles garotos. Está se sentindo muito envergonhada. Chora o tempo todo e não fala com ninguém.

— Imagino que os pais dela ainda não saibam.

— Não. O pai dela ia ficar louco, e ela não quer ter de ouvir um sermão dele. Ela já se sente culpada e muito mal por ter decepcionado os pais. Eu não sei o que fazer.

— Melanie, você fez algo muito corajoso. Esses garotos cometeram um crime e precisam ser responsabilizados. E sua amiga precisa de ajuda com as consequências emocionais, e talvez físicas, do ocorrido. Você foi uma boa amiga. Agora eu preciso ligar para os pais dela e para os seus. Vai ser difícil no começo, mas vai melhorar depois que tudo estiver resolvido.

Os garotos foram interrogados e denunciados. A amiga de Melanie foi diagnosticada com transtorno de estresse pós-traumático, mas, graças a Melanie, recebeu a ajuda adequada, e isso pode tê-la salvado de uma depressão grave — ou até mesmo de um suicídio. Já vi mais de um caso de jovens levadas à automutilação ou ao suicídio em circunstâncias semelhantes.

Sua filha precisa de amigas como a Melanie; amigas que permaneçam ao lado dela e lhe deem força, amigas com quem ela possa compartilhar seus dilemas, seus segredos, seus medos mais obscuros e todas aquelas coisas que ela talvez tenha receio de compartilhar com você. Desabafar sobre esses temas pode ajudar a melhorar as coisas.

Os psicólogos há muito sabem que as amizades entre garotas são muito diferentes das amizades entre garotos. As garotas gostam de *falar*, de *se comunicar*. Já os garotos preferem *fazer* coisas juntos. Quando passam por situações de estresse, as garotas recebem uma descarga hormonal de ocitocina. Esse hormônio dispara uma resposta conhecida como *tend-and-befriend* [proteger e apoiar], que estimula a mulher a se reagrupar com suas amigas[7]. Trata-se de uma reação equivalente à resposta «lutar ou fugir», que ocorre entre os homens. Isso novamente nos remete ao desejo feminino de cuidar e proteger, de amar e ser amada.

Ainda que precise do amor das amigas, sua filha também precisa do seu amor. Uma filha que não encontra amor em casa irá buscá-lo em outro lugar, e isso com frequência é perigoso, como no caso da amiga de Melanie. As meninas que recebem amor de seus pais são confiantes e seguras, fazem uma noção adequada do próprio valor e estão mais preparadas para dizer não às pressões negativas do grupo.

É elementar: nenhuma garota pode prosperar se não se sente amada. Ela precisa ser capaz de dar amor (por meio de um gesto tão simples quanto abraçar você) e de receber amor (ganhando um abraço ou um beijo no rosto, por exemplo). É por isso que nós, pais e mães, somos tão importantes para nossas filhas. Precisamos deixar claro que as amamos sob todas as circunstâncias. Elas precisam da nossa atenção e da nossa chancela, e precisam sentir que têm boas amigas com quem contar.

Ser pai ou mãe de menina tem a mesma dificuldade de reconhecer os anseios constantes do coração dela e ajudá-la a satisfazê-los. A boa notícia é que toda filha quer ter um bom relacionamento com você, pai ou mãe. Ao longo deste livro, tentarei mostrar como aprimorar esse relacionamento.

---

7   Shelley E. Taylor *et al.*, «Biobehavioral Responses to Stress in Females: Tend-and-Befriend, Not Fight-or-Flight». *Psychological Review* 107, n. 3, 2000. pp. 411–29. Disponível em: https://taylorlab.psych.ucla.edu/wp-content/uploads/ sites/5/2014/10/2000_Biobehavioral-responses-to-stress-in-females_tend- and-befriend.pdf.

CAPÍTULO 2

Responda às quatro grandes questões que ela tem

Toda filha nasce com um instinto profundo de buscar respostas para quatro dúvidas existenciais. Quando essas dúvidas são respondidas, ela vive com segurança, estabilidade e felicidade. As dúvidas são:

De onde vim?

Tenho valor e importância (especialmente para os meus pais)?

Existe um padrão moral?

Para onde vou?[1]

A necessidade que sua filha tem de encontrar respostas para essas dúvidas é tão grande que ela as procurará em todo lugar. Ela provavelmente formulará essas perguntas para você, para os amigos, para os professores, e até mesmo para pessoas de quem não gosta. O que a move é uma necessidade inata de validar a própria existência — de sentir, num nível muito primordial, que ela tem valor, que pode ser amada, que tem um propósito.

Como pais e mães, temos conhecimento dessas dúvidas, mas nem sempre sabemos respondê-las. Queremos que nossas filhas se sintam bem consigo mesmas e que tenham uma au-

---

1   Ravi Zacharias, «Four Questions to Answer in Life». YouTube, 10 de dezembro de 2014. Disponível em: https://www.youtube.com/watch?v=Hf b5-7mtC-8.

toestima elevada. Mas frequentemente escolhemos a maneira errada de fazer isso, pois focamos nas conquistas e começamos a inscrever nossas filhas em várias atividades extracurriculares. Achamos que, se for possível ajudá-las a ser pianistas de concerto, elas sentirão que têm valor próprio. Ou, então, achamos que, se forem grandes jogadoras de futebol, ou se se tornarem estrelas do time de debate[2], ou se derrotarem o time masculino de beisebol para provar que são melhores que os meninos, *aí então* elas vão se sentir bem consigo mesmas. Muitos pais e mães de meninas pensam assim.

Mas não: não se trata de competir contra os meninos nem de derrotá-los. Ser uma grande jogadora, debatedora ou pianista pode ser um objetivo nobre, mas não fará com que sua filha sinta que tem valor. Não é bom que ela fique presa à ideia de que seu valor próprio se resume ao bom desempenho que possa obter em uma atividade ou competição. As crianças odeiam achar que os pais só lhes dão atenção quando se saem bem na escola ou em atividades extracurriculares. Quando isso acontece, elas muitas vezes se sentem vazias, usadas, e frequentemente veem-se esgotadas já no primeiro ou segundo ano do ensino médio. Ironicamente, também sofrem de baixa autoestima, porque sentem que os pais não as conhecem pelo que são, mas apenas pelo que fazem, e que, se forem mal em uma partida, em uma apresentação ou em uma prova, isso representará um fracasso completo.

Há maneiras muito melhores de ensinar à sua filha que ela tem valor intrínseco. Esqueça o ritmo insano das várias atividades e dos afazeres extraclasse (a menos que você e ela gostem desses compromissos pelo que de fato são: uma oportunidade de desenvolver habilidades e talentos que valem a pena) e mantenha o foco em apenas uma coisa: mostre a ela que ela foi criada por um Deus amoroso. Sei que essa frase pode soar

---

2   Referência à prática (comum em escolas americanas) de promover debates entre os alunos, que se organizam em equipes para articular diferentes linhas de argumentação. [N. T.]

controversa nesses tempos seculares, mas ela é verdadeira. Nada dará à sua filha uma noção mais profunda de valor próprio do que dizer a ela que Deus a criou por um motivo — e o digo como pediatra que já testemunhou essa situação no consultório inúmeras vezes. Meninas que têm essa noção são infinitamente mais saudáveis e felizes. E a sua filha pode aprender essa ideia desde muito jovem, já aos três anos de idade. Então por onde devemos começar?

Primeira pergunta: de onde eu vim?

As crianças — sobretudo elas, mas também todas as outras pessoas — têm um desejo ardente de saber de onde vieram. Os mais jovens estão sempre fazendo as perguntas mais fundamentais: «por quê?» e «como?». Como a lua foi parar no céu? Por que tenho cabelo loiro em vez de preto? Os anjos voam? As crianças não são cínicas nem desanimadas. São curiosas e abertas. Amam os contos de fadas porque se veem nas histórias, e dentro dessas histórias podem resolver conflitos e dramas e aprender sobre a vida. Elas percebem instintivamente que a vida é uma história e querem saber como essa história começou.

A profunda necessidade que a sua filha tem de compreender de onde veio não é apenas real — é também legítima. Muitos de nós formulamos respostas sem pensar muito nelas e com base em coisas tão frágeis quanto um comentário superficial feito por um amigo ou um professor, ou algo que lembramos vagamente de ter lido em um livro ou visto em um filme. É comum que não pensemos mais nas grandes questões ao longo de nossa vida agitada e que encaremos como satisfatórias respostas sobre as quais mal refletimos.

Para a sua filha, no entanto, isso não é bom o bastante. Ela precisa de algo além das respostas simples e superficiais, uma vez que entender de onde viemos é, para ela, a base da compreensão do mundo inteiro. Quando ela recebe uma resposta bem pensada e refletida, passa a ver os amigos e a si própria — seus problemas, suas alegrias e o mundo ao seu redor — de forma diferente. Quando tem uma convicção profunda quanto à sua origem, também tem uma base forte para a vida. Ela se sente segura. Divisa claramente seu valor próprio e o valor dos outros. Vive com humildade e apreço, e mais importante: com uma compreensão profunda de que foi criada intencionalmente. Ela não é um acidente ou um amontoado de células que veio a existir de maneira aleatória. Está aqui porque ela importa. Como nosso mundo seria diferente se todos compreendessem que existem por intenção, e não por acidente!

Curiosamente, educar uma criança a respeito de suas origens é muito complicado para a maioria dos pais. Em primeiro lugar, temos de criar coragem para ter uma versão adequada à idade da criança daquela famosa conversa sobre reprodução humana. Mas, no fim das contas, essa é a parte fácil. É muito mais difícil ter a outra conversa — aquela sobre a origem e o valor fundamental de nossas filhas. Eis o que pude perceber que funciona melhor — e o que não funciona.

Não funciona dizer à sua filha que ela é o resultado de uma colisão aleatória de genes e que não há nada além disso. Se você quer que sua filha seja uma niilista, suponho que dê para começar por aí. Mas, se você quer que ela tenha uma percepção de seu valor, bem como da beleza e do incontornável mistério de sua origem, é preciso que você diga outra coisa; o evolucionismo reducionista não vai dar conta do recado. A genética tem seu lugar, mas é uma explicação insuficiente. Como escreve C. S. Lewis:

> «Um ovo que não tenha vindo de nenhum pássaro não é mais "natural" do que um pássaro que tenha existido por toda a eternidade. E uma vez que a sequência ovo-pássaro-ovo não nos leva a nenhum começo plausível, não seria razoável procurar a verdadeira origem fora dessa sequência? É preciso sair da sequência de mecanismos e adentrar o mundo dos homens para encontrar o real criador do

Responda às quatro grandes questões que ela tem

foguete. Não seria razoável procurar o verdadeiro Criador da ordem natural fora da Natureza?»[3]

Incentivo os pais que acreditam em Deus a explicar a suas filhas que elas foram cuidadosamente e meticulosamente projetadas por um Deus amoroso que ela pode conhecer, mas não ver. Ela não passou a existir por um acidente ou um erro. Ao contrário, *ela foi desejada*. Ela foi *almejada*. Ela estava *predestinada* a ser sua filha. Não importa se é sua filha biológica, adotiva ou de criação: ela foi projetada com uma personalidade diferente da de todas as outras garotas do mundo, e você se emociona ao pensar que ela é sua.

Se sua filha tem três anos de idade, já consegue entender e se beneficiar dessa ideia. O mesmo vale para filhas que têm dez, treze, até mesmo cinquenta anos. Isso pode dar a elas não só uma profunda sensação de valor e importância, mas também esperança quanto ao futuro. Já percebi que, embora alguns pais duvidem da existência e do amor de Deus (ou fiquem cheios de escrúpulos quando se trata de discutir esse assunto), os filhos são diferentes. Se você quer que suas filhas cresçam para então «decidir» por si mesmas em que vão acreditar quando o assunto é Deus, tudo bem. Mas primeiro ensine-as quem Ele é; depois deixe que elas decidam. É fato que em algum momento elas vão escolher por si mesmas, mas, enquanto isso não acontece, você as terá colocado em um caminho saudável. Essa é a maior questão das nossas vidas; deixá-la para depois, permitindo que sua filha fique no escuro em matéria de fé e religião, é abandoná-la a um perigoso estado de ignorância.

Quando Cassie tinha cinco anos, foi tirada de seus pais e levada para um lar temporário porque a mãe (que era solteira) foi pega usando drogas, era negligente e a cada dia levava um namorado diferente para casa — um deles, inclusive, abusou sexualmente de Cassie em várias ocasiões.

---

3   C. S. Lewis, *God in the Dock*, Eerdmans, Grand Rapids, 2001, p. 211.

Cassie passou por vários lares temporários até ser enviada a uma família cuja mãe era bondosa, mas cujo pai era emocionalmente frio e, em alguma medida, cruel. Ele nunca assediou Cassie fisicamente, mas a fazia sentir-se humilhada e envergonhada por não ser uma «boa menina». Mesmo assim, Cassie falava com carinho sobre a mãe de criação, dizendo: «Ela fez o melhor que pôde. E me amava. Ela me falou sobre Deus. Disse que eu era especial.»

Essas mensagens simples penetraram o coração de Cassie e a mantiveram cheia de esperança. «Quando eu tinha dezesseis anos, lembro que passei por uma mudança profunda. Sinceramente, não sei dizer o que mudou, mas acho que passei a saber, no fundo da minha alma, que eu havia sido criada para algo melhor do que aquilo que eu já tinha visto. Acho que foi Deus, não tenho certeza. Mas sabia que a vida ia melhorar. Algo ia mudar.»

E mudou mesmo. Cassie era ótima nos esportes e conseguiu uma bolsa como jogadora de futebol em uma universidade da Division I[4]. Ela teve um bom desempenho na faculdade; foi como uma oportunidade de começar do zero. Disse-me, certa vez: «Eu ainda não sei explicar totalmente o que mudou minha vida, mas, quando minha mãe de criação me disse que eu havia sido feita para algo melhor e que eu era especial, acho que guardei a frase comigo, e isso fez toda a diferença. Passei a acreditar que Deus existia de verdade e que Ele me ajudaria. E Ele me ajudou.»

Hoje, Cassie tem sua própria família. É uma mulher feliz e uma mãe extraordinária. Tudo começou quando se deu conta de ter sido criada por um Deus amoroso. Isso lhe proporcionou uma noção de esperança e valor próprio que é um bom começo para qualquer filha.

---

4   As universidades da Division I são as mais conceituadas dentre aquelas que fazem parte da National Collegiate Athletic Association, instituição sem fins lucrativos que regulamenta a prática de esportes em nível acadêmico nos Estados Unidos. [N. T.]

Segunda pergunta: tenho valor e importância?

Você pode achar que o fato de sua filha ter valor é uma coisa óbvia, já que ela é um ser humano. No entanto, ela formula essa pergunta com mais sinceridade do que a maioria dos adultos, porque, no frigir dos ovos, muitos de nós não acreditamos realmente na ideia de que temos um valor intrínseco. Em vez disso, cremos que o nosso valor vem do que fazemos: nosso sucesso, nossas conquistas, nosso caráter, a capacidade que temos de ser bondosos e de amar os outros... Todas essas coisas são louváveis e importantes, mas, em última análise, nosso valor não deve vir do que fazemos ou do que os outros pensam sobre nós — e o mesmo vale para a percepção de valor próprio de nossas filhas. Nosso valor não deve ser extrínseco, mas intrínseco. É claro que nos sentimos bem (pelo menos temporariamente) *se* os outros gostam de nós, *se* conseguimos tirar boas notas, *se* ganhamos dinheiro ou *se* conquistamos um bom emprego. Mas há um *se* antes de tudo isso. E mesmo que essas coisas de fato se concretizem, muitas pessoas bem-sucedidas são também paupérrimas do ponto de vista emocional. Não importa o quão bem-sucedidos sejamos: isso não basta, pois todos temos um desejo intenso de compreender nossa importância de maneira mais profunda e satisfatória.

Sua filha certamente é assim. Um de seus maiores desejos é se sentir reconfortada e ter certeza de que ela tem valor intrínseco simplesmente por ser quem é — independentemente do que faça no mundo.

A maioria de nós tem dificuldade em aceitar isso porque todos — professores, amigos, pais e mães — pensamos em termos de desempenho e conquistas e queremos sempre incentivar as crianças para que façam mais e sejam melhores em alguma atividade. Para muitos de nós, esse impulso surge naturalmente, pois nunca sentimos qualquer confirmação vinda de nossos pais. Assim, ficamos o tempo todo vigiando nossas filhas para nos certificar de que têm boa autoestima, e acreditamos erroneamente que essa boa autoestima virá de suas conquistas.

Mas não virá. Sei que aceitar isso pode ser difícil para alguns pais, mas ensinar à sua filha que ela tem valor intrínseco porque foi criada por um Deus amoroso fará mais pela percepção de seu valor próprio do que qualquer medida de sucesso mundano.

Não me entenda mal — ajudar sua filha a ter sucesso em alguma coisa, incentivá-la a encontrar bons amigos, ensiná-la a ser gentil com os outros e aconselhá-la para que tenha um bom caráter são objetivos importantes e que valem a pena. Mas se isso for tudo o que tivermos para dar às nossas filhas, teremos fracassado. E por quê? Embora as conquistas possam aumentar a autoconfiança e oferecer lições úteis sobre disciplina, em última análise elas não podem nos oferecer consolo diante das inevitáveis frustrações, dos fracassos ocasionais ou dos anseios mais profundos do nosso coração. Sua filha precisa do seu amor, acima de tudo; e precisa saber que esse amor é incondicional. Se aprender que um Deus amoroso a criou por um motivo, ela terá o maior consolo possível diante de todos os percalços da vida. Estará imunizada contra algumas das mensagens mais destrutivas da nossa cultura — as que dizem que ela precisa ser magra, bonita, popular ou *sexy*, ou que precisa entrar em uma universidade da Ivy League[5] ou vencer todas as barreiras e se tornar CEO para ter algum valor real. Não; o valor dela virá do simples fato de que é um ser humano criado à imagem de Deus. Se você ensinar isso à sua filha, as conquistas que ela vier a obter ao longo da vida serão aquilo que devem ser, com a vantagem de existirem no contexto de uma vida bem vivida. Mas o que conta é — e sempre será — a vida em si.

Essa é uma lição simples, mas ensiná-la à sua filha será mais difícil do que parece, porque você terá de lidar com a concorrência dos colegas, das telas, das revistas, dos filmes e de vários

---

5   Grupo formado por oito universidades consideradas a elite da formação e da pesquisa acadêmica nos Estados Unidos. [N. T.]

outros meios de influência que vão argumentar contra você e enfatizar tudo aquilo que sua filha precisa fazer para ser popular e atraente. Algumas dessas mensagens são inegavelmente perigosas — incluindo as que estimulam dietas radicais e relações sexuais. Eu e você sabemos que o mundo pode ser um lugar assustador para as crianças. De fato, lembro que uma amiga me disse o seguinte nos anos 1980: «Eu não vou ter filhos. O mundo é muito assustador, e tenho receio do que ele poderia fazer contra os meus filhos». Ouço a mesma coisa dos *millennials*[6] hoje em dia. Mas há muitas coisas que podemos fazer. Você é o maior *influencer* da vida da sua filha, simplesmente por ser pai ou mãe dela. Você é insubstituível quando o assunto é construir e sustentar a percepção de seu valor próprio.

Quando estou no consultório e pergunto a meninas mais velhas e adolescentes quais são seus dois maiores desafios, elas respondem rápido: ser magra e *sexy*. Sentem-se pressionadas a perder peso e a serem *atraentes* (ou sexualmente ativas) porque acham que isso as tornará populares. Muitas garotas acreditam que não são boas o suficiente e se agarram a quaisquer promessas que as façam se sentir melhores consigo mesmas.

Há muitos momentos cruéis na vida de nossas filhas. Além dos desafios de sempre — que vão desde a pressão exercida pelos colegas aos corações partidos —, elas vivem em uma cultura tóxica cheia de pornografia, de confusões sobre o que é uma sexualidade saudável e talvez até de dúvidas semeadas pelo sistema educacional a respeito da própria «identidade». Podemos controlar algumas das ameaças ao bem-estar de nossas meninas, mas outras, não. Uma verdade que se aplica a todas essas ameaças é o fato de que a percepção de valor intrínseco da sua filha é a melhor defesa que ela tem contra a pressão negativa dos colegas, a baixa autoestima, a depressão e o desconsolo.

---

6   O termo *millennials* faz referência à geração Y, a de indivíduos que nasceram entre o início dos anos 1980 e o fim dos anos 1990. [N. T.]

Pensemos no seguinte: quando sua filha chega entre os últimos em uma corrida na escola, ela pode se sentir envergonhada, sua autoconfiança pode cair, ou então ela pode — se tiver uma percepção apropriada de seu valor próprio e inato — dizer, com maturidade precoce e otimista: «Foi só uma corrida. Vou tentar me sair melhor da próxima vez».

Pense, então, na seguinte situação: sua filha está na quinta série e vai fazer uma prova de matemática. Estudou muito, mas ainda não compreende alguns conceitos. Se ela tiver receio de parecer burra, pode tentar colar olhando a prova do colega ao lado, que é bom em matemática, e a situação vai se agravar ainda mais no futuro, porque ela provavelmente vai esconder esse fato de você. Afinal, ela sabe que colar é errado e vai se sentir culpada. Sua filha não quer colar e não quer mentir, mas tampouco quer decepcionar você com notas baixas. Se, por outro lado, você lhe ensinou que o valor dela não está em ser um gênio da matemática (embora ainda queira que ela dê o melhor de si na escola), maior será a probabilidade de ela seguir sua consciência em vez de colar, pois saberá que não há culpa nem vergonha em dar o melhor de si reconhecendo, ao mesmo tempo, que matemática é uma matéria difícil para ela. Seu objetivo é fazer com que sua filha saiba que essas dificuldades ou contratempos não a diminuem enquanto indivíduo nem colocam em risco a relação dela com Deus ou com você.

Durante a adolescência, os riscos são ainda maiores. Se a sua filha não tiver uma percepção do valor que lhe é inerente, vocês dois podem acabar se afastando à medida que ela tenta encontrar confirmações extrínsecas desse valor. É possível que você mal a veja na maior parte dos dias, já que ela vai para a escola às sete da manhã e em seguida tem ensaio do coral, ou aula de piano, ou treino do esporte que pratica, ou uma apresentação, ou um jogo... E as apresentações e os jogos também podem ocorrer nos fins de semana. Às vezes você conseguirá estar com ela; outras vezes, não. E, mesmo quando estiver em casa, pode ser que ela passe a maior parte do tempo no quarto. Você vai pensar que tudo bem, que as adolescentes são assim mesmo, e vai deixar que ela fique ali trocando mensagens com as amigas pelo celular.

A explosão talvez chegue numa noite de domingo — a única ocasião em que todos da família podem curtir o jantar juntos. Ela se recusa a participar da refeição, acusa-o de tentar controlá-la e sai correndo para a casa de uma amiga.

Infelizmente, isso se torna um hábito, e ela vai ficando cada vez mais distante e taciturna, passando a conversar somente com os amigos — não mais com você. Surge um namorado — o tipo de garoto sobre o qual você a alertou —, e os dois passam o tempo todo juntos. Você sente que ela está se distanciando cada vez mais, e isso o entristece e o preocupa. Seus amigos, contudo, garantem que esse é um comportamento normal para uma adolescente. É uma fase, vai passar. Porém, algo lhe diz que eles estão errados. Pode ser que você chegue à angustiante conclusão de que sua filha não tem percepção do quanto vale e está buscando validação não em você, mas nos outros, e isso parece perigoso. E você está certo.

Já vi esse cenário inúmeras vezes ao longo dos anos, e pouco importa se as garotas em questão eram bem comportadas ou encrenqueiras, boas ou más alunas, ricas ou pobres. A questão é que, quando sua filha se recusa a passar tempo com a família ou com os irmãos, há um problema no coração dela. Ela sabe disso, você sabe disso, mas ninguém sabe o que fazer.

O processo começa assim: ela se sente insegura, sente que é um fracasso se comparada aos amigos, sente-se desconfortável consigo mesma, passa a ficar desconfortável em sua companhia e pode inclusive culpar você pelo que lhe parecem ser problemas de aparência ou de popularidade.

Ela fica um pouco perdida em sua agenda cheia de compromissos e sente medo porque cada treino, cada apresentação e cada jogo podem expor o fracasso que ela pensa ser, já que não é tão boa quanto os amigos. E se eles rirem dela? Ela se sente incapaz de lidar com tudo isso, mas não quer contar para você, porque sabe que você está feliz por ela, e ela quer te ver feliz também.

Se, no entanto, a agenda cheia de compromissos a mantém fora de casa, ela tenta criar laços mais próximos com os amigos e se sente cada vez mais distante de você e dos irmãos. Ela percebe que isso está errado; quer estar intimamente ligada à família e quer que sintam falta dela quando está ausente. Porém, por não ter uma percepção inata de seu valor e por estar focada em conquistas externas, ela se preocupa cada vez mais em ser aprovada pelos outros. A obsessão pelo desempenho dominou a vida dela a tal ponto que ela acredita estar se desconectando de você. Para chamar sua atenção, acha que precisa continuar tendo bons desempenhos — tirando notas altas, marcando gols, tocando em concertos, sendo popular com os amigos certos. Ao fracassar, ela sente que talvez não será mais bem-vinda em casa, nem em lugar nenhum. Será que alguém realmente deseja estar na companhia dela?

Na metade do ensino médio, sua filha está exausta e sabe que a vida não pode se resumir a um conjunto interminável de coisas a fazer. Raramente fica em casa, raramente faz as refeições com a família e raramente conversa com você sobre alguma coisa que não seja totalmente superficial; com isso, passa a se voltar para os colegas: as amigas do futebol, as colegas de sala e o garoto que lhe dá atenção.

Essas pessoas substituem você, mas o problema é que não é exatamente a atenção delas o que sua filha quer. No fundo, lá no fundo, ela anseia por receber a sua atenção positiva, embora possa até negar isso. Sua filha almeja se reconectar com o pai e a mãe.

Se você é mãe, partilha do desejo que sua filha tem de se comunicar, de amar e de ser amada; a partir daí, você pode reiniciar a conversa. Se você é pai e está habituado a passar algum tempo na companhia de sua filha, pode se tornar o escudo dela. Se tem um bom relacionamento com sua filha e ensinou-lhe que ela tem valor intrínseco, é bem menos provável que ela adote um comportamento perigoso ou que se torne sexualmente ativa no ensino médio. O fato é que, em sua maioria, as garotas iniciam a atividade sexual *não* porque desejam ter prazer, e sim porque desejam ter atenção e intimidade na relação com um homem e não têm um bom relacionamento com o pai.

A luta pelo coração de uma adolescente pode ser bem intensa. Ela precisa do seu tempo e da sua atenção; sente falta das refeições em família, dos passeios de carro, das caminhadas e das conversas. Se ela começa a se distanciar, existe um porquê. *Todas* as adolescentes magoadas que atendi nos últimos trinta anos acreditavam que ninguém se importava suficientemente com elas a ponto de lhes dar ouvidos e atenção. Essa crença frequentemente surge quando ela começa a se envolver em atividades que a mantêm longe de casa, já que isso a faz concluir que a família está mais interessada em questões relacionadas ao sucesso do que em passar tempo com ela.

Sei que isso pode soar confuso para os pais. Tentamos fazer aquilo que julgamos melhor para as nossas filhas. Tentamos seguir o exemplo de outros pais, de professores e de especialistas. Queremos que nossas filhas tenham boa autoestima (algo que pensamos ser possível alcançar por meio do bom desempenho em atividades escolares ou extracurriculares) e queremos que elas sejam bem-sucedidas para que possam conquistar um bom emprego e ganhar muito dinheiro para viver confortavelmente. No entanto, perdemos de vista aquilo que é mais importante para elas — o fato de que precisam mesmo do nosso tempo e da nossa atenção. Quando não recebem isso, concluem que há algo errado com elas e que não são dignas de amor e nem mesmo de apreço.

Lembre-se de que sua filha, assim como todos os filhos (incluindo os adolescentes), é egocêntrica e sente-se responsável por todas as coisas que acontecem na vida dela. Mesmo que culpe você num momento de raiva, ela na verdade acredita que a culpa, de alguma forma, é dela. É importante recordar isso por vários motivos. Um deles é o seguinte: não importa o quanto você ache que ela busca ser aprovada pelos colegas; você deve saber que a aprovação que ela almeja de fato é a *sua*. A sua atenção e o seu amor fazem toda a diferença.

Se ela, assim como tantas outras garotas, está preocupada com o peso, você pode lhe assegurar que seu corpo vai continuar mudando durante o seu crescimento, que equilíbrio e moderação são a regra em matéria de dieta e exercício e que o valor dela para você, que é pai ou mãe, não tem nada a ver com o número que mostra a balança.

As dietas radicais podem ser perigosas (falaremos mais sobre isso em breve), mas os riscos da atividade sexual prematura são ainda maiores. Infelizmente, essas duas coisas estão ligadas, pois uma garota que não se vê como magra ou atraente pode acreditar que não tem valor nenhum (certamente não para um garoto). A partir daí, busca preencher essa ausência de valor por meio da prática sexual. A maioria das adolescentes parte do pressuposto de que a maioria das adolescentes tem uma vida sexual ativa. Esse é um equívoco terrível, propagado porque as muitas garotas que não são sexualmente ativas ficam caladas, enquanto as que o são se gabam desse fato para ganhar mais atenção e ressaltar o quanto são desejadas. Se sua filha não tem autoestima, pode ficar vulnerável às investidas de seus colegas, que talvez venham a classificá-la como pudica, impopular, careta e infantil.

Quando a percepção de valor próprio de uma garota vem de seus colegas (e quem não quer ser popular, ser amado e aceito?), ela acha necessário agir como eles. A boa notícia é que você pode ter grande influência sobre os amigos que sua filha escolhe, e isso pode ser crucial. Garotas que têm bons amigos sentem-se mais seguras e têm maior probabilidade de evitar o cigarro e a maconha, de passar longe do tipo errado de festa e de dizer não aos garotos que só querem saber de sexo. Em resumo, ajudar sua filha a se cercar de bons amigos é uma das melhores coisas que você pode fazer para protegê-la das más influências, para mantê-la longe do perigo, para aumentar sua autoestima e para preservar a percepção de sua importância pessoal.

Recentemente, recebi em meu consultório uma menina muito alegre de dezessete anos. Ela tinha um ótimo relacionamento com a mãe, com o pai e até com o irmão mais novo. Naquela época, ela estava tentando passar na faculdade e falava de maneira muito articulada. Antes que fosse embora, perguntei qual era o segredo de sua felicidade e do sucesso. Ela pensou por um momento e respondeu: «Ter bons pais e os amigos certos. Nunca me senti pressionada a fazer besteira porque eu e meus amigos tomamos a decisão de evitar tudo o que fosse errado. Nós damos muita força uns aos outros».

Bons amigos podem ajudar as nossas filhas a se sentirem populares, ao mesmo tempo que as ajudam a reafirmar o compromisso que têm com os bons hábitos e as decisões sábias. Os amigos errados, por sua vez, podem guiar uma garota por caminhos desastrosos, e as redes sociais são um lugar em que as garotas frequentemente encontram esses «amigos».

Aceitação: a armadilha das redes sociais

A despeito de seus possíveis benefícios, as redes sociais podem causar sofrimento na vida de muitas meninas. Frequentemente digo às minhas pacientes que Instagram, Facebook e outros meios são plataformas «para se mostrar». Elas não têm por objetivo promover a comunicação entre amigos, mas permitir que uma garota fique se gabando de viver uma vida muito melhor do que a das outras. Por isso, essas plataformas fazem com que muitas garotas se sintam inadequadas, insatisfeitas e deprimidas.

O que os pais devem fazer? Podemos dizer às nossas filhas que a popularidade nas redes sociais não é real; que o lugar que elas ocupam em nossos corações não tem nada a ver com essas redes; que *tweets* e posts publicados por autores que só querem se gabar de alguma coisa são, na realidade, rasos; que dar atenção às redes sociais é uma perda de tempo e que o real valor da vida de uma pessoa está em viver bem no mundo real (e não no virtual).

A existência das redes sociais torna ainda mais importante ensinar à sua filha que ela desfruta de uma dignidade inata como mulher criada por Deus e amada pelos pais. Diga isso a ela — especialmente *antes* que ela se sinta tentada a criar um perfil nas redes —, e o benefício será gigantesco, como um escudo e uma armadura para a sua filha em um mundo virtual cheio de *bullying* e falsos valores.

As garotas que se envolvem em problemas nas redes sociais são as que não conhecem a verdade a respeito da dignidade e do valor que têm. São as garotas que se tornam inseguras, que sentem medo de não ser amadas e que mergulham de cabeça nos comportamentos negativos simplesmente para chamar atenção ou para tentar (em vão) encontrar a validação que lhes falta na vida. Quando as adolescentes estão melancólicas, desconectadas de suas famílias e agindo de maneira autodestrutiva, os pais às vezes me procuram porque querem enviá-las para um lugar que dê jeito nelas. Buscam programas por meio dos quais as filhas possam ter acesso a aconselhamentos e onde sejam desafiadas a fazer coisas que não pensavam ser capazes — como descer uma montanha de rapel ou atravessar um desfiladeiro de tirolesa —, num grande esforço para reconstruir a autoestima delas. Pensam os pais que, se elas fizerem isso por dois meses, poderão voltar para casa e retomar a vida de forma mais positiva.

Há programas excelentes por aí, e não é minha intenção menosprezar sua importância. No entanto, qualquer psicólogo

Responda às quatro grandes questões que ela tem

bom confirmará que o primeiro passo para tratar a dor da sua filha deve ser dado por você — isto é, pelos pais. O sentimento de rejeição, a depressão e a ansiedade da sua filha estão ligados a você, e a recuperação dela começa a partir do momento em que você se envolve e mergulha no processo de cura. O primeiro passo consiste em passar mais tempo com sua filha e ouvi-la. Ao fazer isso, você identificará o momento em que o vínculo entre vocês começou a ruir e descobrirá como consertá-lo. Só então você poderá iniciar o processo de cura, dizendo-lhe que ela tem valor intrínseco para você e para Deus — e você pode fazê-lo não apenas com palavras, mas também *com* ações.

Lembro vivamente de quando meu pai insistia (mesmo diante das objeções adolescentes que eu reformulava a cada verão) em passar duas semanas fazendo trilhas e acampando em família no Maine. Os pais dos nossos amigos nunca exigiam que eles fizessem nada tão chato. Meus irmãos e eu reclamávamos, e às vezes até ficávamos sem falar com nossos pais.

Porém, pouco tempo depois de sair de casa para ir para a faculdade, percebi o quão esperto meu pai tinha sido. Ele sabia que a nossa família criava laços durante esse período que passávamos na floresta. As lembranças compartilhadas, as longas conversas — tudo isso nos fortalecia e até nos aliviava das pressões que enfrentávamos na vida.

Aquelas duas semanas eram um lembrete constante de que eu pertencia a um lugar, de que eu era bem-vinda e amada. Quer me saísse bem, quer não, eu pertencia a uma família, e nós pertencíamos uns aos outros. Hoje em dia, sinto saudade do meu pai e da minha mãe (os dois já faleceram), mas meus irmãos e eu somos extremamente próximos. Meus irmãos, assim como meu marido, são homens em quem posso confiar. E minha irmã e eu somos como almas gêmeas. Nós nos falamos algumas vezes por semana e, quando alguma coisa importante acontece, ela é a primeira pessoa para quem eu telefono.

Ao insistir nas férias em família, meu pai fez com que nos uníssemos uns aos outros e, dessa forma, nos ajudou a descobrir que cada um de nós é parte inestimável de um todo maior, que somos moralmente importantes e que fomos feitos para ser felizes e confiantes.

Às vezes é fácil esquecer a influência indelével que exercemos sobre nossos filhos. A identidade da sua filha se forma bem cedo, quando ela observa vocês — isto é, os pais — para ver se sorriem ou franzem a testa. Essa influência continua ao longo da vida doméstica; cada incentivo e cada crítica são registrados. As crianças e os adolescentes são egocêntricos. Acreditam que a vida gira em torno deles, são sensíveis à aprovação ou desaprovação paterna e materna e acham que são responsáveis pelo humor dos pais (motivo pelo qual tantas crianças se culpam quando os pais se divorciam). Como pais e mães, nós damos forma à identidade de nossos filhos muito mais do que a cultura. Você precisa se preocupar um pouco menos com os programas de TV que a sua filha assiste e se esforçar mais para passar tempo de qualidade com ela — o tempo é a ferramenta mais importante que você tem para dar forma ao seu futuro.

Sua filha vai almejar sua atenção, mas nem pense em elogiá-la de maneira forçada. Ela sabe quando você está sendo sincero e quando não está. Se você disser à sua filha que ela é boa no piano sem que ela o seja de fato, ela saberá que você está mentindo. Portanto, não minta. Quando você estiver profundamente decepcionado com ela, ela vai perceber, não importa quantas vezes você diga que não está. O simples fato de ser naturalmente capaz de discernir o verdadeiro do falso é outra razão pela qual ela precisa saber que tem valores intrínsecos — considerando os fracassos que vai enfrentar, os talentos que não tem e as inevitáveis ocasiões em que vai achar que decepcionou você (academicamente ou de algum outro modo).

Também por isso é fundamental que todos os pais e todas as mães façam uma reflexão pessoal sobre alguns temas.

Se a ideia é ensinar às nossas filhas que o desempenho delas não afeta o valor que têm para nós, precisamos acreditar que isso é mesmo verdade. Infelizmente, muitos de nós ficamos na dúvida. Também ficamos enredados na armadilha do desempenho. Inevitavelmente, trazemos a experiência de nossa infância (que pode ter sido boa ou má) para a nossa prática como pais e mães. Por isso, pode ser proveitoso fazer uma autoanálise. Vejamos por onde começar.

Em primeiro lugar, escreva como você se sentia em relação a si mesmo na infância. Você se sentia amado, incentivado, forte e importante? Ou tinha de conviver com uma vergonha crônica, com medo ou com nojo de si próprio? Essa informação é importante porque é muito provável *que você projete uma parte ou a totalidade desses sentimentos em sua filha.*

Em segundo lugar, seja sincero quanto às suas crenças e sentimentos sobre a sua menina. Mais uma vez, é possível que elas sejam fortemente influenciadas por suas crenças sobre si mesmo enquanto criança. Se você acredita que ela será uma fracassada quando crescer, ela será. Se acredita que ela é um dom que lhe foi dado e que o seu trabalho é criá-la, cuidar dela e guiá-la à medida que ela vai compreendendo quem é, então sua filha acreditará que é valiosa. Ela verá a si mesma como um presente e verá você como o guardião de um tesouro. Posso garantir que toda garota quer se sentir como um presente para os pais.

Infelizmente, todos os dias nossas filhas são bombardeadas por mensagens tóxicas. São levadas a crer que seu valor vem da quantidade de «curtidas» que recebem nas redes sociais e do quão sensuais são. Tudo começa no ensino fundamental. Um pai recentemente me disse que sua filha recebeu um bilhete de um colega no *jardim de infância* dizendo que ela era «gostosa». Esse é o estado em que se encontra a nossa cultura; como pais e mães, nosso trabalho é não permitir que nossos filhos sejam arrastados por ela.

Nossas filhas são jovens e impressionáveis e querem desesperadamente ser aceitas pelos amigos. Muitos pais e mães partem do pressuposto de que as filhas sabem onde está seu verdadeiro valor, mas isso não é verdade. Elas precisam ser ensinadas, e esse é um trabalho que cabe aos pais.

Eis as verdades que cada um de nós deve ensinar às filhas:

- Você é valiosa porque é minha filha.
- Você tem importância como ser humano e é amada por mim e pelo Deus que nos fez.
- Você é valiosa porque tem a capacidade de amar.
- Você é valiosa porque é um indivíduo único, com dons inerentes (e o seu valor está no fato de que você os possui, e não na maneira como os utiliza)
- Seu valor não vem do fato de você ser ou não ser popular, do número de «amigos» que a seguem nas redes sociais ou do que os outros dizem ou pensam sobre você.
- Também não vem de sua aparência — ou de você ser ou não ser *sexy*.

Para cumprir essa tarefa, basta fazer aquilo que todos os pais e mães fazem quase que naturalmente: ser carinhoso com sua filha. Concentre-se, também, no caráter dela — na coragem, na paciência, na tenacidade, na bondade e na empatia —, e não no quão habilidosa ela é quando toca piano, quando se apresenta em um recital ou quando faz aula de balé. Tente elogiar seu caráter em vez de se concentrar no quão bem ou mal ela faz essas coisas. Não deixe que tenha dúvidas de seu amor incondicional (nem do amor incondicional de Deus). Sua filha quer ouvir as coisas vindas de você; ela valoriza o que você diz. Tudo o que temos a fazer é ter a ousadia de dizer-lhe a verdade: que ela é importante porque é sua filha, um ser humano com valores intrínsecos e inatos, criada por você e por Deus por um motivo.

Terceira pergunta: a moral existe?

Quando abandonamos os padrões morais tradicionais e os substituímos pelo relativismo moral, prestamos um enorme desserviço às nossas filhas.

As meninas nascem com uma capacidade inerente de perceber o que é certo e o que é errado, mas isso não significa que sempre farão o que sabem ser certo. A consciência pode ser desafiada pela vontade, e às vezes ela só entra em ação depois que a criança sente culpa (como quando um bebê de onze meses caminha com seus passos incertos até o cachorro da família, acerta-o na cabeça com um brinquedo e sente remorso assim que o bichinho sai correndo e choramingando).

O conflito entre consciência e vontade pode parecer perverso, mas faz sentido do ponto de vista psicológico. O desenvolvimento saudável de uma garota exige que ela passe da dependência à independência à medida que amadurece. Essa batalha pode ser observada facilmente quando as crianças fazem birra, por exemplo. Se a vontade da criança entra em conflito com as limitações às quais está submetida, isso causa frustração. Ela pode se sentir culpada pelo ocorrido mais tarde, mas naquele momento a frustração prevalece sobre a consciência (que ainda está em desenvolvimento), e a criança faz um escândalo.

Os adolescentes têm seus momentos de revolta pelos mesmos motivos. Sentem-se convictos de que estão aptos a definir a que horas podem voltar da rua, a estabelecer uma rotina própria de estudos, a lidar com as amizades de maneira madura e a se comportar de maneira responsável; quando essa convicção é colocada em xeque, eles ficam frustrados e nervosos, implodindo logo em seguida — na sua frente, claro, porque você é a pessoa com quem se sentem seguros para isso. Você é a pessoa que não vai chamá-los de loucos, como os amigos fariam.

A frustração e a raiva que sentem de si mesmos podem fazê-los gritar, chorar, sair correndo de casa e bater portas. Não leve nada disso para o lado pessoal e não culpe a si mesmo, porque, assim como os filhos acham que o mundo gira ao redor deles, os pais frequentemente veem o mau comportamento dos filhos como prova de que fracassaram no papel que deveriam desempenhar. Mas isso normalmente é falso. Algumas dessas batalhas internas nada têm a ver conosco; são apenas parte do processo de crescimento e da compreensão de sua filha quanto às capacidades e limitações que ela tem. Quanto mais obstinada ela for, mais intensos serão esses desafios.

Recentemente, conversei com uma mãe que estava chegando ao limite com a filha, uma menina de dois anos muito obstinada. A filha odiava ser colocada no assento para bebês do carro; aprendeu a soltar o sinto de segurança e queria decidir por si própria onde se sentar. A mãe então encostava o carro, dava uma bronca na filha, colocava-a de volta na cadeirinha e seguia viagem, mas a filha logo se soltava de novo.

Essa é uma criança obstinada — pessoalmente, adoro crianças obstinadas, pois vão fazer grandes coisas na vida. O desafio para os pais é mantê-las em segurança e no caminho certo até que isso aconteça. Além disso, eles precisam redirecionar a teimosia das crianças para que se beneficiem dessa característica (em vez de se prejudicarem).

O que passa pela cabeça dessa menininha enquanto ela está abrindo a fivela o cinto? Ela sabe que não pode fazer aquilo e sabe que vai levar uma bronca se o fizer. Mas ela não se importa. A vontade dela domina-lhe a consciência. Seria insensato e inútil tentar argumentar com ela dizendo: «Raquel, você é uma boa menina, mas precisa me obedecer. Eu sei o que é melhor para você, e você precisa parar de abrir o cinto de segurança». Em vez disso, você precisa ser prático e encontrar uma forma de mantê-la segura. Compre um assento diferente. Acrescente uma fivela ou um cinto extra. Depois, a parte difícil: deixe-a gritar quando ela não conseguir sair do assento. Coloque protetores de ouvido e continue dirigindo. Ou aumente o volume do rádio. Aguente o escândalo até ela parar. Vença a batalha por ela agora, e ela então aprenderá a vencê-la por si só quando for mais velha.

À medida que sua filha amadurece, a argumentação pode assumir um papel mais proeminente. Fale com ela sobre as batalhas interiores entre saber o que é o certo e, às vezes, fazer o que é errado. Mostre-lhe que, quando deixa os instintos vencerem, coisas ruins acontecem — nem sempre imediatamente, mas no longo prazo. À medida que tiver essas conversas, você pode ir colocando cada vez mais responsabilidade sobre os ombros dela. Quando se trata de mudar o comportamento da sua filha, isso frequentemente funciona melhor do que enrijecer o discurso com disciplina pesada. Às vezes é preciso optar por este último caminho também, mas primeiro procure mobilizar a mente e a vontade dela para que faça o que sabe ser certo.

Meu amigo Henry Cloud, coautor de *Boundaries*[7], é psicólogo e pai. Ele faz uma coisa genial com as filhas adolescentes: organiza quatro reuniões semanais durante as quais a família toda conversa sobre temas como trabalhos escolares, horário de voltar para casa, amizades, expectativas, boas escolhas, más escolhas e consequências. A partir daí, ele passa a atribuir responsabilidades às filhas. «Você pode sair hoje», diz ele, «mas lembre-se de seguir as regras. Se chegar mais tarde do que o combinado, vou ficar em uma posição complicada. Serei obrigado a punir você, e isso é algo que prefiro evitar». Essa é uma ótima estratégia para ensinar as filhas a terem responsabilidade e fazerem as escolhas certas. No fundo, atribui o ônus da escolha a elas, ao mesmo tempo que lhes oferece instruções claras sobre o que é certo e o que é errado. A percepção do próprio valor aumenta à medida que elas se veem fazendo escolhas morais.

---

7   Henry Cloud e John Townsend, *Boundaries: When To Say Yes, How To Say No To Take Control of Your Life*, Zondervan, Grand Rapids, 2017.

O senso de moralidade de uma criança é intuitivo, mas carece de experiência. A criança compensa isso observando você. Portanto, tenha cuidado com o que mostra, porque elas seguirão os seus passos — pelo menos no início. Se o virem expressar suas frustrações gritando, elas provavelmente farão o mesmo quando estiverem chateadas. Se o virem contando uma ou outra «mentirinha», farão o mesmo. Se o virem agir de maneira rude, elas vão achar que é assim que devemos proceder para nos afirmar.

Recentemente, uma garota de onze anos me mandou «calar a boca», e a mãe da menina sorriu-lhe jocosamente. Nenhuma das duas parecia envergonhada. Outra mãe poderia ter tirado a garota da sala para uma conversa séria, e em seguida talvez a tivesse feito pedir desculpas. Mas aquela deixou implícito que aprovava o comportamento da filha.

Em outra ocasião, estava examinando uma menina de seis anos de idade com o pai dela no consultório. Ele fez um comentário inocente e sem nenhuma importância, mas a garota o reprimiu vigorosamente: «Pai, cala a boca! Isso não se diz! Nunca mais fale isso!».

O pai respondeu: «Desculpe por tê-la deixado irritada a ponto de precisar falar comigo dessa forma».

Fiquei totalmente sem reação.

Não devemos aceitar que nossas filhas sejam rudes — e é claro que também não devemos ser rudes com elas. Mas receio que muitos adultos já não sabem definir quais comportamentos são aceitáveis e quais não são, e muito menos o que é moral e o que é imoral. Esse é um grande problema para nossas filhas. Aquilo que para nós é meramente incômodo é, para elas, motivo de confusão.

Tudo começa porque as crianças sempre tomam por verdade o que os adultos lhes dizem. Se sua filha vir um colega se comportando mal no parquinho e for falar com a professora, ela ficará confusa caso aquele mau comportamento seja tratado como algo sem importância. Isso ocorre porque a inação da professora entra em conflito com a percepção inata que sua filha tem do que é certo e do que é errado. Em todo caso, ela aceitará o veredito da professora. Hoje em dia, as crianças frequentemente ficam confusas com a sanção oficial dada à «transexualidade», a qual está em conflito com a maneira como percebem a realidade — isso para não falar no que entendem como certo e errado. À medida que as crianças envelhecem e se tornam adolescentes, seu juízo moral pode ser afetado se elas descobrem que os adultos têm opiniões diferentes daquelas que elas consideravam certas.

Por isso é tão importante dar à sua filha uma base moral sólida. Essa base não só a protege contra aqueles que querem levá-la por caminhos indesejados, como também reafirma a dignidade e a sacralidade da vida humana — e, nesse caso, falo sobre a moral que conheço: a judaico-cristã tradicional. Ela nos diz que devemos amar o próximo como a nós mesmos, cuidar dos que têm menos e adotar padrões morais que não foram inventados por nós, mas nos foram dados por um Deus amoroso. Esse Deus dá sentido, valor e propósito às nossas vidas. Nada pode conferir valor maior do que ser criado à imagem e semelhança dEle. Se ensinamos nossas filhas a se contentar com padrões inferiores de comportamento e de moral, elas poderão ter sérios problemas à medida que forem crescendo e tomando más decisões em suas vidas.

Incentivar sua filha a inventar padrões morais próprios também não funciona, pois nenhuma moral subjetiva pode lhe ensinar que ela tem um valor supremo que independe de suas conquistas, fracassos e diferenças. Esse caminho não terá nenhum efeito quando se trata de protegê-la contra as inevitáveis decepções da vida. Por outro lado, dar à sua filha um padrão moral objetivo servirá como lembrete de que ela nasceu do amor dos pais e do amor de Deus. Essa é a melhor orientação que você lhe pode dar.

Quarta pergunta: para onde vou?

Todos nós nos preocupamos com os próximos dias ou anos das nossas vidas. Por trás desses pensamentos há a esperança de que a vida vai melhorar. Nossas filhas, que têm menos experiência do que nós, podem ficar ansiosas com relação ao futuro. Muitos dos desafios que enfrentam (fazer novos amigos, mudar de escola, namorar) serão enfrentados pela primeira vez. Algumas garotas não são muito confiantes e, por isso, ficam obcecadas com o que se dará nos próximos dias ou meses, a ponto de ficarem imensamente ansiosas e não conseguirem viver cada momento de maneira plena e feliz.

Como pais e mães, nosso trabalho consiste em ajudá-las a compreender que podem lidar com a vida. Devemos assegurá-las de que conseguem sobreviver a comentários maldosos, à rejeição dos amigos, às reprovações na escola ou ao fato de não terem entrado para a equipe de natação. Muitos ficamos contrariados (com a melhor das intenções) quando alguma coisa ruim acontece com as nossas filhas, e culpamos maus professores ou treinadores. Mas todos já tivemos de lidar com fracassos ou fomos objeto de atitudes cruéis. Com as nossas filhas não será diferente.

Um dos maiores presentes que podemos dar a nossas filhas é a consciência de que são capazes de lidar com todos os percalços da vida. Ao reagirmos a todos os problemas que têm como se fossem vítimas inocentes, podemos causar-lhes certa atrofia. Sim, elas podem ser vítimas de situações terríveis, mas, se toda vez demonstrarmos pena, elas acreditarão que somos fracos e impotentes. Em vez disso, precisamos mostrar que coisas ruins acontecem, que não podemos controlar muitas delas — e que não há problema nenhum nisso.

Um amigo meu, John O'Leary, foi vítima de um terrível acidente: sua casa pegou fogo quando ele tinha nove anos. John ficou com mais de 90% do corpo queimado e praticamente não tinha chances de sobrevivência. Milagrosamente, depois de meses em um hospital, ele sobreviveu e se recuperou.

Ao chegar em casa depois de ter alta, a mãe de John havia preparado seu prato predileto. Ele, os irmãos e os pais sentaram-se à mesa para um jantar comemorativo. A irmã estava sentada na cadeira ao lado. As mãos dele haviam sido totalmente queimadas; em vez delas, ele agora tinha apenas as duas pontas dos pulsos. Ele conseguiu segurar um garfo juntando os pulsos e tentou pegar a comida que estava em seu prato, mas em vão. Ao ver a cena, a irmã de John teve pena dele e fez menção de ajudá-lo, pegando a comida com o garfo dela. A mãe de John então disse: «Pare! Ele consegue fazer isso sozinho!».

John se sentiu humilhado e teve raiva da mãe, pois era difícil para ele se adaptar aos desafios que haviam mudado a sua vida. Ela se recusava a sentir pena dele porque sabia que isso podia enfraquecê-lo ainda mais: queria que ele aprendesse a cuidar de si mesmo, por mais difícil que fosse. A confiança que tinha em John e a tenacidade dele funcionaram; hoje em dia, ele afirma que ela o ajudou a seguir em frente e alcançar grande sucesso na vida.

Todos precisamos ter esperança quanto ao futuro, e isso nem sempre é fácil. Esperança é algo que podemos obter a partir de nossos próprios esforços (como fez John), a partir da certeza de que podemos lidar com todos os percalços da vida (algo que os pais podem reiterar e que vem com a experiência) e a partir da fé na salvação final que virá de Deus, já que Ele nos ama e quer que estejamos com Ele.

Esteja pronto para responder às grandes questões de sua filha porque, tendo as respostas corretas, você lhe poderá comunicar a esperança e a confiança de que ela precisa.

CAPÍTULO 3

Mãe: mentora, aliada, cola

onheci Kristine na República Dominicana, em um quarto imundo com tijolos aparentes. Para se proteger das aranhas e dos outros insetos, ela usava um mosquiteiro verde em torno da beliche em que dormia. Kristine, no entanto, estava feliz como se ocupasse um quarto num hotel cinco estrelas. «Essa viagem vai ser tão incrível», disse, sem se dirigir a ninguém especificamente (muito embora a frase tenha trazido certo otimismo às outras mulheres que estavam perto da cama dela).

Eu nunca havia dormido num quarto como aquele. O calor era sufocante, e nós seis pingávamos de suor — um pouco pela temperatura, um pouco pela ansiedade. Do lado de fora daquele lar temporário havia vários «guardas» de dezesseis anos de idade com rifles automáticos. Eu temia pela minha própria segurança e pela segurança da minha filha adolescente, que estava comigo naquela missão de ajuda médica.

Ainda assim, eu adorava o otimismo de Kristine — na verdade, eu precisava dele. Parte de mim queria colocar meus aventais cirúrgicos e meus tênis na mala e voltar para casa. Tenho certeza de que eu não era a única — exceto por Kristine, claro. Fiquei ali admirando o seu entusiasmo e seu comportamento sereno.

Ela então me apresentou a filha, Rachel, que, por sua vez, confidenciou-me que Kristine tinha 73 anos. Fiquei boquiaberta. A vovó Kristine estava se saindo muito melhor do que eu. Ela não se importava com os insetos, nem com os «banheiros» (que sequer tinham encanamento), nem com os guardas de dezesseis anos. Tinha estado havia estado ali muitas vezes, e sempre lidara bem com aquilo tudo.

Nossa viagem durou duas semanas. Todas as manhãs embarcávamos em um ônibus escolar precário e éramos levadas até uma vila sem eletricidade e sem água encanada. Lá, encontrávamos centenas de pessoas bonitas — homens, mulheres e crianças que esperavam horas na fila sob um sol de 32 graus para serem examinados por uma de nós. Todas as manhãs, Kristine era uma das primeiras a desempacotar nossos remédios, montar as mesas e os bancos que usávamos para fazer exames e dar as boas-vindas aos nossos pacientes. Estava sempre pronta a ajudar, e sempre de bom humor (a despeito das circunstâncias difíceis). Alguns de nossos pacientes tinham muita fome, outros tinham feridas abertas gravemente infeccionadas, e alguns provavelmente não sobreviveriam. Porém, ao longo de todo o processo, Kristine nunca parecia abalada ou frustrada. A filha dela, Rachel, disse que a mãe fazia questão de rezar silenciosamente por nós e por nossos pacientes. Sei que Kristine tinha mais energia do que Rachel e eu, embora nós duas fôssemos trinta anos mais jovens do que ela. No fim de um dia difícil, Kristine sempre ansiava pelo próximo.

Rachel tinha muita sorte por ter uma mãe como aquela. De fato, Kristine fazia com que eu me sentisse um fracasso no que diz respeito ao exemplo que estava dando à minha própria filha — que, segundo notei, me confortava e me incentivava mais do que eu a ela, para a minha vergonha. Kristine, na pior das hipóteses, estabelecia um bom exemplo do que eu deveria ser aos 73 anos de idade.

Certa noite, eu disse a Rachel: «Sua mãe é extraordinária. Não sei como ela aguenta o calor, nem como está sempre sorrindo, não importa o que aconteça».

«Ela é extraordinária», respondeu Rachel. «Já faz isso há muitos anos. Quando eu era mais nova, achava que ela era maluca. Achava que era um desses cristãos doidos que andam com a Bíblia debaixo do braço o dia inteiro. E não sei por que pensava assim, porque ela nunca foi de ficar impondo a Bíblia para nós, nunca se gabou da própria fé. Você vê como ela é calma e gentil com todo mundo aqui? Ela sempre foi assim em casa.»

Pude ver o orgulho no rosto de Rachel, mas vi também tristeza — e logo soube por quê.

«Nem sempre foi fácil crescer ao lado da minha mãe. Meu pai morreu quando eu era jovem, mas ela sempre esteve lá para ajudar meu irmão, minha irmã e eu. Ela não reclamou. Nunca sentiu pena de si mesma. Acho que isso é uma coisa da geração dela. Eles não falavam sobre os próprios sentimentos. Mas eu ficava triste pela minha mãe. À medida que fui ficando mais velha, passei a dar muito trabalho para ela. Na adolescência, discutia, xingava, deixava minha raiva aflorar. Na verdade, eu não tinha raiva dela. Só ficava nervosa por causa das dificuldades que enfrentávamos em casa por não termos pai — e também não queria que ela se sacrificasse tanto. Sei que é estranho, mas dei muito trabalho porque sentia pena dela. Vai entender.

«Hoje, como adulta, passei a dar valor a ela como nunca fiz quando criança. Minha mãe me ensinou a aceitar a vida e as pessoas porque era isso que ela fazia. Ela me ensinou a amar as pessoas — especialmente aquelas de quem não gosto. Como falei, ela nunca foi muito de ficar falando o tempo todo. Só era muito amorosa, sobretudo em relação aos filhos e à família. E, sinceramente, acho que nunca conheci alguém que não dissesse coisas boas sobre a minha mãe. Ela me enche de orgulho. Ela me ensinou a viver bem. Soube me mostrar o que realmente importa na vida — e também o que não importa.»

Essa conversa ocorreu anos atrás; hoje, Kristine já é falecida. Mas em minha cabeça eu sempre a verei sorrindo, caminhando com passos suaves por entre os pacientes mais enfermos, rezando silenciosamente por todos — mãe não só da própria filha, mas também de todas nós.

Alguns psicólogos e especialistas dizem que as mães são desnecessárias e que «as crianças só precisam de um lar amoroso, com uma ou duas pessoas amorosas». Sim, as crianças precisam de um lar amoroso; e, sim, precisam de pais amorosos. Mas a mãe e o pai são insubstituíveis; cada qual acrescenta algo único ao lar e oferece um exemplo que a criança precisa e quer ter. Enquanto Rachel chorava a perda do pai, precisava ainda mais da mãe.

Se você quer ter acesso ao melhor das pesquisas acadêmicas sobre mães em uma linguagem que pode ser compreendida por não especialistas, procure o livro *Being There: Why Prioritizing Motherhood in the First Three Years Matters*[1] , de Erica Komisar, psicanalista e assistente social que teve a ousadia de dizer que as mães precisam colocar as necessidades dos filhos em primeiro lugar. Recomendo enfaticamente esse livro para qualquer pai ou mãe que se interesse em compreender a importância do vínculo materno e o que as crianças precisam para crescer emocionalmente saudáveis. As pesquisas revelam que as mães têm mais facilidade para criar laços com os filhos pequenos do que os pais; elas demonstram mais sensibilidade e empatia e são vitais para a sensação de segurança das crianças.

Boa parte das pesquisas se concentra nas reações hormonais ou bioquímicas por trás desses comportamentos, mas também posso me valer dos meus trinta anos de experiência como pediatra para contar o que aprendi com os meus pacientes. Os filhos veem as mães e os pais como pessoas muito diferentes entre si. Eles acreditam que o amor da mãe é inegociável e

---

1   Erica Komisar, *Being There: Why Prioritizing Motherhood in the First Three Years Matters*, TarcherPerigee, Nova York, 2017.

inerente à pessoa que ela é, ao passo que o amor paterno deve ser conquistado. Se um pai escolhe amar sua filha, ela se sente especial; o amor da mãe, por outro lado, é uma coisa com a qual ela acha que sempre poderá contar. É como aquele bichinho de pelúcia ao qual a criança sempre se agarra para dormir, pois ele traz segurança. Essa maneira de pensar é totalmente racional do ponto de vista psicológico.

Quando a criança nasce, a mãe lhe é como uma introdução à vida, ao amor e à segurança. Se isso não existe, a lacuna é gigantesca. Uma adolescente me disse certa vez: «Se a sua mãe não o ama, boa sorte. Ninguém mais vai te amar». Até uma adolescente que acredita não gostar da própria mãe ficaria arrasada se a mãe (a pessoa em cujo amor ela sempre pode confiar) decidisse se afastar dela. Do ponto de vista das filhas, as mães são fonte de segurança, conforto, confiança e amor; quando essa relação é forte, a filha se mantém até mais próxima da mãe do que das amigas mais leais.

Cola

Josie se lembrava de sentir medo à noite quando tinha quatro anos; medo de ir dormir, medo de que seu mundo acabasse. Achava que a vida estava dividida entre as alegrias do dia e os temores da noite. Pedi a Josie — agora com vinte anos — que explicasse melhor tudo aquilo.

«Quando eu chegava em casa depois da escola, minha mãe me levava para vários lugares — aula de balé, aula de piano, às vezes até saíamos para fazer compras. Era muito divertido. Eu me lembro de que andávamos de carro e conversávamos sobre várias coisas. Mas havia sempre algo errado, algo que me incomodava terrivelmente, e eu tinha receio de conversar com ela sobre isso.»

Ela fez uma longa pausa antes de dizer: «Minha mãe é uma pessoa incrível. Ela é a *cola* da família. Meu pai chegava em casa por volta do jantar. Ele ficava quieto. Lia. Não lembro dele nos colocando para dormir, nem nada do tipo. Não me entenda mal, ele sempre foi legal com os filhos. Nunca levantou a voz contra nós. Sabíamos que éramos importantes para ele. Mas, depois que íamos dormir, dava para ouvir meus pais discutindo. No começo, costumava ficar ouvindo da varanda, mas depois parei de fazer isso porque me assustava muito. Essa era a minha vida à noite: meus pais gritando, e eu escutando a minha mãe chorar.»

Ela continuou, com os olhos marejados: «Minha mãe depois me contou que meu pai lutava contra uma doença mental. Ele fazia o possível para se controlar. Os dois conversavam sobre esse assunto. Eu acho que, de alguma maneira muito peculiar, ela o compreendia. Com a ajuda dela, ele tentava superar a doença, e às vezes até conseguia. No início, os psiquiatras não sabiam o que fazer com ele. Deram-lhe Valium, que ele não tomava, porque dava muito sono. O trabalho de meu pai era muito exigente, e ele bebia para lidar com a pressão e com a dor emocional e mental (embora soubesse que aquilo fazia mal para ele e para toda a família). Ele ia às reuniões do AA e mudava de médico o tempo todo.

«Foi assim por anos e anos, e eu não soube disso até algum tempo atrás, quando minha mãe me contou. Finalmente um médico receitou um remédio que funcionou para o meu pai. Era como se ele fosse outra pessoa. Não teve mais aqueles ataques de fúria. Parou de beber. Não quero dizer que passou a ser legal o tempo todo, mas ele nunca mais foi cruel, nunca mais gritou. E um dia me perguntou se podíamos conversar. Para ser sincera, fiquei assustada. Nunca havia tido uma conversa franca com meu pai. E, além disso, eu só sentia medo dele.

«Sentamos na sala e, assim que a conversa teve início, ele começou a chorar. Nunca tinha visto meu pai chorar antes. Fiquei paralisada. Não sabia o que fazer. Continuei ali, sentada, olhando para ele. Nunca vou esquecer o que ele me disse naquele dia. "Josie", começou, "fiz coisas terríveis com você e com a nossa família, especialmente com a sua mãe". Ele me disse que não queria usar aquilo como justificativa, mas que havia sido diagnosticado com transtorno bipolar. Havia se esforçado ao máximo para superar a doença, mas sabia que tinha perdido o controle em várias ocasiões. Ele me perguntou se eu podia perdoá-lo pelo que fizera. Eu não sabia o que dizer; ninguém nunca tinha me pedido perdão antes. E aquele era meu pai. Respondi: Bem, não sei. Vou ver." Foi o melhor que pude fazer. Levantei e saí da sala.»

Perguntei para Josie:

— Ele estava sendo sincero?

— Sim, com certeza. Era outro homem.

— Você o perdoou?

— Estou tentando, mas sei que vai levar um tempo.

— E quanto à sua mãe? Como ela está?

— Incrivelmente bem. Ela é uma das mulheres mais fortes que eu conheço. Muitas das mães dos meus amigos provavelmente teriam saído de casa. Tenho certeza de que elas deram esse conselho à minha mãe. Mas ela não saiu. Talvez estivesse certa, talvez estivesse errada. Sei que algumas vezes tive vontade de que ela saísse de casa. Mas ela sabia de uma coisa que nenhum de nós, os filhos, sabíamos: como seriam as nossas vidas se ela saísse. Nós já estávamos sofrendo, e ela sabia que sofreríamos ainda mais se ela fosse embora. Hoje consigo ver isso. Ela sabia que era possível ajudar meu pai. Acreditava na medicina e no meu pai, e sabia que ele só não tinha encontrado o médico certo, a ajuda certa. E ela tinha razão. Se a minha mãe não tivesse segurado as pontas, eu não teria me reconciliado com ele. Meu pai ainda seria aquele monstro que eu achava que era. Por ter sido tão forte, minha mãe foi a cola que manteve nossa família unida. E hoje fico muito feliz por ela ter feito o que fez.

Josie viu em sua mãe uma resiliência que não só a preservara (a ela e aos irmãos) da profunda dor do divórcio, mas também provavelmente salvara o pai dela, que de outro modo continuaria em queda vertiginosa. Embora tenha havido tempos difíceis ao longo do caminho, a mãe de Josie acabou por proporcionar-lhe o dom de ser livre — livre do medo de que a família se desfizesse e livre do medo de assumir compromissos no futuro.

A mãe como mentora

Ser mentora é diferente de servir de exemplo (embora as mães façam as duas coisas). Todos os dias servimos de exemplo para nossas filhas, sem sequer pensar (e normalmente sem falar) no assunto. Sua filha simplesmente vê os benefícios — ou malefícios — do seu comportamento, internaliza esse comportamento e adota-o para si (em um gesto de imitação subconsciente — o que é mais comum — ou em uma reação consciente). Os filhos observam seus pais o tempo todo. Eles querem ver o que você está fazendo, por que você está fazendo aquilo e, o que é mais importante, querem saber como você *os vê*. Se uma mãe chega em casa depois do trabalho falando ao telefone e passa pela filha sem sequer notá-la, a filha se sente irrelevante. Se esse comportamento ocorre repetidas vezes, ela vai internalizar esse sentimento e *acreditar* que é irrelevante. Se, por outro lado, a mãe desliga o telefone e sorri para a menina enquanto lhe pergunta como foi o dia, a filha se sente importante e estimada. Lembre-se sempre de que o seu comportamento ensina a ela o quanto ela vale e como se deve viver.

Ser mentora, por outro lado, consiste em dar lições de vida às nossas filhas de maneira consciente e aberta. Parte disso ainda vem do exemplo, mas o principal é o ensino que se oferece pela conversa ou pela orientação. Quando os estudantes de medicina e os residentes acompanham as minhas consultas, eles

Mãe: mentora, aliada, cola

podem anotar como examino meus pacientes; por outro lado, meus colegas médicos e eu também somos um pouco como treinadores, ajudando esses estudantes para que possam fazer diagnósticos da maneira correta ou receitar um tratamento que dê resultado.

As mães orientam suas filhas de maneiras que seriam impossíveis para a maioria dos pais. Em geral, elas passam mais tempo com suas filhas do que os eles; e, por serem mulheres, conseguem falar com elas sobre sentimentos e discutir esses assuntos com maior abertura. As mulheres pensam de modo diferente dos homens, e isso lhes dá certa vantagem quando se trata de orientar as filhas. Nós, mulheres, temos uma ideia mais clara de como nossas filhas veem o mundo e pensam sobre ele.

A mãe de Julie havia se formado na faculdade e trabalhara como caixa de banco até os filhos nascerem. A partir daí, passou a se dedicar integralmente à maternidade. Julie era a mais jovem de três filhos; na metade do ensino médio, era a única que ainda ficava em casa. A mãe dela então decidiu voltar para a faculdade. Julie lhe disse que aquela era uma boa ideia, mas no fundo temia que a mãe fosse fracassar terrivelmente. Afinal, Julie tinha para si que a mãe era *velha*.

A mãe de Julie frequentou os cursos preparatórios por dois anos a fim de recobrar sua capacidade de aprendizado, mas também tinha um plano maior, que não havia contado à família: a faculdade que gostaria de cursar era de direito. Depois de obter excelentes resultados durante aqueles dois anos, sentiu-se pronta para seguir em frente e tentou entrar em várias faculdades de alto nível, até ser aceita pela Universidade de Michigan. Quando deu a notícia ao marido e a Julie, os dois ficaram boquiabertos, eufóricos e assustados. No que ela tinha se metido? Estava com quase cinquenta anos. Será que realmente conseguiria acompanhar um currículo tão intenso? A resposta foi: sim. Ela teve um excelente desempenho na faculdade de direito, graduou-se e foi contratada por um ótimo escritório de advocacia.

Quando Julie terminou a faculdade, também pensou em fazer uma especialização em direito. No entanto, ficou dividida. Será que se sairia tão bem quanto à mãe? Será que conseguiria encontrar equilíbrio entre a vida profissional e o tempo dedicado à família? Ela conversou com a mãe, que a convidou para passar um ano trabalhando no escritório de advocacia para ver se a experiência seria positiva. Ao longo daquele período, as duas tiveram conversas ótimas. A mãe de Julie incentivou a filha a não ficar tão ansiosa, a não pensar tanto no futuro e a não se sentir obrigada a seguir os passos dela na área do direito.

Julie foi para o marketing e para o mundo corporativo, mas continuava irrequieta, pensando na faculdade de direito. Sua mãe então lhe disse: «Nunca tome decisões motivada pelo medo. Se você acha que o seu coração está lhe dizendo para seguir outra direção, é hora de sair».

Julie, enfim, deu o grande salto e foi para a faculdade de direito, mas logo começou a se perguntar se havia cometido um erro terrível. Durante o primeiro ano, ligava com frequência para a mãe e manifestava sua vontade de abandonar o curso. «Eu não consigo, mãe. Não fui feita para isso. Eu sei que em algum momento vou fracassar, e aí vai ser como se a minha vida tivesse acabado. Eu não sou você, é isso. Você é mais esperta do que eu, mais forte do que eu.»

A mãe ouvia tudo pacientemente e depois dizia a Julie que ela precisava se recompor e dar o melhor de si. Mesmo que reprovasse na faculdade de direito, aquilo não seria o fim do mundo. Ser advogado era apenas um emprego, e ela já tivera empregos antes. Era muito menos importante do que a família ou os amigos.

«A coisa mais importante que minha mãe me ensinou», disse ela, «foi que preciso manter a cabeça no lugar e focar no que é prioridade. A partir do momento em que fiz isso, parei de me preocupar com as minhas notas e com a carga de trabalho. Realmente acredito que só consegui me formar em direito por causa da minha mãe. E sou muito grata a ela.»

Também fui orientada por minha mãe na faculdade e nos meus primeiros anos de maternidade. Ela era firme, mas me incentivava muito e me dava a certeza de que eu tinha capacidade de superar desafios e ser bem-sucedida.

Todas as mães fazem isso, com diferentes graus de sucesso. Nenhuma mãe é incapaz de ser uma mentora. Muitas se preocupam com os erros que cometeram no passado, pois acreditam que fracassaram de alguma forma na tarefa de ajudar as filhas, que desgastaram para sempre a relação, ou que é tarde demais para forjar uma relação renovada e mais saudável com elas. Isso *não* é verdade. *Nunca* é tarde demais para restaurar o vínculo entre mãe e filha. Pedir perdão e perdoar são coisas que fazem parte da vida. As filhas esperam que as mães assumam a dianteira no processo de reconciliação e cura, mas elas querem restaurar esse vínculo tanto quanto você.

Ser uma boa mãe é talvez a experiência que mais nos chama à humildade. Tudo começa quando pensamos em nossa infância, quando separamos as coisas boas das ruins, quando aprendemos as lições que a vida nos ensinou e quando mobilizamos essas lições de maneira consciente. Esse é um desafio e tanto. Não é fácil ser uma boa mãe quando se teve uma infância dolorosa, marcada por pais ruins, inábeis ou ausentes. Os maus comportamentos acabam sendo passados para a frente. Mas é preciso lembrar que as coisas não precisam ser assim. Podemos ser ótimos exemplos a despeito de nossa criação. De fato, se a nossa infância foi ruim, podemos ser exemplos ainda melhores, porque compreendemos como os exemplos ruins afetam as crianças. Faça uma lista. Anote os comportamentos que você quer evitar e os que deseja adotar para que sirvam de exemplo. Se o plano for muito vago — «Farei o melhor para ser bondoso e paciente» —, estaremos trilhando o caminho do fracasso. (E nós, que já somos avós, também precisamos fazer listas, porque às vezes tendemos a dar conselhos indesejáveis.)

Você pode detalhar ainda mais o plano com uma lista de ideias para quando as coisas derem errado. Por exemplo: «Se perceber que estou ficando nervoso, vou sair de perto e voltar apenas quando minha frustração estiver sob controle». Talvez pareça que essa instrução se dirige especificamente a você, mas pense em como isso pode ser um grande exemplo para a sua filha! Você está mostrando a ela como lidar com emoções intensas de maneira gentil e contida. Essa é uma habilidade da qual ela vai precisar na escola, em sua relação com os amigos e na vida em geral.

Dar bons exemplos de comportamento exige que você dedique tempo à autorreflexão e analise profundamente a maneira como se relaciona com sua filha. Ao fazer isso, não se concentre apenas nas grandes coisas, porque bons exemplos podem ser dados por meio de gestos pequenos e aparentemente insignificantes.

Claire foi criada como filha única de uma mãe solteira que trabalhava por longos turnos em uma padaria. O dia dela começava antes da escola, na padaria, e terminava com o dever de casa, enquanto a mãe ainda estava no trabalho. Perguntei a ela se era difícil viver assim.

«Sabe, eu não pensava muito a respeito disso», respondeu. «Não sentia pena de mim mesma. A vida simplesmente era assim. Claro que eu tinha amigas que não viviam daquele jeito, mas nunca ouvia minha mãe reclamando. Ela era grata por ter um trabalho do qual gostava e que pagava as contas. Me mostrava que trabalhar duro não é algo que deva nos causar medo. À noite, via que ela estava exausta, mas no dia seguinte acordava preparada para fazer tudo de novo.»

Quando conversei com Claire, ela tinha acabado de abrir uma empresa de marketing que já estava fazendo bastante sucesso — e a chave do sucesso, segundo ela mesma me contou, foi o exemplo que viera da mãe.

Na maioria das vezes, nós, mães, damos excelentes exemplos por meio de pequenos gestos — não arredar pé de um

Mãe: mentora, aliada, cola

compromisso, falar bem dos outros sem inveja ou rancor, perdoar ou ser gentil com um amigo, adotar um comportamento bondoso com todos... Esses pequenos exemplos podem fazer muito por nossas filhas.

Como ser uma boa mentora

Para ser uma boa mentora, é preciso primeiro conhecer os objetivos de sua filha — não apenas com relação à carreira profissional, mas com relação à vida como um todo — e oferecer a ela um itinerário de comportamentos morais desde o momento em que ela entra na escola até o momento em que ela se torna uma mulher adulta.

Quando orientamos nossas filhas, estamos elevando o exemplo a um nível diferente, mais intelectual. Se, por um lado, o exemplo funciona como demonstração dos bons comportamentos, a orientação promove a reflexão sobre *por que* aqueles comportamentos são bons. Por meio daquilo que fazemos, podemos demonstrar autocontrole em momentos de raiva; quando, porém, orientamos, ajudamos nossas filhas a lidar com as dificuldades que elas próprias enfrentam em relação ao autocontrole. Fazemos isso conversando e oferecendo-lhes estratégias para lidar com as emoções. Uma dessas estratégias pode consistir em dar à sua filha um «vocabulário emocional» — designar palavras para identificar os sentimentos que ela tem. Uma vez que tenham sido identificados, os sentimentos passam a ser mais fáceis de controlar.

Se a sua filha cai no choro porque não passou em uma prova ou porque uma amiga foi cruel com ela, ajude-a a identificar o que está sentindo (costuma ser mais fácil com as filhas do que com os filhos, pois as meninas tendem a falar mais sobre seus sentimentos com as mães). Ela se sentiu envergonhada?

Diminuída? Sentiu raiva de si mesma ou da amiga? Uma vez que ela tenha identificado o que sentiu, você pode ensiná-la a lidar com a situação. Suponhamos que estivesse com raiva de si mesma por não ter passado em uma prova. Ela pode ficar se martirizando para sempre (sem, com isso, obter nenhum benefício prático) ou pode sacodir a poeira e se comprometer a ter um resultado melhor da próxima vez, aprendendo com a experiência negativa e usando-a a seu favor nos estudos futuros.

Se está irritada porque uma amiga lhe disse algo grosseiro, você pode conversar com ela e explicar por que responder na mesma moeda não é o melhor caminho e só servirá para deixá-la pior. Você também pode explicar por que a melhor solução é ignorar as palavras maldosas e reconhecer que seu valor próprio não depende do que as amigas ou colegas de escola pensam dela.

Desenvolver a habilidade de compreender sentimentos profundos e aprender a controlar as reações a esses sentimentos será fundamental para que ela possa obter sucesso em seus futuros relacionamentos, na escola, no trabalho — enfim, em praticamente tudo o que fizer na vida. Essa habilidade também lhe trará uma autoconfiança enorme e a percepção da liberdade, uma vez que ela *controlará* as próprias emoções em vez de *ser controlada* por elas.

Orientar uma filha é ensiná-la; por isso, repasse mentalmente as interações que vocês tiveram ao longo das últimas duas semanas. Como foram as suas conversas? Vocês fizeram algo juntas? Tiveram alguma discordância? Em caso afirmativo, como resolveram a questão?

Os pais frequentemente orientam os filhos por meio de esportes ou hobbies comuns. As mães frequentemente orientam as filhas por meio da leitura de livros. Esse hábito é fácil de adotar: você pode começar a ler para ela na infância. Mais tarde, pode criar um clube de leitura para que ambas leiam e conversem sobre livros, bem como sobre as lições que eles nos ensinam. Por serem mais sensíveis que os garotos do ponto de vista emocional, verbal e comunicativo, as garotas adoram ler romances (especialmente sobre relacionamentos) e falar sobre eles. Usar romances clássicos pode ser uma maneira efetiva e gratificante de orientar sua filha; você pode guiá-la por meio da análise dos exemplos dados pelos personagens[2].

Como ensinar a tenacidade

Para a maioria das mães, é fácil ensinar uma filha a conquistar o mundo e obter grandes feitos — fazer aquilo que ama, usar os talentos que possui, ir bem na escola, construir uma carreira, ganhar dinheiro e ser bem-sucedida. Nossa cultura incentiva tudo isso ao extremo — uma vez que o foco está sempre no eu — e desconsidera uma qualidade muitíssimo mais importante: a de ser uma pessoa resolutamente altruísta, a qual é justamente a característica de que as mulheres tantas vezes precisam para manter suas famílias unidas. O caráter vale mais do que a carreira; a família é mais importante do que o dinheiro. Crianças que cresceram em famílias disfuncionais sabem disso, e as mães também o devem saber.

Isso significa que precisamos colocar as necessidades dos outros acima das nossas. Isso é algo que se costuma falar, mas não fazer. Sabemos que o autossacrifício é uma virtude, mas, para muitas pessoas, pode ser difícil adquiri-la.

Para ser clara: não estou defendendo que as mães ignorem suas próprias necessidades e permitam que as filhas se tornem o centro de suas vidas. Isso pode ser prejudicial. Quando a filha é o centro da casa e a vida da mãe gira em torno dela, a criança sente-se muito poderosa, e é aí que fica «mimada».

---

2   Para um exemplo de livro que aplica lições extraídas de romances à vida real, cf. Elizabeth Kantor, *The Jane Austen Guide to Happily Ever After*, Regnery, Washington, D.C., 2012. Há muitos outros.

Sua filha precisa saber que você está no comando. A raiz do seu autossacrifício não está em satisfazer as vontades dela, mas em priorizar a estabilidade e a segurança familiar e não permitir que a sua casa mergulhe no caos com cada um perseguindo os próprios interesses egoístas. Cada membro da família deve estar disposto a fazer o necessário para o bem geral — e as mães frequentemente têm de assumir a liderança nessa área.

Julie lembra que, aos seis anos de idade, costumava brigar com a irmã mais velha. Elas puxavam o cabelo uma da outra, recusavam-se a dormir no mesmo quarto e em tudo pareciam se odiar mutuamente. Isso continuou ocorrendo durante a adolescência de ambas. A mãe de Julie era solteira, e a família não tinha muito dinheiro. Depois da escola, Julie e a irmã iam para a casa da tia até a mãe voltar do trabalho, na hora do jantar, e mesmo na casa da tia as duas brigavam. Ela se lembra da tia gritando para pararem, dizendo que não ficaria mais com as irmãs depois da aula se as duas não deixassem de ser tão maldosas uma com a outra.

«Aquilo me parecia ótimo», disse Julie. «Eu achava que seria fantástico ir para casa e ter aquele espaço todo só para nós.» Mas a tia delas voltou atrás e insistiu para que continuassem indo à sua casa.

«Mas eu me lembro», continuou Julie, «da maneira como a minha mãe falava conosco. Às vezes ela chorava quando nos ouvia brigar, e aquilo me deixava muito triste. Eu ficava um tempo longe da minha irmã porque me sentia culpada, mas sempre voltávamos a brigar. O engraçado é que, sinceramente, não sei por que brigávamos tanto. Eu sabia que amava minha irmã e que precisava dela. Ela era um ano mais velha do que eu, e eu achava que ela saberia o que fazer se algo desse errado. Como adulta, olho para trás sem entender nada. Tanto tempo perdido. Hoje, brigar parece uma coisa tão ridícula...

«A lembrança mais viva que tenho é a seguinte: todas as noites, minha mãe chegava em casa e nos perguntava como tínhamos passado o dia. Então ela ouvia as nossas reclamações.

Minha irmã e eu discutíamos enquanto falávamos com ela, é claro. Quando terminávamos, ela dizia: "Meninas, vocês sabem que esse é um mau comportamento. Vocês precisam demonstrar que têm amor uma pela outra. Estou decepcionada com vocês. Hoje à noite, antes de irem para a cama, quero que me falem uma coisa pela qual são gratas." Às vezes ela fazia diferente e me pedia para mencionar uma característica de que eu gostasse em minha irmã, e depois fazia com a minha irmã a mesma coisa — pedia que mencionasse uma característica de que gostasse em mim. E como era difícil! Nós falávamos, mas com um ar de sarcasmo, claro.»

Perguntei a Julie como ficaram as coisas depois que ambas cresceram. Ela me contou a seguinte história: «Certo dia, minha irmã decidiu que ia sair de casa. Ela tinha dezessete anos e odiava a escola. Juntou suas coisas e saiu sem dizer nada à minha mãe. Eu estava na escola na hora em que ela saiu. Foi assustador. Nós não sabíamos onde ela estava. Minha mãe ligou para as amigas da minha irmã e, depois, para a polícia. Dali a três dias descobrimos que ela tinha ido morar com o namorado, que tinha 25 anos. Até hoje eu me lembro do quanto minha mãe chorou.»

Em vez de ficar só no choro, porém, ela descobriu onde o namorado morava e foi até o apartamento dele. O rapaz abriu a porta, ela entrou sem dizer "oi" e encontrou Wanda dormindo no sofá da sala. Quando acordou, Wanda explodiu de raiva, gritou com a mãe e ordenou que ela saísse. Mas a mãe percebeu que Wanda estava diferente; as palavras lhe saíam de maneira arrastada e aleatória, as frases que ela dizia não tinham sentido ou fluxo lógico, e ela se expressava como se estivesse drogada.

Ela não conseguiu fazer Wanda voltar com ela, mas todas as sextas-feiras ia àquele apartamento, e por várias semanas viu a mesma situação. Certa vez, encontrou Wanda sozinha e inconsciente e chamou uma ambulância. Wanda passou cinco dias no hospital; tivera uma overdose, mas sobreviveu.

Julie visitava a irmã todos os dias. As duas choravam juntas e pediam desculpas uma à outra.

Wanda voltou para a casa e, a partir daí, a vida mudou. Julie e Wanda raramente brigavam e até conseguiram emprego em uma mesma loja de departamentos da região. Um dia receberam um telefonema no trabalho. Era do pronto-socorro do hospital local; a mãe delas tinha sofrido um ataque cardíaco. Felizmente, ela se recuperou. Certa noite, as três estavam sentadas no sofá da sala e Julie começou:

«Mãe, a senhora sempre foi como uma rocha para a nossa família. Quando éramos duas crianças arteiras, a senhora nos amava. Quando éramos cruéis com a senhora porque estávamos com raiva da vida, a senhora nos amava. Quando aquele cara da igreja a chamou para sair, a senhora recusou o convite porque não queria ficar longe de nós. Quando Wanda fugiu, a senhora a seguiu. Quando éramos mais jovens, a senhora sempre pedia que disséssemos algo positivo uma sobre a outra, ou então que mencionássemos alguma coisa pela qual éramos gratas. Obrigada, mãe. A senhora nos manteve juntas. A senhora nos mostrou como é importante ficarmos unidas e nos ensinou a preservar essa união. Não consigo imaginar uma mãe melhor do que você.»

A mãe de Julie fizera o que fizera porque sabia que era o certo e porque percebera que a família seria destruída se não a mantivesse unida. Com todas as suas forças, havia decidido que não deixaria isso acontecer.

Ela tinha cometido muitos erros? Claro. Mas, depois de ouvir a história tal qual me foi contada por Julie, estou convencida de que mães como a dela têm muito a nos ensinar a respeito de como criar uma filha forte.

É claro que nunca é fácil e o sucesso não é garantido. Todas as mães (eu mesma, inclusive) recebem a «lista» quando os filhos têm entre vinte e trinta anos. É esse o momento em que nossos filhos, agora crescidos, nos informam sobre os erros que cometemos e sobre como isso os afetou. As listas de algumas mães são curtas; as de outras, tão longas que chega a ser doloroso falar sobre elas. A verdade é que todas nós falhamos em muitas áreas. Perdemos centenas de oportunidades de orientar nossas filhas sobre assuntos que julgamos importantes. E não importa o quanto tentemos manter as famílias intactas, às vezes com um esforço tremendo — mesmo assim, fracassamos.

Muitas mães e filhas têm relações voláteis. Já vi milhares de meninas crescerem, e muitas vezes previ conflitos iminentes envolvendo mães e filhas. As mães que fazem parte desses conflitos frequentemente se encaixam em certo perfil.

- **Mães carentes.** Essas mães acreditam que precisam ser tudo para as filhas: cozinheiras, conselheiras, técnicas, professoras, amigas sempre presentes, colegas de quarto, líderes do grupo de escoteiras e amigas de suas amigas. Todas essas funções, tomadas individualmente, são louváveis. Mas quando uma mãe acha que a filha não pode (ou não vai) ter uma vida plena se ela não se envolver pessoalmente em tudo o que a filha faz, ela está exagerando na dose e procurando problemas. Filhas que aos 26 anos de idade ainda moram com os pais porque não conseguem encontrar emprego costumam ser vítimas de mães que precisavam sentir-se necessárias. Algumas dessas filhas partem do pressuposto de que devem ficar em casa para que as mães sejam «felizes», e então temos casos óbvios de codependência.
- **Mães controladoras.** São aquelas que gostam de mandar. Escolhem as roupas, as amizades e as atividades extracurriculares das filhas e determinam o que elas devem fazer enquanto estiverem em casa. Não orientam as filhas, mas as dominam. Algumas mães fazem isso por medo, acreditando que precisam estar sempre no controle;

do contrário, coisas terríveis podem acontecer. Outras foram criadas por mães controladoras e agora repetem o que aprenderam a fazer. Há ainda as que estão apenas reagindo contra a infelicidade que sentiram durante a infância, buscando organizar com rigidez a vida das filhas para evitar os erros cometidos no passado. As ações de uma mãe controladora deixam implícito o seguinte raciocínio: «Eu sei quem você é, mas você não sabe». Ela vê a si própria como aquela pessoa que tem a custódia e o controle da mente das filhas. Depois de ouvirem muitas vezes que «a mamãe sabe o que é melhor para você», as filhas de mães controladoras talvez comecem a duvidar de si mesmas, e até as decisões mais simples e pessoais podem enchê-las de ansiedade. Para não contrariar a mãe, essas filhas também aprendem a mentir — isto é, a dizer apenas aquilo que a mãe deseja ouvir.

- **A mãe distante.** Mães distantes raramente demonstram afeto pelas filhas e raramente conversam com elas de maneira profunda e sincera. Às vezes isso se dá por serem inábeis do ponto de vista social (mesmo em relação aos familiares) ou porque cresceram em um ambiente onde receberam pouco afeto. As filhas que crescem com mães distantes costumam achar que têm pouco valor; interpretam a falta de afeto das mães de maneira pessoal e acreditam que a ausência de amor, empatia e compaixão ocorre porque há algo de errado com elas. Deste modo, concluem que merecem ser emocionalmente abandonadas. Não é preciso dizer que isso pode causar problemas graves: já foi provado que, se prolongada, a ausência emocional da mãe afeta — física e quimicamente — a formação do cérebro dos filhos[3].

---

3   Erica Komisar, *Being There*, pp. 146–47.

Mãe: mentora, aliada, cola

- **Mães que são melhores amigas.** Toda mãe amorosa quer ter proximidade com a filha. Quando minha mãe morreu, perdi uma das minhas melhores amigas. Desejar uma relação íntima e próxima com a filha — uma relação em que as duas partes possam compartilhar seus desejos e medos mais profundos — é um anseio que mora nos corações das mães e das filhas mesmas. As mães geralmente partem do pressuposto de que ser a melhor amiga das filhas é bom para ambas as partes, mas nem sempre é assim. Há uma grande diferença entre ser *mãe* e ser *melhor amiga* da sua filha, e seria muitíssimo danoso para sua menina se você confundisse os papéis. A transição entre ser mãe e ser amiga da filha deve ocorrer quando ela tiver por volta de vinte anos e já estiver morando sozinha. Quando sua filha é jovem — incluindo o período em que se encontra no ensino médio —, precisa da segurança que vem de ser você a parte adulta da relação, isto é, a autoridade que pode guiá-la e protegê-la. Quando uma mãe age como melhor amiga da filha, mais cedo ou mais tarde terá de enfrentar problemas de disciplina. Nesse caso, a relação é mais como aquela que existe entre dois irmãos, e isso leva a filha a perder confiança na mãe. A filha já não se sente mais segura. Não acha que pode confiar na mãe para tomar boas decisões, para ter regras saudáveis e receber a orientação de que tanto precisa. Quando uma adolescente vive com uma mãe que age como melhor amiga, pode acabar sentindo que a mãe está competindo com ela, numa espécie de rivalidade que por vezes existe entre irmãs. As mães que se gabam de poder «vestir as calças jeans das filhas» estão passando a mensagem de que são iguais a elas; estas últimas, por sua vez, costumam se sentir enganadas nessa comparação. Uma mãe saudável permite que a filha tenha os próprios compromissos. Mães: se forem vestir calças jeans, vistam «jeans de mãe». E se isso fizer vocês se sentirem muito deselegantes, vistam um jeans mais justo quando forem sair com o marido — e não para buscar as filhas na escola. As filhas só querem as mães como melhores amigas depois de certa idade. Como uma adolescente me disse anos atrás: «Dra. Meeker, é muito esquisito quando estou com minhas amigas e minha mãe fica ali tentando se enturmar. Quer dizer, eu amo a minha mãe, é claro, mas não quero que ela faça parte do meu círculo de amigas». Eu entendo bem. Quando as minhas filhas adolescentes ficavam em casa com as amigas, eu frequentemente me via tentada a entrar na conversa. Mas é importante deixar que as filhas lidem sozinhas com as próprias amizades. Se ela precisar de um conselho, vai procurar você. E é mais provável que faça isso se respeitar você e a vir como uma pessoa mais velha e mais madura do que as amigas — e não como uma igual.

Quando sua filha chega à idade adulta, você passa a ter permissão para entrar no jogo como uma amiga; nesse ponto da vida dela, isso se torna uma confirmação de que de fato atingiu a maturidade. Vocês podem ser melhores amigas porque você não precisa mais disciplíná-la, nem orientá-la de maneira rígida, nem ser uma figura de autoridade na vida dela. Pense nisso. Se você esperar apenas vinte anos e agir como uma boa mãe, poderá ser uma das melhores amigas da sua filha por décadas e décadas. Porém, se insistir em ser a melhor amiga dela enquanto ela ainda é criança ou adolescente, a relação de vocês ficará abalada no futuro. Ela não terá respeito por você e não a considerará uma figura em quem pode confiar. Não a terá como exemplo ou mentora, uma vez que você insistiu em ser igual a ela, e certamente não a verá como a espinha dorsal da família, pois só um adulto pode desempenhar esse papel.

Depois de ler tudo isso, mesmo que você veja algumas qualidades negativas em si mesma, anime-se. A maioria das mães sucumbe a uma dessas falhas em um momento ou outro da vida. Tenho certeza de que esse é o meu caso. Já tentei controlar minhas filhas, já tentei me enturmar com as amigas delas e cometi outros erros — tantos que talvez nem dê para contar. O segredo está em reconhecer quando isso acontece e evitar erros futuros. Todas nós erramos, e a maioria se sente repreendida por aquela voz irritante que vem da consciência ou da intuição e que diz que devemos parar. Ouça essa voz e lembre-se de que as três melhores coisas que podemos ser para nossas filhas são: exemplos, mentoras e a cola que mantém a família unida. E tenha certeza de que isso é o que toda filha espera de uma mãe.

CAPÍTULO 4

Pais: sejam o primeiro amor, o protetor e o líder de suas filhas

Na manhã do Natal de 1986, encontrei uma caixa grande e embrulhada em papel simples sob a nossa árvore. Naquela época tínhamos uma família pequena, composta apenas de meu marido, Walt, nossa filha de um ano e eu. Sabia que o presente vinha de Walt, e imediatamente me senti envergonhada. Ele tinha saído para comprar algo memorável para mim, e eu não fizera o mesmo por ele. Morávamos em Milwaukee, onde eu fazia residência em pediatria num grande hospital infantil, e por isso minha rotina era muito atribulada e o tempo para as compras, curto. Os horários de trabalho me fizeram sentir ainda mais culpada naquela manhã de Natal. Walt e eu tínhamos concordado em que ele ficaria em casa com a nossa filha durante os três anos da minha residência; depois disso, ele faria a residência dele. O acordo funcionou para nós, mas estaria mentindo se dissesse que me sentia bem. Eu adorava o meu trabalho, mas também queria desesperadamente estar em casa com a nossa família.

Aquele Natal foi muito especial. Não foi apenas a caixa sob a árvore que fez com que eu me sentisse amada; foi também o sacrifício que Walt havia feito para que eu pudesse concluir minha formação em medicina pediátrica. Isso foi há quase 33 anos, e ainda sou grata. Ao abrir a caixa, encontrei um lindo casado de lã feltrada azul com um forro de seda combinando. E, como estávamos nos anos 1980, vinha com ombreiras que eram do tamanho certo para mim. Os invernos em Milwaukee eram glaciais, e Walt me ouvira algumas vezes reclamar de ter passado frio. Por isso, havia comprado um casaco extraquente.

O casaco ficou ótimo, e eu o usava o tempo todo. Mais ou menos um mês depois do Natal, pegamos um voo para visitar minha família em Boston. No avião, reparei que os botões eram um pouco pequenos para as respectivas casas, e achei aquilo um tanto esquisito, considerando que se tratava de um casaco de alta qualidade. Inclinei-me para o lado e perguntei a Walt: «Onde você comprou esse casaco? Os botões são um pouco pequenos».

A princípio, ele fingiu não me ouvir, mas repeti a pergunta. Por fim, ele disse: «Eu que fiz o casaco para você».

Foi um baque. Fiquei me sentindo terrivelmente mal por ter criticado os botões e quase chorei de emoção diante daquele gesto de carinho. Fiquei simplesmente pasma. Senti-me profundamente amada, e senti também que não merecia aquilo. Como é que ele tinha aprendido a costurar um casaco daquela qualidade? Meu conhecimento de costura era suficiente para saber que lã feltrada era um tecido muito caro.

Para Walt, no entanto, costurar tinha virado uma paixão. Ele fez um casaco xadrez vermelho e preto para a nossa filha de um ano, e, quando nossa segunda filha nasceu, costurou para ela outro casaco xadrez, dessa vez branco e preto. Nós três ficamos bem aquecidas durante os invernos longos e gélidos de Milwaukee.

As garotas cresceram sabendo que era o pai quem fazia os casacos delas, e as duas os vestiam com tanto orgulho quanto eu vestia os meus. Quando os casacos começavam a ficar pequenos, passavam para as nossas outras filhas (a terceira e a quarta). Aqueles casacos de lã eram indestrutíveis. Naturalmente, houve um momento em que nenhuma das quatro filhas cabiam em suas respectivas peças. Elas entraram no ensino médio e depois foram para a faculdade, mas mantiveram os casacos em nosso armário de roupas. As quatro os mostravam para os amigos, e de fato tinham orgulho deles.

Depois de se formar na faculdade, nossa segunda filha decidiu ser professora na Indonésia. Passados alguns meses, começou a sentir muita saudade de casa e ligou para o pai a fim de pedir um favor especial: «Você poderia fazer mais um casaco para mim, como aquele que fez quando eu era pequena?».

Walt foi a uma loja de tecidos, comprou um corte xadrez branco e preto e desencaixotou a máquina de costura. Em algumas semanas o casaco estava pronto. Minha filha (já adulta) usava-o como se fosse um colete salva-vidas. O casaco conectava a filha ao pai, que estava a meio mundo de distância.

Frequentemente, digo que o pai é o homem mais importante na vida de uma filha — e, quanto mais velha fico, mais verdadeira essa frase soa para mim. Já observei o crescimento de milhares de garotas (literalmente), e os pais eram sempre os homens mais importantes de suas vidas — quer fossem apaixonados por elas ou alcoólatras, solteiros, ausentes, bem-sucedidos ou presidiários. Explico o porquê.

É inevitável que cada pai seja o modelo a partir do qual suas filhas pensam sobre os homens. Se o pai de uma garota for bondoso, ela vai confiar nos homens. Se o pai for afetuoso, ela vai presumir que os outros homens serão afetuosos. Se o pai for distante ou cruel, ela vai achar que os outros homens também serão assim — e isso pode ter consequências mais graves do que se imagina. Já falei com mulheres adultas que acham difícil acreditar em Deus porque suas experiências pessoais dificultam a crença em um pai amoroso. A experiência de uma menina com seu pai terreno afetará cada relação que ela irá estabelecer com as figuras masculinas que se lhe apresentarem durante a vida. E estou convencida de que, se cada pai pudesse ver a si próprio pelos olhos da filha por apenas quinze minutos, a vida dele jamais seria a mesma.

Garotas que se apegam aos pais de maneira segura durante os anos de juventude tornam-se mulheres adultas mais confiantes. E, quando têm mais autoconfiança, as mulheres vivem relacionamentos mais saudáveis. Adolescentes com vínculos fortes com os pais têm uma chance muito menor de ser sexualmente ativas, de engravidar ou de buscar relacionamentos com garotos egoístas, cruéis ou desrespeitosos. E o que é preciso para ser um bom pai? Apenas se fazer presente, estar lá e ser o tipo de pai que você deseja ser — e que a sua filha precisa que você seja.

O pai como primeiro amor

Normalmente, quando pergunto a uma mãe sobre a relação que tem com a filha, a resposta é algo assim: «Ah, nossa relação é ótima. Somos muito próximas e boas amigas». Quando pergunto a um pai, ele fica com cara de confuso e faz uma lista de conquistas da filha. Se pergunto às filhas, no entanto, as respostas que recebo são rápidas e claras. «Ah, meu pai é ótimo. Ele sempre me ajuda com a lição de casa ou pergunta como estão minhas amigas. Ele adora fazer atividades comigo, e minha mãe normalmente não gosta das coisas que fazemos juntos. Ela acha que são perigosas.»

No entanto, há também respostas do tipo: «Não sei. Nunca vejo meu pai. Sinto saudade dele. Desde que ele e minha mãe se separaram, temos nos afastado cada vez mais. Não nos falamos muito, e acho que ele anda muito ocupado com sua vida nova». Nesses casos, percebo o desamparo na voz dessas filhas. O amor paterno que querem e do qual precisam parece ter-se esvaído — e, diante da ausência dos pais, elas às vezes idealizam suas próprias versões deles.

Recentemente, falei com uma menina de doze anos cujo pai estava preso. A mãe dela, que era solteira, mudou de estado para procurar emprego, deixando a jovem com a avó. Ela era próxima da avó, mas sentia muita falta dos pais. Queria estar novamente com a mãe, mas o que me chamou atenção foi o que disse sobre o pai: «Sabe, meu pai vai sair da cadeia em breve. Mal posso esperar, porque, quando ele sair, vou morar com ele. Eu sou especial para o meu pai, e sei que, quando estivermos juntos, a vida será muito melhor».

Ela ansiava pelo amor do pai, não importavam as circunstâncias. Ele a amaria como nenhuma outra pessoa poderia fazê-lo, e ela o via como um herói. O pai dela não era o homem bom que ela descreveu para mim, mas, na ausência dele, ela imaginava o homem que queria e do qual desesperadamente necessitava — era de partir o coração, mas também inspirador. Já vi reações semelhantes muitas outras vezes. Todo pai é o primeiro amor da filha. Eu sei que muitos não gostam de ouvir isso, pois julgam se tratar de um fardo muito pesado, mas o pai sempre será o homem mais importante na vida da filha.

O pai como protetor

As filhas se sentem mais seguras e amadas quando seus pais tomam conta delas. Quando um pai demonstra que está disposto a proteger a filha e a lutar por ela, passa orgulhar-se dele.

Quando eu tinha dezesseis anos, meu namorado (um cara muito legal) me levou para ver um filme que estava longe de ser adequado. O filme tinha muito sexo, palavrões... enfim, tinha de tudo. Ele era ingênuo, e nenhum de nós tinha ideia do tema ao comprar os ingressos. Quando me deixou em casa, meu pai veio falar conosco e perguntou qual filme tínhamos visto. Ao ouvir o nome do filme, ele imediatamente exigiu que meu namorado saísse. Fiquei estarrecida. Gritei com meu pai.

Acho que fiquei sem falar com ele por dias. Algum tempo depois, consegui compreender o que meu pai havia feito e passei a respeitá-lo ainda mais por aquele gesto.

Meu pai mostrou que estava disposto a me proteger. Embora de início eu tenha ficado consternada, logo percebi que ele tinha agido daquela forma porque me amava. É claro que só fui admitir isso para o meu pai anos depois, mas, ao ver que ele estava me protegendo, aprendi uma lição sobre como proteger a mim mesma. Minha mãe e meu pai tinham a mesma opinião em relação ao filme, mas ela era gentil e educada demais para fazer aquela cena com meu namorado. Meu pai, por outro lado, tomou uma atitude na mesma hora.

Ao fazê-lo, ele me ensinou a ser assertiva. Uma coisa é um pai dizer a uma filha que ela deve ser assertiva; outra é ele demonstrar isso para ela. Ouvi a voz dele, senti aquele constrangimento enquanto ele dizia o que precisava ser dito sem rodeios. No fim, percebi que a assertividade pode causar desconforto e ofender outras pessoas, mas às vezes é necessária para proteger aqueles que amamos. Meu namorado certamente se sentiu ofendido (e passou a ter medo do meu pai), mas aprendi que não havia problema em causar esse desconforto, porque, no fim das contas, meu pai estava certo. Em certo sentido, os pais protegem as filhas estabelecendo limites para elas (ninguém sabe fazer isso melhor do que um pai); e, ao estabelecer limites, o pai estará ensinando a filha a respeitar a si mesma e a exigir um comportamento melhor dos garotos (e, depois, dos homens). Infelizmente, muitas meninas crescem sem ver seus pais (ou mães) estabelecerem altos padrões comportamentais para elas, uma vez que os pais frequentemente acreditam que estão sendo intrometidos e precisam deixar que as filhas tomem as próprias decisões. No entanto, você a estará ajudando a tomar boas decisões precisamente ao definir regras — e ela quer que você faça isso.

Já no ensino fundamental, as garotas sofrem pressão para serem provocantes. Quando chegam aos sete anos (na primeira ou segunda série), prateleiras e cabides cheios de roupas inadequadas e curtas invadem a vida delas. A situação só piora à medida que as meninas crescem, e uma das principais áreas de tensão entre pais e filhas adolescentes é justamente o vestuário. Por um lado, as mães em geral querem que as filhas se enturmem com as garotas da escola. Os pais, por outro lado, geralmente querem proteger as filhas jovens e insistem em que vistam roupas mais discretas. As filhas se irritam, e as mães entram na conversa dizendo aos maridos que eles não entendem nada da moda dos dias atuais. Todas as garotas se vestem assim, dizem. Quando a conversa chega a esse ponto, muitos pais dão um passo atrás e questionam seus instintos.

Peço aos pais: por favor, não façam isso. Os pais entendem como os garotos olham para as garotas e não querem que as filhas sejam vistas dessa forma; eles não querem que as filhas sejam vistas como objeto de prazer sexual, em vez de mulheres inteligentes e capazes. E também não querem que as próprias filhas se vejam como objetos de prazer sexual.

Os pais estão certos. As meninas que usam roupas provocantes estão excessivamente concentradas em sua sexualidade e têm muito mais chances de ter relações sexuais (o que pode ser terrivelmente danoso para sua saúde mental, física e emocional). Meu conselho para os pais é que confiem em seus instintos de proteção e intervenham. Você estará fazendo um favor à sua filha ao ensiná-la que ser quem ela é — sua personalidade e caráter — é muito mais importante do que ser «sexy».

Sabemos que as filhas de pais presentes têm um desenvolvimento cognitivo e linguístico superior; que tiram notas mais altas em testes de conhecimento; que apresentam QI mais elevado; que obtêm desempenho superior na faculdade e na escola (inclusive em termos comportamentais); que são mais autossuficientes, autônomas e autoconfiantes; que demonstram níveis mais altos de sociabilidade e autocontrole; que estão muito menos sujeitas à depressão, a ser sexualmente ativas e a se envolver com drogas durante a adolescência (três coisas que costumam andar de mãos dadas); e que acabam mais bem-sucedidas profissionalmente e mais felizes no casamento. Para uma filha, os benefícios de ter um pai em casa são claríssimos[1].

O pai tem um impacto muito profundo na vida de uma jovem, pois desempenha um papel central na formação de sua identidade. O valor que o pai vê em sua filha influencia em grande medida o valor que também ela vê em si mesma. Um pai extremamente crítico pode fazê-la achar que tem pouco valor, mesmo quando for adulta. Um pai amoroso que aceita e aprova a filha, por outro lado, está lhe ensinando que é importante acreditar e gostar de si. Um pai que abandona a família deixa a menina com certa sensação de insegurança e com um desejo insatisfeito de afirmação e atenção masculina (e a satisfação desse desejo pode vir de fontes perigosas).

As filhas são excepcionalmente sensíveis ao comportamento dos pais, incluindo o que ele diz e faz. Têm um desejo profundo de serem amadas e aceitas, e muitas garotas veem os pais como figuras de importância sobre-humana; portanto, receber a aprovação deles é um objetivo de vida. O comportamento de um pai pode afetar o da filha. Se o pai quer que a filha tenha paciência, não há maneira melhor de influenciá-la do que dando-lhe uma demonstração de comportamento paciente. Já falei com inúmeras mulheres cujo sucesso pessoal e profissional, segundo elas próprias, devia-se à maneira como seus pais tinham vivido. Os pais haviam sido para elas um exemplo de caráter.

Muito anos atrás, cheguei em casa e encontrei quatro crianças famintas e uma geladeira vazia. Peguei o telefone e pedi comida chinesa. Meu marido se ofereceu para ir ao restaurante buscar o pedido (acho que as crianças e eu estávamos ficando muito impacientes). Quando ele estava saindo de casa, gritei: «Não vai esquecer o rolinho primavera!». (Eu adoro rolinho primavera.)

---

1   Essas constatações estão resumidas em Margaret Meeker, *Strong Fathers, Strong Daughters: 10 Secrets Every Father Should Know*, Regnery, Washington, D.C., 2015.

No último minuto, minha filha de oito anos perguntou se podia ir com ele. Ele disse que sim, claro.

Os dois voltaram mais ou menos meia hora depois. Abri os pacotes, fui tirando as caixas brancas e dei um suspiro de desânimo.

— Eu sabia! — disse. — Sabia que você ia esquecer o rolinho primavera. Você sempre esquece tudo.

E continuei desabafando, citando exemplos de esquecimento, até que a minha filha de oito anos se aproximou e puxou minha camiseta para chamar minha atenção.

— Mãe — sussurrou —, não fique brava com o papai.

— Por que não?

— No caminho de volta para casa, vimos um homem mexendo numa lata de lixo. O papai encostou o carro e ofereceu nossa comida chinesa para ele.

Naturalmente, o homem não tinha pego o frango xadrez, nem a carne, nem o arroz, mas meu rolinho primavera.

Contudo, naquele momento percebi o quando tinha sido egoísta e injusta. Pedi desculpas ao meu marido.

O que realmente importa, no entanto, é o efeito que o exemplo dado pelo meu marido teve sobre a minha filha. Quando ela se formou na faculdade, decidiu que abriria mão de um bom cargo de professora nos Estados Unidos a fim de dar aulas e ser missionária entre os mais necessitados na Indonésia.

Hoje em dia, ela tem 33 anos e é uma das mulheres mais humildes que já conheci. Valoriza as outras pessoas independentemente de idade ou condição socioeconômica, respeita-as e as ama. E faz isso porque o pai a ensinou a virtude da humildade. Ensinou-lhe que todo homem, toda mulher e toda criança têm o mesmo valor. E ela aprendeu essa virtude vendo o pai demonstrando-a bem diante dos seus olhos.

Os pais orientam as filhas todos os dias pelo exemplo. E sei que, para um pai, ler isso não deve ser fácil. Pode parecer intimidador e opressor saber que cada um dos seus movimentos está sendo observado por alguém que precisa de você e que o admira. Mas essa é a realidade. Sua filha está sempre tomando nota das suas atitudes, comportamentos e ações, e adota muitos deles para si — e nem sempre irá adotar os que você deseja.

Lembro-me de uma vez em que um pai me abordou depois de uma conferência e disse:

— Dra. Meeker, posso pedir sua opinião sobre um assunto?

— É claro.

— Minha ex-esposa e eu estamos com um problema. Passei alguns anos na cadeia e saí há pouco. Hoje em dia estou indo muito bem e gostaria de me reaproximar da minha filha de nove anos. Ela fica hesitante, e eu entendo... Não fui exatamente um bom exemplo de pai. Com toda a questão do divórcio e dos meus anos na cadeia, minha filha não me conhece muito bem. Eis o problema, dra. Meeker: minha ex-esposa só foi me visitar na cadeia uma vez e, na ocasião, tirou uma foto minha usando aquele uniforme laranja. Ela colocou a foto na porta da geladeira para que minha filha me visse todos os dias, querendo que a menina aprendesse com os meus erros. Foi a isso que minha ex-esposa me reduziu: a um erro.

— Peça à sua ex-esposa que tire essa foto da geladeira — respondi. — Você não tem motivo para sentir vergonha, sobretudo porque está mudando de vida, e atitudes desse tipo não vão beneficiar sua filha de maneira nenhuma. Sua ex-esposa precisa entender que sua filha vai se espelhar em você independentemente dos erros do passado, porque você é o pai dela. E se ela não puder ver e admirar o homem que você é hoje, terá mais — e não menos — chances de repetir os seus erros.

Muitos pais pensam erroneamente que devem falar sobre os erros do passado como um alerta para que os filhos não cometam os mesmos erros no futuro. Infelizmente, isso raramente funciona. Na verdade, o efeito pode ser o oposto — a criança ou o adolescente pode acabar acreditando que também não

A dedicação do pai

Muitos pais sofrem com os problemas que lhes dão as filhas adolescentes. Recentemente, um desses pais me confessou:

— Eu a perdi. Éramos muito próximos, mas agora não mais... Quando tento abraçá-la, ela fica parada feito um poste, e isso faz com que eu me sinta a pessoa mais asquerosa do planeta. Não sei mais o que fazer.

Perguntei a ele se as amizades da garota estavam mudando, se ela tinha sofrido algum trauma ou se estava usando drogas.

— Ah, tenho certeza de que não está usando drogas. Que eu saiba, ela não tem nenhum trauma, e as amigas continuam basicamente as mesmas. E são legais comigo.

Conversamos um pouco mais, e eu dei minha opinião sobre o que podia estar acontecendo.

— A adolescência pode ser cruel com as garotas — respondi. — Os hormônios fazem com que mudem bruscamente de humor. A maioria das garotas sente-se extremamente insegura com relação à própria aparência, às próprias habilidades etc. Sua filha provavelmente está duvidando de si mesma. Está se perguntando se alguém realmente a ama, está se comparando a outras pessoas... Enfim, está se sentindo terrivelmente mal. A angústia interior dela respinga em você, mas você não é o motivo dessa angústia, e é muito importante não levar isso tudo para o lado pessoal.

Muitos pais simplesmente se afastam das filhas quando vivem situações semelhantes. Mas essa é a pior coisa que um pai pode fazer. Pesquisas mostram que o envolvimento contínuo dos pais beneficia imensamente as filhas adolescentes. Essa é a melhor estratégia para minimizar os problemas emocionais e comportamentais — ou para superá-los mais rápido. Você é o melhor escudo que sua filha pode ter contra os perigos que vai enfrentar na adolescência[2].

Lembre-se de que há uma fase em que a maioria dos pais sente-se distante das filhas. Isso é totalmente normal e faz parte do processo de crescimento delas. Assim como as mães precisam permitir que seus filhos se distanciem durante a adolescência, um acontecimento parecido (mas menos dramático) se dá entre pais e filhas. Se você é pai e vem observando mudanças no comportamento da sua menina — que parece estar se afastando cada vez mais —, eis algumas coisas que você pode fazer.

Em primeiro lugar, responda àquelas perguntas que fiz ao pai preocupado (se as amizades da filha vinham mudando, se ela tinha sofrido algum trauma e se tinha começado a usar drogas). Esses perigos geralmente não são o problema, mas é bom confirmar. Em segundo lugar, lembre-se de que você é o líder. E sua filha *quer* que você seja o líder, independentemente de como ela possa agir. Isso significa que você precisa tomar as rédeas do processo, sendo a parte que continua demonstrando afeto. Se sua filha repele seus gestos de carinho, tente demonstrá-lo de outra maneira. Em vez de abraçá-la efusivamente em público, dê um tapinha discreto nos ombros dela, ou puxe uma cadeira e sente-se ao lado da cama dela à noite para que vocês dois possam conversar um pouco antes de ela dormir (talvez você possa até tentar segurar sua mão). Pergunte como foi o dia dela. Não importa se a conversa vai ser curta ou longa, se ela vai participar ativamente ou se vai apenas murmurar algumas palavras. O que vale é o esforço. Quando você precisar sair para fazer alguma coisa em um fim de semana, pergunte se ela quer ir junto. Ou então leve-a para tomar café em um lugar diferente. O mais importante é que não haja dúvidas de que você pensa

---

2   Binta Alleyne-Green *et al.*, «Father Involvement, Dating Violence, and Sexual Risk Behaviors Among a National Sample of Adolescent Females». *Journal of Interpersonal Violence*, 3 de dezembro de 2014.

nela o tempo todo, de que você quer ouvir o que ela tem a dizer, de que você gosta da companhia dela e a ama a despeito de toda confusão emocional que ela possa estar vivendo ou dos maus comportamentos que essa confusão acarreta.

Aconteça o que acontecer, *nunca* desista, pois, ainda que sua filha se comporte mal, ela quer que o relacionamento entre vocês dois seja melhor. Ela quer que você a ajude a compreender a vida, mas isso é algo que a maioria das adolescentes não sabe pedir. É por isso que você deve assumir a liderança, é por isso que nunca deve desistir e é por isso que deve fazer o possível para se manter envolvido na vida da sua filha.

Os pais de Emily se divorciaram quando ela tinha doze anos. Como filha única, passava a maior parte dos dias de semana com a mãe e a maior parte dos fins de semana com o pai. Até o segundo ano do ensino médio, quando passou a ser contestadora e a usar roupas provocantes, não havia demonstrado nenhum grande problema comportamental. A mãe começou a namorar, e Emily, como muitas filhas adolescentes de pais divorciados, não queria ter contato com esse namorado. Ela dizia que o namorado não fazia parte da família e se ressentia do tempo que a mãe passava com ele.

Emily me disse:

— Eu só queria sair da casa da minha mãe. Não gostava do namorado dela, e quando minha mãe ficava brava comigo eu perdia a cabeça.

Ela estava lutando contra uma dor latente cuja raiz era o divórcio dos pais.

— Eu sentia que não me encaixava em lugar algum. Era como se nenhum lugar me desse a sensação de estar em casa.

Sentindo-se «nervosa e confusa», Emily começou a sair com um grupo diferente de amigos — daqueles com os quais «os pais não querem que você se relacione».

Ela admitiu para mim que queria atenção do pai e da mãe.

— Comecei a passar mais tempo na casa do meu pai. Ele não tinha namorada, e eu me sentia mais segura com ele. Não sei por que, mas era o que eu sentia. Meu pai trabalhava muito e isso era difícil, mas acho que sentia compaixão por mim. Não havia conhecido meu pai muito bem antes do divórcio, e de início fiquei ansiosa quando passei a ficar mais na casa dele. Não sabia como ele ia reagir. Fiquei surpresa ao ver que parecia gostar de me ter ali por perto, mesmo quando eu estava nervosa ou quando agia de um jeito meio aborrecido. Era como se conseguisse lidar com a situação. Quando ele chegava em casa, nós dois jantávamos juntos, mesmo não falando muita coisa um com o outro. Ele me fazia algumas perguntas sobre a escola, que eu meio que ignorava. Mas, como perguntava todas as noites, comecei a pensar que ele poderia estar realmente interessado em saber. Passei, então, a me abrir, e quanto mais falava com ele, mais ele parecia interessado em ouvir. Quer dizer, ele devia ficar bem entediado, mas não agia dessa forma. Certa noite, me perguntou se eu queria sair para jantar. Pensei que era esquisito sair para jantar sozinha com meu pai, mas fui. Inicialmente foi esquisito, mas depois de um tempo até que foi legal.

E ela continuou: «Depois disso, eu me soltei mais com meu pai. Sempre fazíamos algo juntos aos fins de semana. Geralmente eram coisas pequenas, como sair para passear com o cachorro, assistir a um filme ou visitar um parente».

À medida que Emily foi falando, sua expressão mudou. Ela ficou mais lívida, endireitou a postura...

— O legal foi que, mesmo não sendo muito de conversa, meu pai me perguntou como eu estava lidando com o divórcio. Foi inacreditável. Ninguém nunca tinha me perguntado aquilo antes. Eu não sabia o que dizer, então falei apenas que odiava aquilo tudo. Odiava que ele e minha mãe não estivessem mais juntos. Odiava ter que ficar indo e voltando de um lugar para outro. Odiava que minha mãe tivesse um namorado. Todas essas coisas ruins foram transbordando de mim. Meu pai não ficou bravo; só ouviu. Hoje em dia passo muito tempo com meu pai porque ele me entende, e eu sei que ele quer estar comigo. Essa sensação é ótima. Isso me ajudou a passar por um momento difícil.

As mães sabem que são importantes na vida dos filhos porque nossa cultura faz questão de celebrar a maternidade. Mas acredito que os pais, em sua maioria, não sabem a enorme importância que têm na vida das filhas. Nenhum pai é perfeito. Todo pai mete os pés pelas mãos. Porém, aos olhos de suas filhas, todo pai é um gigante, e toda filha é a pessoa mais compreensiva que um pai pode conhecer, pois ela precisa dele mais do que de qualquer outra pessoa. A coisa mais importante do mundo para uma filha é ver que seu pai está tentando ser um bom pai. Você é o primeiro amor da vida dela, e todo gesto de bondade que você lhe fizer — cada lágrima que você secar, cada vez que você ouvir o que ela tem a dizer, cada vez que souber demonstrar o quão importante ela é para você — servirá para fortalecer a autoconfiança que ela tem. E ela jamais esquecerá você e o exemplo que recebeu.

CAPÍTULO 5

Ajude-a a controlar as telas

Naquela noite, às onze e meia, Evie — uma garota de dezessete anos — ouviu alguém batendo à porta da frente. Ela sabia do que se tratava, e isso a deixou assustada. Quando abriu, dois policiais passaram por ela e começaram a revistar a casa, a começar pelo andar de cima.

Cinco garotos que estavam na sala de estar (no andar térreo) saíram correndo pela porta dos fundos. Quatro garotas ficaram na casa com Evie. Depois de algum tempo, dois policiais desceram as escadas. Um deles disse:

— Onde eles estão?

— Eles quem?

— Ora, mocinha! Você sabe de quem estamos falando. Há menores de idade consumindo bebidas alcóolicas nesta casa. Isso é ilegal. Seus vizinhos ligaram reclamando do barulho e dizendo que havia menores de idade bebendo. Vou perguntar mais uma vez: onde eles estão?

Evie estava assustada e não queria mentir... nem ser presa.

— Eles foram embora. Eram cinco garotos. Eu nem sei quem eram. Trouxeram vodca e cerveja, e algumas de nós bebemos.

— Bom, nesse caso, mocinha, todas vocês precisam fazer o teste do bafômetro. Como você é a dona da casa, faz o teste primeiro.

Evie não estava nem um pouco bêbada, mas via-se com uma sensação de nervosismo e ansiedade. Quando o policial perguntou onde estavam seus pais, ela desviou os olhos e disse, em voz baixa:

— Não tenho certeza, senhor. Eles não sabem que estou aqui. Era para eu ter ido passar o fim de semana na casa de uma amiga. Eles saíram na sexta e só vão voltar no domingo.

— Eles têm celular?

— Sim, mas, por favor, não ligue para eles. Eu mesma ligo.

— Tudo bem. E como essa é a sua casa, você é responsável e irá receber uma advertência. Já está muito tarde, então quero que você e suas amigas passem a noite aqui. De manhã voltaremos para ver como vocês estão. Entendido?

— Sim, senhor.

Ao fechar a porta, Evie e suas amigas estavam tremendo, tão assustadas que nem conseguiam conversar. Elas nunca tinham se envolvido em confusão, e agora tinham feito uma besteira tão grande que até a polícia interviera.

Os pais de Evie sabiam que ela era uma boa menina. Tirava boas notas, era educada e obediente, sempre procurava agradar os outros. Os professores a adoravam. Os amigos a tinham como exemplo. Os garotos a respeitavam. Por isso não acharam que haveria problema se passassem um fim de semana fora de casa. Tinham planejado tudo para que Evie ficasse na casa de uma amiga cujos pais estariam em casa, de forma que estivessem sob a supervisão de adultos. Tudo deveria ter corrido bem.

O que aconteceu, afinal? As redes sociais mudaram o jogo. Evie e a amiga decidiram ver um filme na casa da primeira e anunciaram o programa no Instagram. Duas outras garotas resolveram se juntar a elas. Uma delas mandou mensagem de texto para um garoto mais velho (que era de outra escola) e o convidou para ir também. Ele levou mais três amigos. Quando ficaram sabendo que os pais de Evie estavam viajando, chamaram um quinto garoto e lhe pediram para trazer cerveja e vodca.

Evie ficou aterrorizada e ordenou que ninguém mais fosse convidado. Contrariados, os garotos que estavam na casa decidiram se vingar: eles mesmos ligaram para a polícia e disseram que havia menores de idade bebendo na casa de Evie. Ela achava que não estava fazendo nada de errado — e, mesmo assim, deu tudo errado. As redes sociais têm o poder de fazer isso com os jovens. Eles não fazem ideia do quão nocivo pode ser compartilhar todos os aspectos de suas vidas — postar atualizações constantes sobre o lugar aonde você está indo e sobre o que está fazendo. Evie aprendeu uma dura lição, mas por sorte não sofreu nenhum dano emocional mais sério.

O maior medo dos pais

Fui uma dessas mães sortudas cujos filhos passaram pelo ensino médio sem celular. Sim, isso existiu. Quem era jovem naquela época — antes dos celulares e das mídias sociais — sabe que «mídia» era um conjunto de coisas com as quais se tinha contato *ocasionalmente*. Ninguém estava *constantemente* online, nem conectado ao rádio, à TV ou ao telefone fixo. Isso nos conferia certa perspectiva, certa calma; passávamos a maior parte do tempo em um mundo real, tangível, e não éramos bombardeados por um fluxo interminável de informações e estímulos eletrônicos. Os jovens de hoje, por outro lado, recebem uma sobrecarga diária de dados visuais e auditivos, e há ainda muitas outras pessoas (não apenas jovens) viciadas em filmes, séries, redes sociais e videogames. Às vezes fazem várias dessas atividades simultaneamente, e até ficam se mexendo, impacientes, quando *não* estão mexendo no celular. Como pais, percebemos que isso não é bom para nossos filhos; percebemos que a tecnologia está cavando um fosso entre nós e que as telas estão dominando a vida deles.

No passado, o maior medo que os pais costumavam expressar era de que os filhos adolescentes se envolvessem com sexo, drogas e álcool. Hoje em dia, a principal preocupação é como proteger os jovens das redes sociais. Os pais se sentem impotentes. Acreditam que o uso dessas mídias está causando danos a seus filhos, afastando os mais jovens dos relacionamentos normais e saudáveis e do convívio com a família. E os pais estão certos. Contudo, não deveriam se sentir impotentes. É verdade que, no passado, se os pais tivessem receio — e era preciso ter — de que seus filhos vissem conteúdos inapropriados e cenas vulgares em filmes ou na televisão, era relativamente fácil evitar que isso ocorresse (mantendo o aparelho desligado, por exemplo). Em nossa era interconectada, no entanto, tudo isso tornou-se mais difícil, pois o conteúdo, em muitos casos, ficou muitíssimo pior (a pornografia pesada virou *mainstream*) e as plataformas de mídias sociais, com suas estratégias viciantes e insidiosas, já invadiram os corações de muitas garotas.

Os pais têm razão em ter medo. Mas frequentemente subestimam a influência que têm sobre as filhas e o que podem fazer para protegê-las. Vamos começar analisando a ameaça e o motivo pelo qual as garotas se sentem atraídas pelas redes sociais.

Entendendo o perigo

Normalmente, quando uma garota tem contato com Instagram, Facebook e TikTok pela primeira vez, inocentemente encara essas redes como oportunidades incríveis de se expressar e medir parâmetros de popularidade (beleza, inteligência, o quanto os outros gostam dela), comparando-os aos de outras garotas. Trata-se de uma forma de interagir com as amigas (e — alerta para os pais! — com estranhos). Elas ficam atentas aos comentários em suas postagens e veem essas redes como guias de moda — roupas e maquiagem, por exemplo — que as ajudam a ter uma autoimagem mais positiva (a qual, no fim, pode acabar sendo prejudicial).

Toda jovem anseia por aprovação, e as plataformas de mídia social oferecem uma maneira de obtê-la. Se as outras pessoas (amigos, familiares, e até mesmo estranhos) gostam delas, então elas podem gostar de si mesmas. Quando uma garota se sente aceita e recebe muitas «curtidas», acredita que tem valor. Mas isso só funciona até certo ponto, porque a aprovação que vem pelas telas não só é superficial, como também tem duração curta. Não importa o quanto uma garota seja elogiada por ser bonita, provocante ou bem-sucedida: sempre vai aparecer alguém para destruir essa visão — para criticar, para dizer crueldades e para diminui-la. Assim como os comentários positivos e as «curtidas» lhe trazem alegria, os comentários negativos podem ser arrasadores, a ponto de hoje em dia falarmos no «cyberbullying» como um fenômeno comum e perigoso.

Todas as adolescentes se comparam umas às outras e têm inseguranças profundas. Em mais de trinta anos como pediatra, nunca vi uma exceção a essa regra. Como pais e mães, podemos achar que nossas filhas são bonitas, inteligentes e bem-sucedidas, mas não é assim que elas se veem. Elas acham o oposto e acreditam que são inferiores às outras garotas, todas mais bonitas, mais inteligentes e mais bem-sucedidas.

Por causa dessa insegurança (que é normal), toda garota se sente impelida a descobrir como se sairia ao ser comparada com outras. As plataformas de mídia social oferecem um caminho para isso; oferecem ferramentas por meio das quais as garotas podem buscar a aceitação e aprovação de seus pares. No entanto, seu uso também as coloca em posição de grande vulnerabilidade. Eis alguns riscos.

Entre garotas, as redes sociais têm clara conexão com a depressão

Estudos já demonstraram uma clara ligação entre o uso das mídias sociais e a depressão quando se trata das meninas — quanto mais frequente o uso, maior o risco[1]. Isso é relevante porque, para muitas garotas, as plataformas de mídia social viraram uma obsessão, um quadro de avisos que promove admiração e autoafirmação (ou crítica e assédio) 24 horas por dia. O uso frequente de redes sociais está ligado a padrões precários de sono, a uma autoimagem corporal distorcida e à baixa autoestima — para não falar na exposição ao assédio virtual.

Em um estudo que marcou época, a pesquisadora Melissa Hunt e seus colegas da Universidade da Pensilvânia estudaram os efeitos causados pela redução do uso de mídias sociais entre garotas. Eles descobriram uma nítida correlação entre a redução da depressão e o acesso reduzido às redes. É importante que os pais entendam que essa conexão é real. A boa notícia é que, quando ajudamos nossas filhas a limitar o tempo que passam on-line a aproximadamente trinta minutos por dia, o risco de depressão cai consideravelmente[2].

Mas não são apenas as adolescentes que estão vulneráveis. Sendo bem sincera: como mulher de meia-idade que tem goza de boa autoestima, parei de olhar meu Facebook porque, mesmo vivendo bem comigo mesma, bastava começar a ver o que minhas amigas vinham fazendo para que eu passasse a me sentir uma fracassada, achando que minha vida era entediante e que minhas amigas estavam ficando mais e mais bonitas enquanto eu só ficava mais velha! Não conseguia deixar de me perguntar qual era o problema comigo (o problema, claro, era que eu en-

---

1   Yvonne Kelly *et al.*, «Social Media Use and Adolescent Mental Health: Findings From the UK Millennium Cohort Study». *EClinicalMedicine*, 4 de janeiro de 2019.

2   Melissa G. Hunt *et al.*, «No More FOMO: Limiting Social Media Decreases Loneliness and Depression». *Journal of Social and Clinical Psychology* 37, n. 10, novembro de 2018, pp. 751–68.

carava aquelas fotos e postagens como representações fiéis da realidade, em vez de tomá-las pelo que de fato eram: peças de autopropaganda cuidadosamente organizadas e encenadas). Mas, se uma mulher de meia-idade que é feliz, bem-sucedida e segura sentia-se acabada (sem motivo aparente) depois de uma rápida passeada pelas redes sociais, imagine o quão deprimida fica uma garota que já é naturalmente insegura ao ver postagens de outras garotas da mesma idade usando roupas mais chiques e maquiagens mais bonitas, sempre com seus lindos namorados a tira colo. A resposta é que elas se sentem como eu me senti vendo minhas amigas no Facebook — mas com uma intensidade 29 vezes maior!

Mesmo que as garotas saibam que as redes sociais são uma ferramenta utilizada por pessoas que gostam de se exibir, isso não faz diferença. Elas sempre vão colocar seu valor na balança; e, quando uma garota sente que é sempre inferior às outras, ou quando tem múltiplas experiências de rejeição, começa a mudar sua imagem pública. Passa a acreditar que precisa ser mais provocante e magra, e também que precisa estar mais na moda (qualquer que seja a moda do momento) para que os outros gostem dela.

As adolescentes não têm muita autoconfiança e estão mais que dispostas a adotar diferentes *personas* para conquistar popularidade. Elas querem ser maduras, querem ser descoladas, e frequentemente acreditam que ser sofisticada é o mesmo que ser sexualmente provocante. Muitos pais ficam chocados com o que as filhas fazem ou falam nas redes sociais — porém, não costumam ver a parte mais pesada desse conteúdo, pois é muito fácil criar uma conta secreta.

Christie era uma aluna do ensino médio que só tirava dez. Participava do coral da escola, fazia trabalho voluntário e era a mais velha de cinco filhos. Nunca fora de dar problema para os pais, até que um dia sua mãe foi abordada pela mãe de Sophie, uma das melhores amigas da filha.

— Não queria ter de dizer isso, mas descobri coisas horríveis no Snapchat da Sophie — disse ela. — Sophie postou fotos sem roupa, e Christie fez o mesmo.

— Mentira!

— Verdade. Entrei na conta das garotas. Está tudo lá.

Ao ouvir aquilo, Alicia, mãe de Christie, chegou a sentir enjoo. Naquele dia, foi buscar a filha na escola, e as duas voltaram para casa em silêncio.

Christie percebeu que havia algo errado, mas foi só quando o carro parou na entrada da garagem de casa que Alicia desabou em lágrimas.

— O que foi, mãe?

— Christie, eu preciso que você seja sincera comigo.

Christie ficou petrificada. De repente, se deu conta do que estava acontecendo.

— A mãe da Sophie disse que você postou uma foto nua no Snapchat. Isso é verdade?

A expressão no rosto de Christie dizia que sim.

— Por que você fez isso, Christie?

Christie ficou envergonhada, constrangida e confusa, e não sabia o que dizer. Por isso, deu a desculpa que toda adolescente costuma dar:

— Ah, mãe, todo mundo faz isso, não é nada de mais. Alguns garotos ficavam me pedindo para mandar, e eu falava que não, até que um dia um garoto de quem eu gosto me pediu, aí eu mandei. Me desculpe. Não sei o que passou pela minha cabeça. Mas ele ficou tirando sarro de mim, me chamou de careta e disse que, se eu não postasse uma foto nua como todo mundo, ia começar a espalhar que eu sou nerd e esquisita.

— Então ele fez *bullying* com você até você postar a foto?

— Bom, sim. Mas mãe, de verdade, não tem problema. Até a Sophie postou. No Snapchat as fotos desaparecem em pouco tempo, então não tem com que se preocupar.

Mas tinha. As fotos do Snapchat *podem* ser recuperadas, e alguns jovens tiram foto das fotos assim que elas aparecem para depois postá-las em outros lugares. Por serem cognitivamente imaturos, a maioria dos adolescentes não percebe que o conteúdo que eles postam hoje pode virar um grande problema no futuro.

— Eu sabia que aquela não era eu — disse Christie a Alicia —, e acho que entendo que estava errada e que um amigo de verdade não ia me pedir para fazer aquilo. Só que, ao mesmo tempo, foi meio libertador ser como todo mundo, me sentir parte do grupo e ser popular. Não vou fazer isso de novo, porque não acho que tenha ficado mais popular. Na verdade, me senti usada. E estou arrependida.

Christie ficou de castigo durante um mês. Alicia pegou o telefone da filha e ordenou que ela voltasse para casa imediatamente após os ensaios do coral. Christie seguiu as ordens da mãe sem reclamar.

Semanas depois, Sophie disse a Christie que os garotos estavam espalhando boatos sobre ela na escola. Diziam que era uma «vadia» que ficava se fazendo de «santa»; como prova, mostravam a foto que ela havia tirado.

Christie confrontou publicamente os garotos. Chamou-os de mentirosos, e eles riram dela. Depois, começaram a espalhar boatos ainda mais explícitos, dizendo que era uma vadia que fazia sexo oral nos meninos.

Alicia não sabia desses boatos, mas percebeu que Christie começou a reclamar da escola. Depois, a menina parou de frequentar os ensaios do coral. As notas pioraram; ela passou a ficar mais tempo sozinha no quarto, a não sair mais com os amigos e a ser taciturna e monossilábica com os pais.

Uma terapeuta disse a Alicia que ela não precisava se preocupar. A experiência de Christie não era incomum, e ela tinha certeza de que Christie sairia daquela fossa.

Mas ela não saiu. Christie nunca mais tirou dez. Quase não concluiu o ensino médio, tendo passado raspando no último ano, com notas entre cinco e seis. Embora um dia tivesse sonhado em estudar em uma universidade da Ivy League, ela sequer quis fazer o processo seletivo para ir para a faculdade. Entrou em depressão profunda, e disse a uma terapeuta que pretendia cometer suicídio. Isso fez com que fosse rapidamente internada em um hospital para receber tratamento clínico contra depressão.

Felizmente, Christie conseguiu se recuperar. Mas levou anos para que isso acontecesse, e nem todas as garotas têm a mesma sorte, porque o chamado *sex-shaming* (tipo de assédio que Christie sofreu) é uma verdadeira tortura para as jovens. Se alguém disser a você que algumas meninas *querem* ou *escolhem* ser vistas como objeto de prazer sexual, não acredite. As mulheres que caem nessa armadilha e postam fotos provocantes nas redes sociais o fazem porque querem atenção, popularidade e uma confirmação de que são atraentes. Mas toda garota e toda mulher deseja acreditar que foi feita para cumprir um propósito mais profundo; por isso, anseiam por relações humanas que tenham mais envolvimento. Isso deveria ser óbvio, mas as telas acabam por enfatizar o que é superficial. As adolescentes intuem que o seu valor vem da aparência e do quão atraente são, e acham que postar fotos enfatizando esses atributos é perfeitamente aceitável — até que um dia descobrem que tudo isso tem um preço. Deixando a moral de lado (algo que em nossa sociedade muitas pessoas já fazem), qualquer pediatra ou psicólogo sabe que as garotas, ao permitirem que outras pessoas as usem como objetos de prazer sexual, apresentam muito mais chances de ter depressão clínica. E os resultados podem ser arrasadores.

A jornalista Nancy Jo Sales escreveu bastante sobre os efeitos nefastos que as mídias sociais têm sobre as garotas. Ela entrevistou mais de duzentas jovens antes de escrever *American*

Girls: Social Media and the Secret Lives of Teenagers[3], em que observa que os seres humanos «evoluíram para se comunicar presencialmente». Quando nos comunicamos uns com os outros, nossa interação abarca não apenas as palavras que dizemos, como também nossa linguagem corporal. No entanto, à medida que as crianças passam mais tempo em frente às telas, também passam menos tempo conversando presencialmente com outras pessoas e encontram mais dificuldades para manter contato visual e travar conversas normais. Isso possibilita que os garotos vejam as garotas como coisas, como objetos de prazer sexual, em vez de pessoas de carne e osso.

Para ser sincera, muitos pais parecem adolescentes ao tentar justificar o comportamento de suas filhas nas redes. Dizem que «toda garota faz isso» e que trata-se de uma prática «inofensiva, pois elas só enviam as mensagens para os amigos». A esses pais, digo o seguinte: lembre-se da história de Christie. Não devemos ser ingênuos: garotas adoráveis e inocentes podem ser levadas a fazer coisas que jamais ousariam fazer se não fosse a influência das mídias sociais. E a vida dessas garotas pode ser arruinada como consequência disso.

Alguns anos atrás, ministrei uma conferência para pais na qual refleti sobre os perigos aos quais uma garota se expõe ao enviar fotos nua. Para meu espanto, a *maioria* dos pais — e esse era um grupo composto de pais bem-sucedidos, com boa formação educacional, cujas filhas tinham em média dez anos de idade — acreditava que postar fotos assim «era normal, que a maioria das garotas vai fazer isso em algum momento». Um dos pais se dispôs a falar:

— Disse à minha filha que, se um dia vier a postar uma foto nua, deve se certificar de que o rosto não esteja aparecendo. Assim, ela pode se manter no anonimato.

Fiquei atônita e respondi:

---

3   Nancy Jo Sales, *American Girls: Social Media and the Secret Lives of Teenagers*, Alfred A. Knopf, Nova York, 2016.

— Por que o rosto dela é mais importante do que o corpo?

— Não é isso. É só para que ninguém a reconheça.

Alertei-o de que as redes sociais não são tão anônimas quanto ele imaginava e de que ele estava endossando o envolvimento da filha com pornografia. O resultado disso seria uma garota com baixíssima autoestima e exposta à possibilidade de sofrer abuso sexual. Sei que foram palavras duras, mas foram também verdadeiras — e fiquei impressionada com a naturalidade com que ele encarava o fato de a filha se meter com pornografia. A pornografia é uma parte grande do problema, pois enfraqueceu a nossa capacidade de discernir o certo do errado e os comportamentos aceitáveis dos inaceitáveis. Hoje, ela é consumida tão amplamente que vem alterando — de forma muito perigosa — a maneira como vemos nossas filhas (isto é, como jovens que mais cedo ou mais tarde vão postar fotos sensuais), bem como a maneira como nossas filhas veem a si mesmas. No entanto, a pornografia não reflete um comportamento sexual saudável: trata-se de uma força corruptora, sobretudo no que diz respeito ao que esperamos de nossos jovens.

Recentemente, estive em uma grande conferência médica cujo tema era a atividade sexual entre adolescentes. Os organizadores pediram a cinco adolescentes que subissem ao palco para nos ajudar a compreender as pressões que enfrentam. Uma das garotas estava grávida. Disse que tinha começado a ter relações sexuais porque achava que era a única forma de garantir que o namorado lhe seria fiel (o que não funcionou). Agora, estava prestes a tornar-se mãe solteira. Temia pelo futuro, mas estava feliz pelo bebê — por ter alguém para amar.

A segunda garota, que estava no ensino médio, escolhera não ter relações sexuais e vivia satisfeita com essa escolha, pois percebeu que podia ter amizade com garotos sem precisar se preocupar com os possíveis traumas físicos e psicológicos de uma gravidez.

Ajude-a a controlar as telas

A terceira garota, que estava no último ano do ensino médio, tivera relações sexuais no primeiro ano, mas percebera que aquilo fora um erro e parara. No entanto, houve danos: teve uma lesão pré-cancerígena no colo do útero, passou por uma cirurgia e, se engravidasse no futuro, sua gestação seria de alto risco.

Depois foi a vez de um garoto, que disse: «As garotas não entendem que os garotos não veem o sexo como uma forma de comprometimento. Se uma garota faz sexo com um cara, ele passa a vê-la como uma vadia e não quer saber mais dela».

Os primeiros quatro adolescentes ficaram sentados enquanto falavam. O último era um rapaz de dezessete anos. Ele se levantou da cadeira, foi até a frente do palco e encarou os quinhentos médicos que estavam no auditório com um olhar inquisitivo. Disse nunca ter feito sexo, mas sabia por que outros adolescentes faziam. «Vocês querem saber por quê? Querem saber qual é o nosso problema de verdade?». Ele então apontou para o público e completou: «Nosso problema de verdade são vocês! Nós fazemos sexo porque vocês não confiam em nós e não nos dizem a verdade.». Em seguida, deu as costas ao público e voltou para a cadeira onde estava sentado.

Um silêncio profundo se abateu sobre o enorme auditório. Não sei quantos dos meus colegas estariam dispostos a admitir isso, mas o garoto estava certo. Como médicos, deveríamos ser os primeiros a incentivar que os jovens evitem a atividade sexual. Considerando o estágio de desenvolvimento em que se encontram — do ponto de vista físico, mental e psicológico —, o sexo pode ser uma atividade dolorosamente perigosa. No entanto, nós fazemos isso? Em geral, não. A maioria dos médicos, assim como a maioria dos educadores, aceita a atividade sexual entre adolescentes como um dado da realidade, e nosso trabalho então se resume à administração de danos: evitar que as jovens engravidem e fazer que usem camisinha e tomem pílula. Muitos médicos acreditam que devem fazer isso sem que os pais dos jovens saibam. As coisas não eram deste jeito no passado, mas já são assim há duas gerações. No fim das contas, conclui-se que educadores e médicos não confiaram nos jovens nem os respeitaram o suficiente para lhes dizer a verdade ou acreditar que seriam capazes de controlar-se.

Muitos pais fazem o mesmo, mas você não deve seguir esse exemplo. Sua filha é totalmente capaz de dizer não à atividade sexual; e, se o fizer, as chances de ela ter um futuro física e emocionalmente saudável são muito maiores. Não há nos Estados Unidos apenas uma epidemia de doenças sexualmente transmissíveis, mas também uma epidemia de depressão entre os mais jovens — e muito disso é resultado direto da atividade sexual precoce. Não permita que isso aconteça à sua filha.

Solidão e depressão

Meninas que se envolvem em atividades sexuais prematuramente costumam sofrer de baixa autoestima, o que, por sua vez, pode conduzir a sentimentos de tristeza e de fracasso, à não percepção do próprio valor e ao isolamento. A sensação de isolamento dessas garotas pode ser exacerbada pelas redes sociais, que substituem as amizades verdadeiras por amizades virtuais. Fotos e mensagens de texto não substituem interações humanas reais e podem ser traiçoeiras, levando a jovem a se envolver em relacionamentos nocivos e pouco saudáveis. A maioria dos adultos entende tudo isso, mas grande parte das crianças, não. Elas encaram as redes sociais como algo inofensivo e não veem as amizades virtuais como amizades mais perigosas do que as reais, pois não têm a sofisticação cognitiva necessária para ver além das experiências e sentimentos imediatos. É por isso que muitas crianças não reconhecem a existência de um perigo até que algo ruim lhes tenha acontecido. A depressão pode ir afetando as jovens à medida que passam mais e mais tempo na frente das telas, e os relacionamentos virtuais — que

Ajude-a a controlar as telas

facilmente são rasos e traiçoeiros — tomam o lugar das amizades reais.

Mas lembre-se: o tempo que nossas filhas passam em frente às telas é apenas parte do problema. A outra é o tempo que os *pais* passam em frente às telas. Em seu livro *Alone Together*, a professora Sherry Turkle observa que as crianças querem passar mais tempo com seus pais, mas notam que eles estão viciados no celular[4]. Tenho escutado a mesma queixa em minhas consultas como pediatra: as crianças querem atenção e querem construir uma relação próxima com os pais, mas frequentemente sentem-se ignoradas por adultos que preferem enviar mensagens aos amigos a se relacionar com os filhos (pelo menos é essa a percepção das crianças). Quando os membros de uma família estão juntos e sozinhos ao mesmo tempo (quando, por exemplo, cada um está em um cômodo enviando mensagens pelo celular em vez de juntar-se aos outros à mesa para comer, conversar ou brincar), perdemos de vista o verdadeiro significado da nossa condição humana e colocamos em risco a saúde emocional, mental e até física de nossos filhos.

O que todos os pais podem fazer

Sigamos em frente e passemos para a parte boa. Não importa o quão ignorante você seja em matéria de redes sociais e tecnologia: você é muito mais poderoso do que qualquer tela diante da qual sua filha esteja sentada. Nada (nem as redes sociais, nem os colegas) consegue influenciar e impactar a vida da sua filha como você, pai ou mãe.

O simples fato de estar lendo esse livro mostra que você se importa com sua filha. Você é, portanto, um pai atento, e filhas de pais atentos têm muito menos chances de entrar em depres-

---

4   Sherry Turkle, *Alone Together: Why We Expect More from Technology and Less from Each Other*, Basic Books, Nova York, 2011.

são ou de se tornar sexualmente ativas. Parte dessa atenção deve ser direcionada a estabelecer regras quanto ao uso das telas.

Se, na maioria das vezes, ela faz as lições de casa no computador, a sua filha pode ter problemas para se concentrar no que está fazendo e se distrair facilmente por querer verificar determinada rede social. Por isso, estabeleça uma divisão clara entre o tempo que ela dedica às tarefas no computador e o tempo ali dedicado ao entretenimento (ou às redes sociais). O segundo pode ser uma recompensa pelo bom uso do primeiro. É interessante colocar o computador dela em um cômodo de uso coletivo, para que você possa ver o que está fazendo e incentivá-la a se concentrar nas tarefas (algo com que muitas crianças têm dificuldades).

Estabeleça um limite de trinta minutos por noite para o uso não essencial de telas (um limite que todos devem respeitar, inclusive você). Se essa for uma redução muito brusca, vá diminuindo o tempo gradualmente, quinze minutos por vez, até chegar a um limite que lhe pareça apropriado. Separe um armário ou cesto em que todos guardem os celulares, iPads e laptops quando não estiverem em uso. Se sua filha reagir a essas regras fazendo escândalo, gritando, dizendo que você é uma pessoa terrível e controladora, ou mesmo insistindo na ideia de que nenhuma outra família segue regras desse tipo, não dê ouvidos a ela. O escândalo em si revela que ela passa tempo demais com as telas. Mais uma vez: telas podem se tornar um vício; por isso você precisa ajudar sua filha a administrar melhor o tempo e assumir o controle da própria vida. Talvez ela não consiga fazer isso sozinha — é uma tarefa difícil para os adolescentes —, mas, com a sua ajuda, ela vai sair ganhando e o vício irá desaparecer.

Infelizmente, muitos pais não falam sobre os perigos do celular, da internet ou das redes sociais com seus filhos, pois partem do pressuposto de que as crianças já os conhecem (afinal, elas geralmente entendem mais de tecnologia do que eles). Entretanto, a despeito de serem desenvoltas quando o assunto é tecnologia, as crianças são incapazes de compreender as consequências mais amplas do uso das telas, e isso simplesmente por serem *crianças*. Você, como adulto, enxerga riscos que elas não enxergam.

Você pode dizer à sua filha que, embora compreenda a atração que as telas exercem — uma vez que você mesmo sente esse efeito —, jamais podemos permitir que assumam o controle das nossas vidas. Você deve trabalhar junto dela para pensar em como garantir que isso não irá acontecer. É irônico que muitas crianças passem tanto tempo nas redes sociais e, no entanto, quando questionadas sobre o que sentem em relação a essas redes, respondam de forma negativa. Você pode falar sobre alguns desses aspectos — sobre como as redes sociais, além de serem uma perda de tempo, de impedirem as pessoas de viver a vida e de atrapalharem a criação de laços mais saudáveis, firmes e recompensadores, também podem levar a outras coisas altamente nocivas, como o «*sexting*»[5] ou o assédio emocional.

Uma das melhores maneiras de ensinar sua filha a tomar boas decisões é fazer perguntas a ela. Se lhe der uma resposta que você acredita estar errada, avance um pouco o questionamento. Se ela achar que a prática de *sexting* não causa malefícios a ninguém, lembre-a de que, depois de enviar ou postar alguma coisa, ela perde todo o controle de quem vê aquele conteúdo. Ela acha que trocar mensagens com conteúdo sexual é uma maneira saudável de chamar atenção? Será que já parou para pensar que essas imagens nunca desaparecem e que outras pessoas podem ter sobre elas uma visão muito diferente da que ela mesma tem? Se você fizer as perguntas certas, em algum momento a sua filha chegará às respostas certas, poderá acolhê-las com mais convicção, e os ensinamentos permanecerão consigo.

---

5   Troca de mensagens com conteúdo sexual explícito, às vezes incluindo fotos, vídeos, etc. [N. T.]

Entrar nessa «dieta de telas» com sua filha será de grande ajuda. Você não corre o risco de parecer hipócrita, passará mais tempo com ela e poderá ajudá-la a enfrentar as dores da abstinência. É quase certo que ela vai perceber como se sente bem em contato direto com o mundo real e longe das mídias sociais.

Ensine-a a usar um tipo de mídia por vez. Pesquisas mostram que a maioria dos adolescentes escuta música e usa o celular ao mesmo tempo em que faz o dever de casa (eles usam o celular até enquanto assistem a um filme!). E isso acontece mesmo que as várias atividades simultâneas os distraiam e aumentem o nível de estresse que sentem. Estímulos audiovisuais constantes não são saudáveis para os jovens: podem causar um aumento nos níveis de ansiedade e se tornar viciantes, como quando você tem uma vontade constante de tomar café (mesmo já estando trêmulo de tanta cafeína). As crianças precisam de tranquilidade; precisam aprender a se concentrar e manter o foco. Se você *realmente* quer ajudar seus filhos, tire-os da frente das telas e coloque-os na frente de um livro, jogue um jogo de tabuleiro com eles, chame-os para fazer uma trilha, saiam juntos para fazer tarefas do dia a dia, conversem, rezem juntos. Use o lado divertido das interações humanas como um aliado para derrotar o monstro das telas e moldar sua filha para que ela seja a mulher autoconfiante que você quer vê-la ser. Lembre-se: a melhor maneira de ensinar é pelo exemplo.

Quando Tanya, então com cinco anos de idade, chegou ao meu consultório para fazer seu exame médico do jardim de infância, conversei com ela sobre o início das aulas e sobre o que ela tinha feito durante o verão. Tanya estava animada e foi muito gentil. Em certo momento da conversa, fez um gesto em direção à mãe, que estava sentada no canto mexendo no aplicativo do Facebook. «É isso o que "mata a família"», comentou, referindo-se ao celular. As crianças, ainda mais do que os adultos, detestam receber menos atenção do que um celular; elas são muito mais vulneráveis aos sentimentos de

Ajude-a a controlar as telas

rejeição e solidão. Jamais permita que suas filhas se sintam invisíveis. Quando entrarem na sala, desligue a televisão, guarde o celular e feche o laptop. Ao fazer isso, você mostrará à sua filha que ela é prioridade — mais importante para você do que qualquer comunicação eletrônica. Garanto que a autoestima dela ficará nas alturas.

E você pode facilmente dar o exemplo por meio de uma regra simples que se aplica a todos da família: nada de celular durante *todas* as refeições. Essa regra é bastante óbvia, mas muitos pais não a colocam em prática (ou acham que não conseguiriam). Da próxima vez em que você for a um restaurante, olhe ao redor. Você verá famílias em silêncio, com cada membro olhando seu respectivo celular; com a mãe e o pai conversando enquanto a filha manda mensagens; ou, pior, com uma filha cabisbaixa, solitária e perdida enquanto os pais mexem no aplicativo do Facebook. Hoje em dia, esse é um problema quase universal. Portanto, estabeleça a regra: não se pode levar o celular para a mesa do jantar. Guarde-o e dê prioridade para a sua família.

Se, como a maioria dos pais, você acredita que a sua filha é uma boa garota, esforce-se para que ela continue assim. Proteja-a das plataformas de mídia social, que distorcerão o que ela entende por interação humana, que reduzirão sua percepção de valor próprio e que a tornarão mais suscetível à pressão dos colegas. É triste, mas é verdade: muitos pais querem que as filhas se mantenham fortes contra a pressão dos colegas mas, ao mesmo tempo, dizem que precisam dar celulares a elas porque todo mundo os tem. Não, você não precisa dar um celular para a sua filha. Na verdade, ao evitar que ela use telas (ou ao limitar o seu uso), você a estará protegendo dos riscos que todas as outras crianças enfrentam. Dê-lhe um celular quando ela de fato *precisar*, e não quando ela *quiser* um. Não permita que a pressão dos colegas — ou os escândalos — tomem as decisões educativas por você. E não tenha medo de instalar aplicativos de proteção que bloqueiem conteúdos impróprios e lhe deem o poder de supervisionar o que a sua filha faz na internet ou no celular. Isso *não* é uma violação de privacidade porque, como você bem pode explicar-lhe, *não há* privacidade no mundo eletrônico. As garotas se envolvem em problemas quando entram numa esfera «privada» que os pais não podem acessar, mas os predadores da internet podem. Uma filha precisa ter um relacionamento mais robusto e mais próximo com os pais, e não que eles estejam cada vez mais desconectados e alienados dela.

As meninas sentem-se mais amadas quando os pais insistem em protegê-las e as acompanham de perto. As crianças que se envolvem em problemas são aquelas cujos pais lhes dão pouca — e não muita — atenção. Diga à sua filha que ter um aparelho eletrônico é um privilégio que exige supervisão e que você terá total acesso aos aparelhos dela. Ensine-a a ser responsável pelo tempo que passa na internet. Quando nós — todos nós, adultos ou crianças — vivemos com segredos, mais cedo ou mais tarde os problemas começam a aparecer. Ensinar sua filha a ser aberta e honesta, a se concentrar nas relações que estabelece com aqueles que estão ao seu redor (em vez de se concentrar nas telas), é uma lição importante que há de ajudá-la a encontrar o caminho para uma vida mais feliz e gratificante.

CAPÍTULO 6

Ensine a diferenca entre o feminismo saudável e o feminismo nocivo

Mount Holyoke College, março de 1976. Eu e um grupo de amigas — que acreditávamos representar uma nova geração de mulheres livres — debatíamos nosso futuro. Vislumbrávamos o sucesso e havíamos escolhido uma faculdade exclusivamente feminina por uma razão: não queríamos compartilhar o orçamento da faculdade com homens. Desejávamos os melhores equipamentos científicos e os melhores professores para nós e, acima de tudo, não queríamos ter distrações no trabalho. Estávamos determinadas a alcançar posições de destaque em nossas futuras carreiras.

Com exceção de uma aluna, todas havíamos sido criadas por mães que se dedicaram exclusivamente à maternidade — e elas nos davam pena. Alguém que é mãe em tempo integral jamais sentiria a emoção de fazer uma pós-graduação, ganhar altos salários ou ter várias oportunidades de chegar à «autorrealização». Quando nossas mães se formaram, tinham duas opções: ser enfermeiras ou professoras. E havia apenas um caminho para elas: casar-se e ter filhos. «Que triste!», pensávamos.

Nosso grande foco era derrubar as barreiras que limitavam as escolhas das mulheres, e achávamos que a única coisa que nos impedia de alcançar esse objetivo eram os homens. Eles dominavam todas as áreas do mercado, tinham os melhores empregos, alcançavam o sucesso e faziam o que gostavam de fazer. Não eram obrigados a ficar em casa, cuidar das crianças, fazer serviços domésticos e dar graças a Deus por receberem uma mesada. Não: eles ganhavam muito dinheiro, gastavam com o que queriam e, quando chegavam em casa, o jantar estava pronto. A vida era excelente para os homens, e alguns claramente abusavam do privilégio. Certas mulheres que conhecíamos, ou de quem tínhamos ouvido falar, eram agredidas física e emocionalmente por homens, tinham de lidar com maridos alcoólatras, sentiam-se escravas em suas próprias casas ou haviam sido abandonadas depois que o marido se envolvera em algum caso extraconjugal. Não queríamos viver nada daquilo. Queríamos ter controle sobre as nossas vidas e construir carreiras de sucesso. Casamento e filhos eram uma opção, mas uma opção entre várias outras.

Uma revolução em curso

Sob a tutela de Gloria Steinem, aprendemos que havíamos sido reprimidas por nossas famílias e pela sociedade e que havíamos sofrido emocionalmente por causa dessa repressão. Era preciso fazer uma jornada de autorreflexão para recomeçar a vida do zero e «reaprender» a viver como mulheres fortes e independentes. Steinem nos ensinou que, na condição de mulheres jovens, primeiro precisávamos aumentar nossa autoestima. Ter autoestima era acreditar em si mesma, ter autoconfiança, autorrespeito, orgulho, ser autossuficiente. Devorávamos todos os escritos de Steinem, Helen Gurley Brown, Betty Friedan e outras líderes feministas. Queríamos empreender uma mudança drástica nos papéis tradicionais das mulheres, e nossas professoras, em sua maioria, eram nossas aliadas. No entanto, às vezes eu tinha uma pontinha de dúvida.

Quando chegava a hora das provas finais, tínhamos a opção de escolher em que ordem queríamos fazê-las. Eu sempre deixava a minha favorita por último: religião. Todo semestre, fazia uma matéria sobre religião com um professor de fala suave que costumava convidar grupos de alunos para jantar com sua família. Ele nos recebia cordialmente todas as vezes, com a lareira aquecendo a sala e deixando o ambiente mais confortável. Quando ia à casa dele, sentia-me na casa dos meus pais, e adorava aquela experiência. Mas, às vezes, sentia-me também culpada, porque o professor, a disciplina sobre religião (que eu adorava), a esposa daquele mestre e aquela casa pequena, confortável e aconchegante em Cape Cod representavam, em muitos sentidos, o tipo de vida ao qual muitas feministas se opunham.

Houve também outra influência que me fez ter dúvidas. Eu havia sido criada na Igreja Católica, e o padre Robert Thomas, que era amigo da nossa família, me tinha inspirado a aprender mais sobre Deus. Ele passava boa parte do tempo na América do Sul, pregando para os pobres, e de alguma maneira muito particular eu invejava a vida dele. Às vezes achava que ele estava em um caminho melhor do que o meu.

Esses dois homens viviam com simplicidade, humildade e abnegação. Também nutriam uma percepção profunda do que significava servir aos outros. Tudo isso parecia cada vez mais estranho para mim. Minhas amigas e eu estávamos decididas a derrubar barreiras que, segundo acreditávamos, tinham sido erigidas pelos homens; nosso foco estava em seguir carreiras que nos tornassem mulheres bem-sucedidas. O foco éramos nós mesmas.

Ao fim da graduação, nossas vidas profissionais estavam devidamente planejadas. Eu ia me especializar em medicina, minha colega de quarto seguiria estudando direito na Universidade do Michigan, outra amiga cursaria uma pós-graduação em Yale e uma terceira planejava se mudar para a França a fim de iniciar uma carreira em história da arte. Nenhuma de nós almejava se casar ou formar família.

No outono de 1980, comecei os estudos médicos. Minha turma era composta de mais ou menos um quarto de mulheres, e depois de ter passado tanto tempo imersa no feminismo, fiquei surpresa ao perceber que meus colegas eram, em sua maioria, gentis e simpáticos. Muitas de minhas colegas estavam prontas e ansiosas para competir contra os homens em todos os níveis. Íamos desbravar novos territórios — mas nem sempre da maneira como imaginei.

Começa uma segunda revolução

No início da faculdade de medicina, ouvi alunos e alunas discutindo abertamente suas façanhas sexuais. Embora fôssemos estudantes de medicina, poucos de nós se importavam com doenças sexualmente transmissíveis, pois, para ser sincera, não conhecíamos muitas. O HIV não era um risco. Não sabíamos com certeza como explicar o aumento nos índices de câncer de colo do útero, embora tivéssemos ciência de que a causa provavelmente tinha a ver com a atividade sexual, pois esse tipo de câncer jamais vitimava as freiras. Muitos não sabiam a diferença entre sífilis (que só os marinheiros pegavam) e clamídia. A herpes genital surgiu como uma doença *yuppie*[1] durante os anos 1980, mas não a levamos muito a sério. A maioria dos meus colegas tinha orgulho da revolução sexual e a via como sinônimo de liberdade; não estavam dispostos a ouvir nada que a colocasse em xeque.

---

1   O termo *yuppie* foi cunhado no início dos anos 1980 para descrever jovens de grandes áreas urbanas que estavam começando a ascender profissionalmente. [N. T.]

Nunca articulei minhas dúvidas porque estava comprometida com o feminismo, mas sabia que me sentia desconfortável quando as pessoas ficavam se gabando de suas práticas sexuais. Não acreditava que a promiscuidade fosse positiva. Minha atenção se voltava para o exemplo e para os ensinamentos do meu professor de religião e do padre Robert Thomas, que estavam em desacordo com o que se passava ao meu redor.

Certa tarde, eu e alguns colegas fomos fazer uma visita guiada ao hospital universitário. A médica que era nossa guia precisou nos deixar por um momento para ver um paciente e voltou visivelmente contrariada. Ela então decidiu compartilhar conosco o motivo por trás da irritação: «Preciso falar com vocês sobre um problema com o qual temos que lidar frequentemente. E as garotas devem ouvir com bastante atenção. O machismo continua firme e forte na medicina. Acabei de falar com uma amiga que é casada. Ela e o marido têm três filhos, e ela ficou grávida do quarto. O marido queria o bebê, mas ela não achava que tinha condições de criá-lo nesse momento, e então decidiu fazer um aborto. O que me irrita é que ela está sendo criticada por isso! Como alguém pode interferir na vida pessoal dela?» Ela olhou diretamente para as poucas mulheres que estavam no grupo e disse: «Jamais permitam que alguém diga a vocês o que fazer e o que não fazer com o seu corpo. Jamais permitam que interfiram em suas decisões pessoais. Eles não têm o direito de fazer isso!»

Na época achei que ela estava certa porque tudo aquilo era perfeitamente compatível com minhas crenças feministas, mas percebi que não fazia sentido para muitas outras mulheres que viam no feminismo (e em seu conjunto de crenças) não um agente libertador, mas um agente limitante do que elas estavam autorizadas a pensar.

No livro *A segunda etapa*, Betty Friedan afirma que, a partir dos anos 1980, as mulheres passaram a viver uma segunda onda do feminismo. Ganhamos algumas batalhas importantes rumo à independência e aos direitos das mulheres, mas ainda havia muito a fazer. Lembro especificamente da descrição que Friedan dava das donas de casa, sempre entediadas e trancafiadas:

> De repente, depois de trinta anos, o marido abandona esse casamento simbiótico para se relacionar com uma mulher mais jovem que está em ascensão, uma mulher familiarizada com essas mesmas batalhas que lutamos — uma mulher que é como ele. Acontece que a mulher diligente com a qual ele esteve casado por trinta anos tem apenas uns poucos milhares de dólares na conta pessoal. Sob a nova lei do divórcio, será que a contribuição que ela, dona de casa, deu ao longo de trinta anos fará com que tenha direito à casa, aos carros, às ações que o marido pode ter comprado (onde quer que elas estejam)? Agora que ela já não é esposa do eminente escritor, não terá mais acesso aos direitos autorais advindos das obras dele. Será que ao menos a convidarão para as festas?[2]

Mesmo naquela época eu já achava que essa era uma forma cínica e aviltante de enxergar a vida da maioria das donas de casa, além de ser ofensiva com relação a muitas mulheres que eu havia conhecido quando menina — sobretudo minha mãe. Ela tinha se sacrificado por mim e por meus irmãos, havia trabalhado duro ajudando meu pai a cuidar de nós — e nunca a ouvi reclamar uma vez sequer. Quando minha mãe chegou perto do fim da vida, minha irmã lhe perguntou:

— Agora que já estamos crescidos, do que você se arrepende?

Sem hesitar, ela respondeu:

— De nada. Por quê? Há algo de que eu deveria me arrepender?

Minha mãe era uma mulher que sabia quem era e o que queria (e a visão que tinha de si e da vida não era uma visão feminista como a de Betty Friedan ou Gloria Steinem), e eu não achava que ela tinha feito escolhas erradas na vida. Eu ainda me considerava feminista, mas minhas dúvidas foram aumentando à medida que a visão feminista começou a me parecer cada vez mais estreita e delirante (em vez de um reflexo fiel da realidade).

---

2   Betty Friedan, *The Second Stage*, Harvard University Press, Cambridge, 1998, p. 84.

Depois, uma terceira e quarta ondas

Logo ficou nítido que o feminismo, visto como movimento, havia triunfado integralmente. As mulheres avançaram para os postos mais altos (ou próximos dos mais altos) em quase todas as áreas de atuação e passaram a dominar totalmente algumas áreas. Esse sucesso rápido e inegável, no entanto, tinha um custo.

As mulheres se sentiam pressionadas a fazer tudo e conquistar tudo. Equilibrar as demandas profissionais e a vida familiar era difícil — mesmo quando os homens entravam em campo para ajudar nas tarefas domésticas. Mães que escolhiam ficar em casa com seus filhos sentiam-se menos importantes, já que as mulheres que trabalhavam fora consideravam-se «completas» e menosprezavam as que não o faziam. Muitas mulheres com carreiras de sucesso, no entanto, também se sentiam ansiosas e infelizes — ou «estressadas», termo eficaz para captar essa mistura de sensações —, e frequentemente competiam em demasia umas com as outras. Aqui, tenho uma confissão a fazer: durante o segundo ano de residência pediátrica, enquanto estava grávida do meu segundo filho, trabalhei na UTI de um hospital junto com uma amiga. Certa manhã, estava dirigindo para o trabalho quando percebi que ela me ultrapassou. «Ela não pode chegar antes de mim», pensei comigo. Pisei no acelerador e a ultrapassei pela pista da direita. Não fizemos contato visual, mas sabíamos que estávamos apostando uma corrida. Ela então me ultrapassou de novo, e a essa altura nós duas já estávamos bem acima do limite de velocidade. Não lembro quem chegou ao hospital primeiro, e tenho certeza de que ela também não lembra, mas nossa vontade insaciável de competir e vencer nos levara a correr um risco estúpido. Mães são competitivas. Queremos que nossos filhos sejam melhores no futebol do que os filhos das nossas amigas. Queremos que nossos filhos adolescentes sejam a grande estrela da peça de teatro da escola, que consigam a melhor bolsa estudantil, que estudem na faculdade que escolherem, que façam muitos gols nos torneios de futebol. Tudo isso porque queremos que eles tenham as melhores experiências na vida — assim, pareceremos melhores do que nossas amigas e, se formos mais bem-sucedidas do que elas, teremos vencido.

Mulheres que trabalham fora, mães que escolhem se dedicar exclusivamente aos filhos, mães solteiras, mães divorciadas — todas nós competimos. É uma paixão que brota feito fogo da boca de um dragão quando somos mães. O problema é que isso prejudica as crianças.

As primeiras duas ondas do feminismo estabeleceram que as mulheres queriam ser iguais aos homens em todas as áreas, mas particularmente no que diz respeito à vida profissional. As ondas subsequentes, no entanto, alavancaram a competição entre mulheres para ver quais delas conseguiam aproveitar melhor essas novas oportunidades. As mulheres passaram a achar que precisavam ser as melhores no trabalho, manter a casa sempre limpa, ficar em forma, preparar refeições saudáveis e garantir o sucesso dos filhos.

Nós colocamos sobre nossos filhos a mesma carga (gigantesca) de expectativas e pressões que colocamos sobre nós mesmas. Uma supermãe precisa ter um superfilho. E esse é o ponto em que nos encontramos hoje em dia: fazemos de tudo para que nossos filhos obtenham um bom desempenho (mesmo em atividades para as quais eles não têm aptidão) porque queremos nos gabar deles e desejamos que aproveitem todas as oportunidades de alcançar o sucesso e o crescimento pessoal. Quando matriculamos nossos filhos em inúmeras atividades esportivas, por exemplo, dizemos a eles que «o importante é se divertir», mas tanto eles quanto nós sabemos que não é bem assim. Não estamos nem aí para a diversão — queremos que eles sejam os melhores. Todas nós conhecemos (e às vezes até *somos*) uma daquelas mães que dizem: «A Júlia joga tão bem que não dá nem para acreditar! O técnico ficou impressionado, falou que ela tem muito talento». E Júlia tem apenas cinco anos de idade.

Todas achamos que nossos filhos são especiais. Dos pais que levam os filhos de dois anos de idade ao meu consultório, estimo que mais ou menos 80% faz algum comentário sobre como eles parecem mais avançados do que o normal no que diz respeito à fala, à habilidade de andar, à capacidade de atenção — enfim, a tudo. E quem teria a coragem de dizer: «Na verdade, sra. Cleveland, o seu filho de dezoito meses é apenas uma criança normal»?

A maioria dos filhos é normal, e a maioria dos pais também — e para a maioria das mulheres é difícil se sobressair tanto na carreira quanto na maternidade. Sei que ler isso pode ser doloroso, mas, na condição de porta-voz dos filhos, preciso dizer a verdade: uma criança terá dificuldade para se sentir segura e criar laços com uma mãe que trabalha sessenta horas por semana em um emprego estressante. As coisas ficam ainda mais complicadas quando se espera que esse filho se destaque em todas as atividades apenas para validar as escolhas da mãe e comprovar que sua maternidade é um sucesso.

Os efeitos colaterais do feminismo

Toda revolução traz perdas e danos. Embora as mulheres tenham obtido conquistas impressionantes no plano educacional e no plano profissional, muitas tiveram de pagar por essas conquistas com tristeza, solidão e casamentos destruídos (ou que nunca se concretizaram). Para muitas de nós, essas foram as consequências indesejadas da revolução feminista. A seguir, listo algumas mudanças pelas quais nossa cultura passou recentemente.

As mulheres estão menos felizes

Desde a segunda metade dos anos 1960, quando a revolução feminista começou a obter seus ganhos mais expressivos, a felicidade da maioria das mulheres (com a notável exceção das mulheres negras) vem diminuindo. Em «The Paradox of Declining Female Happiness», um dos maiores estudos já feitos sobre o tema, Betsey Stevenson e Justin Wolfers afirmam que, ao longo dos últimos 35 anos, «parâmetros de bem-estar subjetivo indicam que a felicidade das mulheres diminuiu tanto em termos absolutos quanto na comparação com a felicidade dos homens»; também dizem que esse declínio existe a despeito da condição matrimonial ou socioeconômica[3]. Tenho algumas hipóteses para explicar esses dados com base no que vejo entre amigas, colegas, mães e pacientes.

As mulheres estão mais solitárias

Mulheres que trabalham fora integram um ambiente que não abre espaço para a liderança autenticamente feminina — aquela que nossas mães, na condição de donas de casa, exerciam no bairro e na comunidade local, organizando cafés e jogos de *bridge* com as amigas, participando de clubes de leitura e fazendo trabalhos voluntários. Na empresa, as mulheres podem até ser colegas, mas também são rivais, e a maioria das mulheres da minha geração e das gerações seguintes tem muito menos amigas próximas do que nossas mães e avós. Fora do ambiente de trabalho (e da família, para aquelas que têm a sorte de ter uma), a maioria de nós é solitária.

---

3   Betsey Stevenson e Justin Wolfers, «The Paradox of Declining Female Happiness». *National Bureau of Economic Research*, Working Paper 14969, maio de 2009.

As mulheres estão mais ansiosas e deprimidas

Parece haver uma conexão real entre o triunfo social do feminismo e o fortalecimento de uma cultura cada vez mais alicerçada em solidão, ansiedade e depressão. Essas duas tendências ganharam força quase em conjunto, com neuroses se espalhando rapidamente ao longo da última década. E, embora todos saibamos que correlação não indica necessariamente uma relação de causa e efeito, minha experiência me leva a crer que, nesse caso, é isso o que acontece. Boa parte da ansiedade que as mulheres sentem nos dias de hoje tem a ver com o fato de não conseguirem corresponder às expectativas irreais que têm a respeito de si mesmas (expectativas criadas sobretudo em resposta à lógica feminista do «você pode ser todas as coisas ao mesmo tempo»). A pressão pelo bom desempenho nunca as abandona — nem no escritório, nem em casa, nem como mãe... Enfim, em nenhuma esfera. Se a mulher fica sobrecarregada, acha que está perdendo o controle sobre a própria vida e vive cercada de preocupações, temos o cenário perfeito para o surgimento de uma depressão. E, na depressão, a dinâmica é um pouco diferente. Quando vamos às raízes do problema, frequentemente encontramos uma pessoa que sente aversão — ou até mesmo ódio — de si mesma. Muita gente que passou por situações traumáticas ou que vive com uma constante sensação de fracasso, perda, rejeição, isolamento e assédio (entre várias outras coisas) encontra-se à mercê da depressão, que surge a partir dos sentimentos de culpa e desconsolo. As críticas implacáveis — forma de pressão que as mulheres exercem entre si para alcançar sucesso, tendo por base a ideia de que «podemos ser todas as coisas ao mesmo tempo» — podem desempenhar certo papel nessa história e gerar muita tristeza, frustração e confusão. A mãe que se dedica exclusivamente ao lar acha que menosprezou a si mesma; a mãe que trabalha fora pode sentir que menosprezou os filhos. Muitas mulheres se julgam em um beco sem saída e ficam ansiosas, deprimidas, sentem-se inadequadas e descontentes, e acabam chegando à exaustão diante das expectativas absurdas que o feminismo estabelece, incentivando-as a fazer sempre mais e mais em nome do «empoderamento».

Distanciamento emocional

A busca pelo «empoderamento» — isto é, pela autonomia, pela independência e pela emancipação — pode acabar inviabilizando relacionamentos mais íntimos. Vejo isso com frequência entre casais competitivos que têm vida profissional atribulada, e os efeitos podem ser observados nos filhos, que acabam se sentindo distantes dos pais. Nesses casos, as mães costumam se retrair emocionalmente para justificar o fato de estarem longe dos filhos, e como resultado as duas partes ficam infelizes.

Minha intenção não é atacar as mães que trabalham, até porque eu sou uma delas. Mas, se é verdade que há mães maravilhosas, atenciosas e amorosas que trabalham fora, também é verdade que essa opção cobra seu preço para todas nós. Tive a sorte de poder contar com um marido que sempre me apoiou em casa, e a recompensa dele foi criar laços ainda mais fortes com nossos filhos — laços que durante muito tempo me fizeram sentir ciúmes dele. Mesmo trabalhando fora de casa (por escolha ou por necessidade), podemos ser boas mães. No entanto, é necessário ter consciência de que eles precisam de nós com a mesma intensidade de que precisariam se nos dedicássemos exclusivamente ao lar, e cada uma de nós tem de encontrar uma maneira saudável de equacionar esse dilema.

O conflito relacionado à autonomia

O feminismo fez pressão para que as mulheres se tornassem autônomas em relação aos homens, e parte importante desse processo dizia respeito à defesa da contracepção. Isso marcou uma revolução social, mas o argumento feminista ia ainda mais fundo: ele negava que os homens e as mulheres fossem sexos complementares que precisavam um do outro. Gloria Steinem, em uma frase citada com muita frequência, afirma que uma mulher sem um homem é como um peixe sem uma bicicleta. Essa é uma boa sacada, mas também é uma mentira que gerou infelicidade para mulheres, homens e crianças nos contextos em que foi posta em prática. O melhor lugar para uma criança é o seio de uma família com mãe e pai. E homens e mulheres também têm muito a ganhar com o casamento e com a estabilidade familiar, no âmbito da qual marido e mulher, pai e mãe, podem se apoiar um no outro em espírito de cooperação — e não de competição, para ver quem é mais «empoderado» ou autônomo —, com cada qual sacrificando alguma coisa (parte de sua liberdade ou independência, por exemplo) em nome de um bem maior (incluindo a felicidade última da família).

A guerra contra os homens

Infelizmente, o feminismo colocou em circulação um novo sentimento de animosidade em relação aos homens. Eles nos haviam oprimido, eram rudes e grosseiros, estúpidos (chega de dizer que «papai sabe das coisas»), e cada traço da masculinidade merecia críticas. Não ficou claro o que exatamente as feministas queriam que os homens fossem. Meu marido me apoiou para que ambos pudéssemos nos tornar médicos. De fato, nosso relacionamento se fortaleceu na época em que trabalhamos juntos como equipe. Mas à medida que o feminismo foi ficando cada vez mais radical, toda dependência dos homens passou a ser considerada um erro (muito embora homens e mulheres, em sua constituição biológica e psicológica, tenham *nascido* para depender um do outro). Estranhamente, tanto a feminilidade quanto a masculinidade foram descartadas; a primeira, por ser demasiadamente gentil e submissa; a segunda, por envolver comportamentos supostamente tóxicos, *exceto quando adotados por mulheres* (de forma que a agressividade e as atitudes de liderança, vistas como negativas nos homens, nas mulheres eram boas). Na teoria feminista, os homens de fato não tinham nenhuma contribuição positiva para oferecer. Se eram feminilizados, perdiam a razão de ser; se não eram, constituíam o inimigo, o patriarcado. Recentemente, no contexto do movimento *#MeToo*, os homens foram rotulados como predadores, abusando de seus poderes para assediar mulheres.

É evidente que alguns homens são abusadores, mas o feminismo parecia ignorar a enorme quantidade de homens bons que buscavam ajudar e apoiar as mulheres (como meu marido fizera). Temos de reconhecer que a mudança no paradigma cultural contra os homens foi radical e vem gerando enormes prejuízos *para nossas filhas*. Se elas crescerem acreditando que nenhum homem é digno de confiança, como vão construir relacionamentos estáveis e agradáveis com seus pais, com seus irmãos, com seus colegas ou com qualquer outro homem? Essa foi outra razão pela qual o feminismo gerou mulheres mais solitárias: dizendo a elas que metade da raça humana — incluindo os homens por quem elas se sentem naturalmente atraídas — é de inimigos.

A desvalorização da vida humana

Ao mesmo tempo que desvalorizou os homens, o feminismo também erodiu o valor das crianças, que passaram a ser um acessório ou uma escolha relacionada a um estilo de vida, em vez de se converterem no ponto focal da vida de uma mulher. Com essa diminuição no valor deu-se algo ainda pior: a sentença de morte para crianças indesejadas. O egocentrismo do movimento feminista ludibriou as mulheres para que acreditassem que a autorrealização, como se costuma dizer, está acima de tudo — incluindo do direito à vida de uma criança em gestação. Naturalmente, elas não costumam formular a ideia dessa maneira. Argumentam que se trata do «direito» que uma mulher tem de controlar o próprio corpo. Mas basta ver uma imagem de ultrassom para identificar a forma inconfundível de um ser humano, e aquele bebê está lá quase sempre graças à livre escolha feita pela mulher que o está carregando. O feminismo não é uma ideologia defensora dos pobres. Ele afirma que, se uma vida é inconveniente para a mulher, ela tem o direito de eliminá-la. É isso o que faz o aborto, direta e francamente: põe fim a uma vida.

Não é a minha intenção desenvolver um raciocínio contra o aborto, mas apontar as consequências desse ato que inegavelmente desvaloriza a vida humana. As mães que aderem ao feminismo podem se acertar com a ideia de que uma criança não tem valor antes de nascer (às vezes, nem depois disso), mas nossas filhas e filhos têm alguma dificuldade para compreender essa ideia. Se um dia vierem a compreendê-la, toda a visão que têm da vida humana será sensivelmente rebaixada, porque o aborto transforma os seres humanos mais indefesos em objetos descartáveis. Isso não dá muita segurança existencial a uma criança.

Degradação semelhante está no argumento de que envolver-se com promiscuidade, prostituição e pornografia é um direito da mulher. Como médica, posso dizer que nenhuma dessas atividades é saudável. Uma boa mãe jamais desejaria que suas filhas se metessem com essas coisas. Se queremos que nossas filhas sejam saudáveis tanto do ponto de vista físico quanto psicológico, precisamos ensiná-las que o corpo, a mente e o espírito têm valor inestimável e que elas não devem se submeter aos inevitáveis malefícios causados pela promiscuidade.

De fato, a promiscuidade é um desrespeito, pois deixa implícito que, em última análise, nossa união sexual com outra pessoa não tem sentido algum. Tal desrespeito infelizmente se tornou parte de nossa cultura. São muitas as feministas que não têm respeito pelos homens; da mesma forma, a vida de um bebê em gestação recebe tão pouco respeito que pode ser descartada segundo a vontade da mãe. Em parte, muitos homens tratam mulheres de maneira desrespeitosa hoje em dia por causa de uma verdade difícil de encarar: a promiscuidade reduz o valor de uma mulher aos olhos do homem, uma vez que pode ser facilmente substituída por outra. Todos sofremos com essa cultura, mas quem mais sofre são as nossas filhas.

A guerra contra a feminilidade

Há uma versão boa do feminismo que podemos ensinar a nossas filhas. Podemos incentivá-las a ser resilientes e esforçadas, a desenvolver ao máximo seus talentos e a compreender que a feminilidade é positiva e maravilhosa. Devemos ensinar-lhes que, como mulheres, elas têm grande capacidade para o amor e para a compaixão. Também devemos ensinar-lhes sobre as grandes alegrias e responsabilidades que terão pela frente se quiserem ser mães.

Ironicamente, no entanto, o feminismo descartou a feminilidade e deixou as mulheres confusas em relação a quem são, causando debates intermináveis sobre quais comportamentos são adequados e quais são inadequados do ponto de vista feminista. A geração da minha mãe sabia exatamente o que era uma mulher, e ponto final. Mas o feminismo turvou os limites entre homens e mulheres e até enalteceu comportamentos não femininos como superiores. Muitas das minhas colegas de faculdade eram promíscuas porque partiam do pressuposto de que os homens também eram. Desdenhavam da ideia de usar sutiã porque os homens não eram obrigados a fazê-lo. Foram adotando cada vez mais comportamentos masculinos em nome do «feminismo».

Hoje, chegamos a um ponto de pura maldade. Criamos uma condição médica previamente inexistente: a *disforia de gênero de início rápido*. Disforia de gênero é um transtorno real (mas muito raro) que no passado acometia sobretudo os garotos. Agora, porém, graças a toda a propaganda em torno do «gênero neutro», temos a disforia de gênero de início rápido, encontrada quase que exclusivamente entre as garotas. Mulheres jovens e vulneráveis (que frequentemente atravessam uma adolescência conturbada) estão transformando seus corpos de maneira irreversível por meio de cirurgias e intervenções químicas — tudo porque se convenceram de que são «diferentes». Esses sentimentos são compreensíveis, mas, quando vivenciados no âmbito de uma cultura que critica o gênero definido (nem o masculino nem o feminino são bons) e propaga a ideia de um gênero neutro, o resultado são garotas perdidas em uma terra de ninguém. Elas passam a querer ser mais masculinas, mas sentem-se confusas porque não têm certeza de que ter um gênero prescrito é necessariamente bom. Chegamos então ao cúmulo da insanidade e passamos a encorajar mulheres jovens a se tornarem falsos homens.

Mentiras sobre a biologia

O transgenerismo não é a única confusão biológica que o feminismo propagou. Em um nível mais popular e corrente, o feminismo incentivou as mulheres a evitar a maternidade e focar em suas carreiras. Além disso, afirmou que, se as mulheres tivessem filhos mais tarde, seriam melhores no exercício da maternidade (uma vez que seriam mais maduras e experientes).

Uma paciente minha teve seu primeiro filho aos 35 anos de idade. Era uma profissional de renome e não queria perder o prestígio conquistado na empresa onde trabalhava. Depois que seu primeiro filho nasceu, ela disse que queria ter mais dois ou três e que estava muito animada com o futuro da família. Respondi-lhe que, se a intenção era ter mais filhos, ela não tinha tempo a perder, pois seu corpo estava envelhecendo.

— Isso é irrelevante e preconceituoso, dra. Meeker — respondeu. — Estou em boa forma e, além disso, meu marido e eu decidimos que este é o momento certo de nossas vidas para formarmos uma família.

— Entendo — respondi —, mas a questão é a seguinte: você pode sentir que tem 25 anos, mas o seu útero não sente o mesmo. Ele agora tem 36 anos.

Aquela mulher parecia ter se ofendido simplesmente porque eu havia enunciado um fato biológico e tinha ficado perplexa por eu mencionar que uma parte de seu corpo estava envelhecendo no mesmo ritmo que o resto. Como pude ter a ousadia de colocar em questão os planos que ela tinha quanto à formação de sua família? Escuto essa justificativa com muita frequência. Muitas mulheres querem adiar a maternidade até poder encaixá-la em suas agendas profissionais, mas o problema é que a biologia não liga para planos desse tipo — a biologia simplesmente segue seu curso. As feministas que dizem o contrário desconsideram os fatos da vida. Em última análise, foi aí que o feminismo errou — ao deixar de ser um movimento que buscava expandir oportunidades profissionais para se tornar um movimento em guerra contra a biologia e a realidade. Trazer o feminismo de volta à realidade é uma forma de melhorar a vida de nossas filhas.

Onde encontrar um feminismo saudável?

Uma versão saudável do feminismo começa em um ponto que irá chocar — ou até ofender — muitas feministas: em Deus. Deus é a entidade feminista original e mais poderosa. Ele criou a mulher para ter um valor inestimável. Deu às mulheres almas eternas. Escolheu uma mulher para dar à luz seu Primogênito. O feminismo de Deus permeia toda a Bíblia — da extraordinária líder Débora, no livro dos Juízes, a Maria Madalena, primeira a descobrir o sepulcro vazio de Jesus. Em Provérbios 31, Deus fala sobre uma mulher que sustenta a família e que é a principal cuidadora do lar — uma mulher extraordinária. Essas são apenas algumas das dezenas de mulheres que aparecem no Antigo e no Novo Testamento e têm força física, emocional e mental superior à de muitos homens da mesma época. E elas receberam essa força do próprio Deus. Aos olhos dEle, homens e mulheres são iguais, donos de almas imortais. Como diz o apóstolo Paulo em Gálatas 3, 28, Deus não faz distinção porque todos somos um em Cristo Jesus. Nada nos confere mais poder do que saber que fomos criados por um Deus amoroso que deseja o melhor para nós, que pode guiar os nossos passos na Terra e nos trazer a vida eterna. Se você quer exemplos de feminismo saudável, leia a Bíblia — é lá que nós e nossas filhas podemos aprender a ter uma boa autoestima e uma dose razoável de humildade. Devemos falar com elas sobre liderança e sobre o amor de Deus. Ele conhece nossos talentos melhor do que nós. Não é olhando para dentro de nós mesmas, focando naquilo que presumimos serem nossos desejos ou mesmo buscando a autorrealização, que vamos alcançar uma vida gratificante. Devemos buscar a orientação dEle para encontrar nossa verdadeira vocação.

Quando nossa filha de 24 anos telefonou para dizer que decidira atuar como missionária na Indonésia, aquilo me atingiu em cheio. Ela já tinha participado de várias missões médicas com o pai na América do Sul. Eu até conseguia aceitar (um pouco) a ideia de que fosse para a América do Sul, mas ela disse que tinha rezado para que Deus lhe abrisse uma porta e indicasse o lugar ao qual queria que ela fosse. Essa porta foi a oportunidade de integrar uma missão na Indonésia.

— Sinto que é lá que Deus quer que eu esteja — falou.

— Não sei se dá para ter tanta certeza — respondi. — Deus ainda não consultou a mamãe.

Mas é claro que ela viajou e teve uma grande experiência como professora em Solo, Indonésia. Ao voltar para casa, perguntei-lhe o que tinha aprendido.

Imediatamente, ela respondeu: «Aprendi que Deus basta».

Não podemos ensinar esse tipo de verdade a nossas filhas; é preciso que elas as experimentem por si mesmas. Mas podemos ajudá-las a chegar lá. Podemos conversar com elas sobre o caráter de Deus, sobre como Deus foi amoroso e fiel a tantas mulheres que encontramos na Bíblia, bem como em nossas trajetórias pessoais. Podemos ensiná-las que seus talentos vêm de Deus e que dEle virão as oportunidades de que esses talentos floresçam. Quando as coisas ficam difíceis — como ficaram para a minha filha na Indonésia e como ficam para todos nós em algum momento da vida —, podemos ensiná-las que a fé no poder de Deus nos ajuda a resistir e nos lembra de que podemos enfrentar todas as provações com a força que Ele nos dá.

Ensine-as a cultivar um bom caráter

Fé e dedicação podem gerar muitos frutos, mas jamais devemos dizer a nossas filhas que elas podem conquistar o que quiserem, contanto que se dediquem o bastante. Eu poderia praticar patinação no gelo 24 horas por dia durante dez anos, e mesmo assim não conseguiria competir em uma Olimpíada. Todos somos limitados em nossos talentos. Mas não na habilidade de desenvolver um bom caráter. Todos temos a capacidade de

Ensine a diferença entre o feminismo saudável e o feminismo nocivo

cultivar a coragem, a paciência, a integridade e a humildade dentro de nós mesmos. Essas virtudes ajudam as garotas a desenvolver uma percepção profunda de confiança e valor próprio, e o caminho para que nossas filhas aproveitem ao máximo os talentos que têm está em cultivar um caráter superior, baseado em virtudes como paciência (consigo e com os outros), tenacidade (isto é, disciplina para perseverar até o fim) e dedicação (para servir aos outros em vez de pensar apenas em si).

Anos atrás, atuei como residente no Hospital Infantil de Wisconsin. Foi uma época cheia de expectativas e conquistas para mim, e eu tinha orgulho de saber que minha carreira estava decolando. Porém, não demorou muito para perceber que o mundo não girava ao meu redor. Um dos pacientes de quem cuidava era um menino com leucemia. Adorava conversar com ele, dizer-lhe palavras de incentivo, e nós dois fomos nos conhecendo melhor com o passar do tempo. De repente, a saúde dele piorou muito. A febre aumentou; o menino passou a respirar com dificuldade, a ficar com a pele azulada, e mal conseguia falar comigo. Demos oxigênio a ele, colocamos-lhe um tubo na garganta para ajudá-lo a respirar, aplicamos uma injeção de antibióticos para combater aquilo que identifiquei como uma infecção generalizada e o levamos para a UTI. Enquanto ele era conduzido na cadeira de rodas, eu segurava as lágrimas e tentava manter a cabeça no lugar. Logo depois, avistei a mãe do menino. Ele estava morrendo, e ela tinha vindo vê-lo na UTI. Comecei a chorar assim que vi o rosto dela, e ela entendeu imediatamente o que estava acontecendo. Quanto mais perguntas ela fazia, mais eu chorava. Por fim, também já chorando bastante, ela me disse: «Não tinha nada que você pudesse fazer? Como você permitiu que isso acontecesse?»

Repassei mentalmente tudo o que havia e o que não havia feito. Talvez ela tivesse razão. Talvez eu pudesse ter feito mais. Poderia ter verificado o estado de saúde dele meia hora antes, possibilitando, quiçá, que sobrevivesse. Poderia ter acrescentado mais um antibiótico aos remédios que tinha tomado, só por precaução.

À noite, cheguei em casa e comuniquei a meu marido que estava na profissão errada e que tinha decidido pedir demissão. Nada me faria continuar na medicina: nem o dinheiro, nem o prestígio, nem a sensação de autorrealização por estar vivendo meu «sonho».

Meu marido ouviu tudo e não respondeu de imediato. Depois de um tempo, disse-me que o hospital estava cheio de crianças doentes que precisavam de ajuda. E eu estava lá. Ser pediatra não era para mim — era para elas. Percebi que ele estava certo. Eu precisava ir mais fundo e entender que ser uma boa médica não era uma conquista ou um fim em si mesmo: era uma forma de servir aos outros.

O segredo para que a sua filha cultive um bom caráter deve vir de um chamado superior, e não do feminismo autocentrado. Um trabalho que traga realização pessoal não será suficiente para que ela siga em frente. Dinheiro, autoestima, vontade de obter um desempenho superior à dos amigos ou colegas — tudo isso só servirá para levá-la até certo ponto do caminho. Se ela se apoiar exclusivamente nesses valores, não conseguirá compreender totalmente quem é. É por isso que você deve ajudá-la a perceber que nem mesmo a vida dela diz respeito somente a ela: trata-se também de servir aos outros, de seguir o plano que Deus tem para ela e de aferrar-se ao apoio que vem dEle.

Ajude-a a encontrar fortaleza com humildade

Jennifer era filha única e tinha treze anos quando a mãe morreu. Não chegou a conhecer o pai, e não havia outros familiares que pudessem cuidar dela em sua cidade natal. Mudou-se então para outra cidade (a mesma onde moro) e foi criada pelos avós.

Por um ano e meio, Jennifer viveu momentos difíceis. Mas foi por volta dessa época que vi uma chama se acender dentro dela. Ela passou a ter certo brilho nos olhos, uma fé renovada e uma vontade de lutar contra as adversidades. Jennifer começou a se dedicar bastante aos estudos e se aproximou dos avós — sobretudo do avô, que assumiu o lugar do pai que ela nunca conheceu. Em vez de se concentrar nos infortúnios da vida, ela enaltecia os avós, que tanto trabalhavam por ela. Pude assistir ao processo por meio do qual Jennifer amadureceu e se tornou uma jovem adorável, confiante, extrovertida e cheia de determinação; uma jovem que ia bem na faculdade, que gostava de si mesma o suficiente para amar os outros e que, mais tarde, veio a se casar com um jovem maravilhoso. A chave para o sucesso de Jennifer foi a humildade. Ela tirou o foco de si e colocou-o nos avós que a estavam ajudando, na fé que tinha e na compreensão de que a melhor escolha não era voltar-se para dentro, mas abrir-se para as amizades e dedicar-se ao máximo para se tornar alguém na vida.

Ensine-a a ser assertiva sem ser insolente

Para mim, um dos pontos mais baixos das eleições americanas de 2016 foi quando Hillary Clinton, ao ser chamada de «mulher insuportável» por Donald Trump, tratou o apodo como uma honraria — como se ser «insuportável» fosse algo positivo para mulheres feministas e assertivas. Mas não é. Ninguém gosta de pessoas (homens ou mulheres) insuportavelmente agressivas, e as feministas estão erradas ao dizer que as mulheres precisam falar cada vez mais alto e bater de frente com os homens para ser assertivas. Respeitamos os homens quando eles demonstram ter boas maneiras, e eles nos respeitam se demonstramos o mesmo. Nossa cultura, no entanto, parece estar caminhando na direção oposta.

Meu pai trabalhou no Hospital Geral de Massachusetts durante os anos 1960 e ficou muito próximo do diretor do departamento de patologia. Esse seu colega veio a se tornar editor do periódico de medicina mais conceituado do mundo (*The New England Journal of Medicine*) e era amplamente reconhecido como um excelente professor pelos estudantes e pelos residentes. Da primeira vez que o vi, pareceu-me tão despretensioso que não acreditei que era ele. Tratava-se de um homem tranquilo, dono de um sorriso gentil, que parecia genuinamente interessado nos outros e no que tinham a dizer.

Nunca vou me esquecer do meu pai me dizendo: «Meg, não permita que o seu sucesso ou os seus pontos fortes façam com que você se sinta melhor do que os outros». O amigo do meu pai encarnava essa ideia. Não usava seus conhecimentos para diminuir os outros ou para elevar-se a si próprio, mas para ensinar e ajudar as pessoas. Tratava todo mundo como se tivesse o mesmo valor que ele. Para se afirmar, usava seus talentos o melhor que podia à medida que avançava em sua carreira, numa forma positiva de autoafirmação. Ele não se afirmava gritando, nem sendo abertamente agressivo ou «insuportável». As feministas frequentemente rechaçam a ideia de «bondade», mas não há nada de errado com ela. Uma mulher bondosa pode ser uma mulher de princípios que defende aquilo em que acredita — e que o faz de maneira benevolente, com compaixão e compreensão. Afirmar os próprios talentos ou as próprias opiniões pode ser uma virtude; a arrogância, por outro lado, nunca é. Podemos ensinar tudo isso a nossas filhas.

Ensine-a a ser tolerante, mas não permissiva

A «tolerância» ocupa posição central na vida das meninas, pois se trata de um valor primário na cultura popular e em nossas escolas — embora o termo frequentemente seja utilizado para

Ensine a diferença entre o feminismo saudável e o feminismo nocivo

privar certas pessoas do direito de ter opinião divergente, já que isso seria «intolerante». Se for rotulado de «intolerante», você pode ser submetido ao ostracismo; se, por outro lado, estiver no grupo dos falsos tolerantes, pode ser instrumentalizado pela opinião corrente e se tornar incapaz de pensar por si próprio.

A verdadeira tolerância é totalmente diferente, e pode ser encontrada na Bíblia. No sentido bíblico, «tolerância» significa abster-se, privar-se — ver além das diferenças para ser capaz de respeitar e amar outra pessoa. O que temos visto como tolerância costumar ser uma exigência para que afirmemos a permissividade social como algo moralmente correto. Trata-se da negação de que cada discussão tem pelo menos dois lados, de uma tentativa de encerrar o debate e proibir a discordância. A liberdade de expressão e de religião são direitos fundamentais. Se queremos educar nossas filhas para que compreendam a real tolerância que esses direitos pressupõem, precisamos lutar contra muito do que vem sendo veiculado pela cultura popular. Precisamos transmitir para nossas filhas tudo aquilo em que acreditamos — e aquilo em que nossos oponentes acreditam — e devemos explicar-lhes o fundamento das nossas convicções. Devemos ensinar-lhes que as discordâncias são positivas porque mantêm nosso intelecto mais desperto e que debates respeitosos nos fazem pensar (em vez de apenas reagir).

No ensino médio, participava com uma amiga da equipe de debates. Nossas visões sobre política, problemas sociais e praticamente todos os outros temas eram divergentes. Mas éramos boas amigas e nos ajudávamos mutuamente a elaborar a argumentação que íamos expor nas discussões. Às vezes eu tomava partido do lado oposto só pela diversão, e esse foi um treinamento fabuloso que me permitiu compreender o ponto de vista de outra pessoa. Infelizmente, o mesmo não aconteceria em muitas escolas ou faculdades de hoje em dia. Passamos a ter medo de pensar, questionar, debater ou discordar, porque diferenças de opinião são vistas como falhas morais. Não permita que sua filha caia nessa armadilha. Ensine-a a compreender as crenças que ela mesma professa — e a respeitar as crenças das outras pessoas.

Ensine-a a ver a coragem e o bem do amor

Para amar bem, sua filha deve ter personalidade e fortaleza para persistir quando as coisas ficarem difíceis. Ela precisa ser assertiva para ajudar aqueles que ama e precisa de tolerância (verdadeira, não superficial) para não se afastar de quem discorda. Quando nossas filhas são jovens, muitas vezes têm uma compreensão idealizada do amor. Veem-no como um sentimento reconfortante, capaz de alçá-las ao reino da felicidade. Para uma garota que está entrando no ensino médio, o romance está acima do amor; nessa idade, muitas garotas querem ser aceitas, notadas, estimadas e admiradas. No ensino médio — às vezes até antes —, aprendem que o amor pode ser difícil, ou até mesmo doloroso. Têm de lidar com a rejeição, e talvez testemunhem a dissolução de sua própria família — ou das famílias dos amigos — quando os pais se divorciam.

Já falei com muitas garotas que admitiram odiar-se durante a adolescência. É difícil amar outras pessoas quando não vemos em nós mesmas nada que seja digno de amor. É nessa hora que entram os pais. Já aprendemos que o amor não é apenas estar apaixonado ou ter sentimentos românticos, e sim um compromisso duradouro, e é desse compromisso que vem, no longo prazo, a alegria verdadeira. Se mostrarmos isso em nossos relacionamentos, nossas filhas terão maior capacidade de compreender e emular o mesmo sentimento.

O amor verdadeiro pode ser difícil. Consiste em amar quando achamos que o amor já morreu; ter gentileza quando queremos ser ríspidos; demonstrar firmeza quando nos sentimos fracos; manter a fé mesmo quando somos tentados a perdê-la; e voltar-se para fora quando queremos nos fechar em nós mesmos. No fim, contudo, o amor traz o bem. Traz a vida. Traz realização. É isso que devemos ajudar nossas filhas a compreender: não tenha medo de amar.

Uma última lição: ame os homens

O fosso que o feminismo cavou entre homens e mulheres é um equívoco e é prejudicial. O feminismo insultou, fustigou e diminuiu os homens, insistindo em que são os vilões da história. É evidente, no entanto, que não são, e nossa obrigação de amar todas as pessoas não os exclui. Ensinar uma garota a ter medo de todos os homens é farsesco, e é absurdo igualar um gracejo qualquer a um ato de assédio físico ou um assovio a um estupro. Sim, alguns homens se comportam mal, às vezes de maneira criminosa. Mas, para dizer o óbvio (porque é necessário dizê-lo), a maioria dos homens não se comporta assim. De fato, em sua maioria os homens se esforçam para serem bons pais e bons maridos.

Mostre à sua filha o que os homens bons fazem. Mostre a ela como eles se comportam, o que dizem e como são capazes de amar, além de serem dignos de confiança. Ela sentirá, no fundo do coração, vontade de amar os homens, e desejará amar o pai, o irmão, o tio, o avô e o marido, bem como ser amada por eles. Sua filha tem um desejo inato de criar esses vínculos de amor. Não permita que um feminismo equivocado os prejudique. Mães: se vocês são casadas, elogie o marido na frente de sua filha e guarde as reclamações para as suas amigas, em vez de fazê-las na frente dos filhos. Pais: respeitem suas filhas e saibam que elas anseiam por suas palavras de apoio e carinho. Não se contente com nada além do melhor para ela, e esteja sempre preparado para defendê-la quando ela estiver em apuros.

Você pode ensinar a versão saudável do feminismo à sua filha. Ela não nasceu autoconfiante, nem assertiva, nem com a capacidade de amar bem, mas você, na condição de pai ou mãe, pode ensinar isso a ela muito bem.

CAPÍTULO 7

Alimentacão e imagem corporal: como ajudar nossas filhas a alcancar o equilíbrio

Aos catorze anos, Betsy tinha vindo ao meu consultório para fazer seu *check-up*. A mãe dela estava junto, e senti imediatamente um clima de tensão entre as duas. A mãe estava prestes a chorar, e Betsy parecia irritada. Minha tentativa de puxar conversa de maneira cordial não deu certo.

Por fim, Betsy desabafou:

— Minha mãe acha que estou com um problema. Já faz semanas que começou a me atazanar com esse assunto. Ela enlouqueceu. Eu não precisava vir. Você é muito sabichona e deve achar que estou com um problema também.

— Você não tem por que me tratar assim — respondi. — Com o que você acha que sua mãe está preocupada?

— Ela fica me vigiando para ver tudo o que eu como. Está convencida de que não como o suficiente, mas eu preciso comer coisas saudáveis, porque pratico atletismo. Ela nunca foi atleta. Por que ela acha que tem de se meter nisso? E você?

A mãe de Betsy já estava chorando, mas pelo menos a garota tinha redirecionado a agressividade para mim.

151

— Eu sei o que é saudável — respondi. — O que mudou nos seus hábitos alimentares?

Betsy fechou a cara e disse:

— Eu sou vegetariana, tá? Preciso melhorar minhas marcas no atletismo. Meu técnico diz que vou ficar mais rápida se estiver mais magra.

— E você come o quê?

— Castanhas e salada, basicamente. Mas de vez em quando eu me permito comer doces, pizza e massa.

— Quanto você come?

— Muito. Minha mãe fica me incomodando, querendo que eu coma mais, mas eu já como muita comida.

— Suba na maca, vamos ver como você está.

Ao iniciar o exame, auscultei o coração da garota e percebi que a frequência cardíaca estava baixa demais. Entretanto, muitos atletas em boa forma apresentam frequência cardíaca baixa. Com ela de costas, levantei-lhe a camiseta para poder auscultar os pulmões. As vértebras de Betsy — assim como suas costelas e os ossos dos quadris — estavam protuberantes. Olhei para os cabelos dela e percebi que estavam ficando mais ralos. Depois de terminar o exame, verifiquei seu gráfico de crescimento e notei que, ao longo do ano anterior, ela tinha caído do sexto para o décimo segundo percentil. A altura dela se mantinha no sétimo.

— Betsy, estou preocupada com você. Tem algo errado com a sua alimentação, algo que você não me contou.

— Igualzinho à minha mãe! Você está contra mim! Você não sabe como é difícil conseguir bolsa integral de atleta na Universidade do Michigan... E esse é o meu objetivo. Já falei: eu como um monte de comida todos os dias. Chega!

Dizendo isso, ela saltou da maca e tentou sair pela porta da sala de exame — que estava aberta —, mas eu me coloquei na frente dela. Ela então gritou:

— Sai da minha frente! Eu não quero ficar aqui.

Quando percebeu que eu não ia sair, ela voltou a sentar na maca, mas se recusou a falar ou fazer contato visual comigo.

Olhei para a mãe de Betsy e disse:

— Sua filha está muito abaixo do peso e precisa da nossa ajuda.

Betsy tentou sair uma segunda vez, mas a impedi novamente. Depois que ela parou de me xingar e dizer impropérios, eu disse:

— Betsy, você tem uma doença que pode ser fatal. Se você não ouvir o que nós duas temos a dizer, serei obrigada a ligar para o seu técnico e dizer que você deve parar de correr até que esteja mais saudável.

Disse à mãe de Betsy que sua filha tinha todos os sintomas de anorexia nervosa: fobias alimentares disfarçadas de «alimentação saudável», mentiras sobre o que (e quanto) comia, frequência cardíaca abaixo do normal, cabelos ficando mais ralos, uma imagem corporal distorcida e pensamentos desvirtuados.

— Você está doida! — gritou Betsy.

— Talvez, mas eu seria uma péssima médica se não a ajudasse. Seu peso está tão baixo que chega a ser perigoso. Com isso, temos duas opções. Ou você fica internada em um centro de tratamento durante seis semanas, ou procura um psicólogo, segue uma dieta saudável e vem me ver uma vez por semana. Qual das duas você prefere?

Betsy permaneceu em silêncio por uns bons cinco minutos. Por fim, a mãe dela disse:

— Acho que vamos para casa conversar com o pai dela, dra. Meeker. Volto a ligar amanhã.

Eles ficaram com a segunda opção — a qual eu também preferia, porque tinha certeza de que conseguiria ajudar Betsy e porque o custo seria muito mais baixo do que interná-la em um centro de tratamento. Mas não se engane: a anorexia nervosa é uma doença séria, pode levar à morte e às vezes é muito difícil de tratar. Em essência, os pacientes anoréxicos ficam viciados em não comer. Toda garota anoréxica morre de medo de ficar gorda, vê os alimentos como inimigos e reage com agressividade sempre que alguém lhe sugere que coma mais.

Os pais frequentemente se sentem culpados quando têm uma filha anoréxica, bulímica ou obesa. Contudo, embora possamos influenciar os hábitos alimentares de nossas filhas, não podemos ser totalmente responsabilizados por eles, já que vários outros fatores — que vão desde a simples pressão exercida pelos colegas a transtornos obsessivo-compulsivos, dismorfia corporal, traumas, baixa autoestima e depressão — desempenham algum papel no desenvolvimento de transtornos nessa área.

Eis alguns dados impressionantes, que todos os pais deveriam conhecer:

- 80% das garotas com dez anos já fizeram dieta[1];

- mais de metade das meninas e um terço dos meninos entre seis e oito anos gostariam de ser mais magros[2];

- em 1970, as garotas começavam a fazer dieta por volta dos catorze anos; em 1990, essa idade já havia caído para oito[3];

- 42% das garotas entre o primeiro e o terceiro ano do ensino fundamental gostariam de ser mais magras[4];

- 51% das jovens entre nove e dez anos se sentem melhor consigo mesmas quando estão fazendo dieta[5];

- vários estudos mostram que a maioria das crianças (algumas com apenas cinco anos de idade) cultivam as mesmas ideias sobre restrições alimentares que suas mães[6].

---

1   Seeta Pai e Kelly Schryver, «Children, Teens, Media, and Body Image: A Common Sense Media Research Brief». Common Sense Media, 21 de janeiro de 2015.

2   Id., «Children, Teens, Media, and Body Image Infographic». Common Sense Media, 20 de janeiro de 2015.

3   Disponível no site da Eating Disorder Foundation.

4   «Eating Disorder Statistics», National Association of Anorexia Nervosa and Associated Disorders.

5   Eating Disorder Foundation, «Statistics: Eating Disorders and Their Precursors», Creighton University.

6   Beth A. Abramovitz e Leann L. Birch, «Five-Year-Old Girls' Ideas about Dieting are Predicted by Their Mother's Dieting». *Journal of the American Dietetic Association* 100, n. 10, 2000, pp. 1157–63.

Os pais podem ter dificuldade para identificar transtornos alimentares como a anorexia nervosa, a bulimia nervosa e o transtorno da compulsão alimentar periódica, uma vez que as garotas frequentemente mascaram os sintomas físicos e negam que têm problemas relacionados à alimentação. Meninas com anorexia, por exemplo, vestem roupas largas para esconder que estão perdendo peso. E, quando não comem em casa, dizem que é porque já comeram demais na escola ou na casa das amigas. Garotas que ganham peso repentinamente por causa do transtorno da compulsão alimentar periódica frequentemente comem pouco na frente dos pais, mas consomem muitos alimentos pouco saudáveis quando estão sozinhas — e depois dizem não saber por que estão engordando. Os pais precisam saber que as negativas indicam a existência de vício e que os transtornos alimentares são uma forma de transtorno mental.

Os transtornos alimentares mais comuns entre as garotas são a obesidade, a anorexia nervosa e a bulimia nervosa. Vamos falar sobre cada um deles.

Obesidade

Nem as garotas, nem os pais gostam do termo «obesidade», pois entendem que se refere apenas a pessoas morbidamente obesas. Para os médicos, contudo, uma pessoa obesa é alguém com peso 20% acima do ideal. Trata-se, portanto, de um espectro bastante amplo.

O que surpreende é o drástico aumento nas taxas de obesidade entre as crianças americanas. Nos anos 1960, o percentual delas não ultrapassava os 5%. A partir dos anos 1970, os números começaram a subir. Em 1999-2000, a obesidade já afetava 13,9% das crianças americanas. Em 2015-2016, esse número alcançou 18,5%[7].

---

7 Craig M. Hales *et al.*, «Prevalence of Obesity among Adults and Youth: United States,

Há várias explicações possíveis para esse aumento: a explosão no número de restaurantes de *fast food*, a ampla oferta de alimentos pouco saudáveis, fatores geradores de estresse, menos tempo brincando fora de casa, o crescente número de mães e pais solteiros e o fato de os próprios pais também terem ficado mais obesos. Com base na minha experiência, posso afirmar que todos esses fatores pesam, mas o denominador comum é que as crianças obesas reagem ao estresse comendo.

Darla, de treze anos, estava sozinha comigo no consultório. Notei instantaneamente que tinha ganhado muito peso desde o nosso último encontro. Não precisei falar nada; ela mesma se adiantou:

— Estou um nojo, eu sei. Meus colegas da escola comentam. Não vou conseguir passar em educação física; aliás, você consegue me dar um atestado para eu não precisar mais frequentar essas aulas? Porque é horrível, sério. Minha mãe diz que preciso fazer dieta.

— Bom, podemos falar sobre isso — respondi. — Mas, em primeiro lugar, como você está? Fazia dois anos que não nos víamos. O que você tem feito?

— Nada. Quer dizer, o mesmo de sempre.

— Alguma novidade na escola, em casa?

— Minha mãe está com câncer de mama. Ela não fala muito sobre o assunto, mas sei que não está bem. Vive cansada. Ela costumava me pegar na escola, mas agora vou de ônibus. Odeio ir de ônibus.

— Sinto muito por sua mãe. Com certeza você se preocupa com ela.

— Na verdade, não. Quer dizer, o que posso fazer? As pessoas ficam doentes, né? É o que minha irmã diz. Ela não está morando conosco, e para ela é fácil dizer isso. Ela não tem que ver minha mãe doente todos os dias.

2015–2016». *Data Brief No. 288, National Center for Health Statistics*, outubro de 2017.

— Sim, isso é difícil. Como está seu pai?

— Bem, ele trabalha o tempo todo. Tipo, quando ele está em casa, é bem legal. Mas ele viaja bastante por causa do trabalho e não fica em casa tanto quanto gostaria. Mas não vim aqui falar sobre a minha família, né? Quero que você me ajude a perder peso. É horrível.

— O que você já tentou fazer?

— Bom, eu tomei um desses *shakes* de proteína por alguns dias e odiei. Depois fiquei alguns dias sem comer, e também não funcionou. Além disso, sempre que meu pai está em casa, ele faz umas comidas gostosas. É que ele adora comer, mas continua magro. E minha mãe está perdendo peso porque está doente. E eu sou gorda. Não sei o que fazer.

— Por que você acha que está ganhando peso?

— Não sei. Esse é o problema: eu não como tanto. Quando faço um lanche, sempre como alimentos saudáveis. A maioria das nossas refeições é saudável, embora meu pai adore comer porcaria. Minha mãe diz que ele não deveria comer tão mal, mas ele come mesmo assim. Ele meio que come escondido. Um dia, estávamos almoçando juntos, comendo sanduíches de pasta de amendoim com geleia. Por alguma razão, perguntei se podia dar uma mordida no sanduíche dele. Ele me olhou de um jeito estranho e, por fim, disse que sim. Quando mordi o sanduíche, percebi que tinha uma barra de chocolate crocante no meio! Ele não queria que minha mãe soubesse que ele estava comendo chocolate!

Ficou óbvio que, quando o pai de Darla estava em casa, ela consumia *junk food* em excesso; quando a mãe dela tinha um dia ruim, ela comia mais; quando ela mesma ficava irritada com alguma coisa (com o fato de ter engordado, por exemplo), comia mais; e raramente saía ou praticava exercícios porque, à medida que ganhava peso, ia se sentindo cada vez mais sem energia. Estava estressada e entediada ao mesmo tempo, e a resposta para tudo isso era comer (e comer sempre as coisas erradas).

Expliquei a Darla que ela precisava elaborar um plano de perda de peso e que precisava envolver os pais no processo. Liguei para o pai dela (a mãe não pôde falar porque não estava se sentindo bem) e disse-lhe que, se continuasse a ganhar peso, Darla corria o risco de desenvolver diabetes, doenças cardíacas e muitos outros problemas. O pai dela foi sensível ao meu apelo e ajudou imensamente a filha. Passou a manter a casa 100% livre de *junk food* e a conversar regularmente com a menina sobre os avanços que ela vinha obtendo, além de encorajá-la e tentar passar mais tempo em casa com ela. Darla também passou a frequentar o consultório de um médico que recomendei — um especialista em perda de peso. Ao longo de cinco meses, ela perdeu 13 dos 18 quilos que ganhara nos dois anos anteriores.

Darla teve sorte. Ela sabia que tinha um problema e que precisava fazer alguma coisa; levou o programa de perda de peso a sério e também contou com a ajuda do pai, que foi fundamental no processo. Se os pais entram na dieta (ou praticam exercícios físicos) junto com as filhas, a taxa de sucesso do tratamento é muito maior.

Se você tem sobrepeso, sua filha também pode ter dificuldades para controlar o apetite. Se ela não dorme o suficiente (outro fator que causa estresse), tem maior probabilidade de comer em excesso. Se não toma leite (que sustenta e satisfaz a fome), tem maior probabilidade de se tornar obesa (em alguns casos, porque vai substituir o leite por refrigerantes, que não têm nutrientes e são altamente calóricos). Se é sedentária e fica mais de duas horas por dia vendo televisão, tem mais chances de se tornar obesa. Por tudo isso (e por vários outros fatores), o envolvimento dos pais e o acompanhamento de um médico fazem grande diferença quando se trata de ajudar nossas filhas a se manterem no peso ideal e saudável.

Anorexia nervosa

Se a obesidade é um problema para nossas filhas, a anorexia é aterrorizante para os pais, porque eles sentem que não podem fazer nada. Há dois tipos principais de anorexia nervosa: um tipo restritivo, que é quando a garota simplesmente passa fome o tempo todo, e um tipo compulsivo-purgativo, que é quando as restrições dão lugar a um surto de compulsão alimentar, seguido de vômito induzido (ou, às vezes, do uso descontrolado de laxantes).

Muitas meninas que se preocupam com o próprio peso começam a fazer dieta, mas os sintomas da anorexia são muito mais específicos. Alguns são óbvios, incluindo o emagrecimento acentuado e visível; as tentativas de disfarçar esse emagrecimento com roupas largas; e a preocupação excessiva com o peso e a dieta. Mas há sinais mais sutis, que incluem: evitar comer na presença de outras pessoas; mentir sobre hábitos alimentares; afastar-se emocionalmente dos amigos e da família; e apresentar ansiedade, humor inconstante e sintomas de depressão. A anorexia também pode causar cólicas estomacais, constipação, refluxo ácido, baixa imunidade e ciclos menstruais irregulares, além de problemas no coração — incluindo insuficiência cardíaca. A anorexia pode ser fatal. Garotas que têm entre 15 e 24 anos e sofrem de anorexia nervosa têm dez vezes mais chances de morrer em comparação a outras jovens da mesma idade.

Bulimia nervosa

Pacientes com bulimia nervosa comem compulsivamente e vomitam os alimentos; passam longos períodos sem comer; ou praticam exercícios físicos em excesso. Diferentemente da anorexia nervosa, pessoas com bulimia podem estar dentro da faixa de peso ideal; porém, assim como as que sofrem de anorexia, as bulímicas temem engordar, desejam desesperadamente perder peso e vivem insatisfeitas com o tamanho e o formato de seus corpos. Vários dos sintomas da bulimia nervosa vêm do vômito induzido e incluem refluxo ácido, dor de garganta crônica, dentes danificados, desidratação severa e desequilíbrio eletrolítico (que pode levar a um derrame ou a um ataque cardíaco).

Embora esses transtornos tenham suas especificidades, há fatores genéticos e psicológicos que podem deixar sua filha mais suscetível a eles. Se você teve transtornos alimentares, sua filha tem mais chances de tê-los também. Se você tem um parente próximo com distúrbios mentais, ou se sua filha tem diabetes do tipo 1, os riscos também são maiores. Se a sua filha é perfeccionista e estabelece metas irreais para si mesma, se tem uma personalidade inflexível e acha que só há um jeito certo de fazer as coisas, ou se passa uma quantidade absurda de tempo vendo TV e outras mídias, encarando as celebridades como modelos de comportamento, então ela também pode ter maior tendência a desenvolver transtornos alimentares.

Além desses, há fatores culturais. Se as mulheres do passado desejavam ser como suas mães, as garotas de hoje, imersas numa cultura profundamente influenciada pela mídia, desejam ter a aparência e o estilo de vida das estrelas. O problema ficou ainda mais grave quando as mães passaram a adotar a mesma postura adolescente, orgulhando-se de poder usar as roupas das filhas mais novas, entrando nas conversas delas e postando fotos nas redes sociais. A disputa insalubre para saber quem está com o peso mais próximo do ideal pode se tornar uma obsessão na relação entre mãe e filha.

Mesmo assim, levando-se em consideração todos os fatores que estão em jogo, costuma ser difícil prever quais garotas desenvolverão distúrbios alimentares e sob que circunstâncias isso se dará. Conheci Heather quando ela tinha dois anos de idade.

Tendo ela oito anos, os pais se divorciaram. Heather passou a ser uma menina reclusa e a ter um desempenho ruim na escola. Não tinha irmãos com quem conversar, e os pais ficaram tão amargos um com o outro que ela sequer conseguia discutir os próprios sentimentos com eles. Quando a menina completou onze anos, sua mãe a levou ao meu consultório. Heather era uma linda patinadora artística e precisava de um exame médico para mostrar ao técnico que estava com a saúde em dia. A mãe estava preocupada porque a filha parecia ter perdido o interesse pela patinação, não saía mais com os amigos, só queria saber de dormir depois da escola e parecia taciturna o tempo todo. Perguntei a Heather se queria conversar em particular, e ela respondeu que sim; a mãe concordou e saiu do consultório. Em seguida, quis saber como estava a patinação. Ela disse que estava indo bem, mas rapidamente mudou de assunto e passou a falar sobre Craig, namorado da mãe. Ela o odiava. Segundo o relato que fez, Craig era capaz de ser cruel e desagradável em determinado momento e, no instante seguinte, agir de maneira doce e gentil. A mãe dela havia namorado com ele durante um ano antes de permitir que fosse morar com elas, ignorando os protestos indignados da filha.

— Como você está lidando com isso?

— Não sei. Chego da escola e vou para o meu quarto. Geralmente, não tem ninguém em casa. Mas às vezes o Craig chega antes da minha mãe.

— E como é essa experiência? Ele conversa com você? Ele é legal?

— Não, não é. Na frente da minha mãe ele é legal, mas comigo, não. Ele me chama de «gordona», «feiosa», e às vezes de «piranha». Eu nem sei o que é isso, mas acho que é ruim, né?

— Sim... não é uma palavra legal. Como você se sente quando ele diz essas coisas para você?

— Horrível. Normalmente eu choro e vou para o meu quarto. Mas ele grita comigo e diz que estou me escondendo porque não consigo encarar quem eu sou. Tento trancar a porta, mas ele entra mesmo assim. Um dia ele chegou a quebrar a fechadura. Fiquei com muito medo.

Seus olhos se encheram de lágrimas.

— Ele já bateu em você?

— Não, ele fica só me assustando.

— E o que sua mãe faz? Ela defende você?

— Não acredita em mim. Quando ela chega em casa, Craig começa a encenação e fica todo doce. Ajuda com o jantar, depois ajuda com a limpeza e sempre pergunta se tem algo que pode fazer. É de revirar o estômago. Aí, quando digo que não quero jantar e prefiro ficar no meu quarto, ela fica brava. Ouço-a falar com Craig sobre o que vai fazer comigo. Ela acha que estou ficando revoltada.

— Sinto muito por tudo isso. Posso falar com a sua mãe sobre o que tem acontecido na casa de vocês?

— Não! Por favor, não faça isso. Quando eu chegar em casa, ela vai falar com o Craig e ele vai ficar muito nervoso. Quando ele tem um dia difícil no trabalho, me manda ir para o quarto e não sair de lá. Diz que vai confiscar meu telefone, enfim, diz coisas meio aleatórias.

— Se você não pode conversar com a sua mãe, com quem conversa? Como você faz para lidar com essa situação?

— Estou fazendo dieta. Achei que isso faria com que ele parasse de me chamar de gordona e feiosa. Mas não adiantou. Então, concluí que precisava perder peso rápido. Fico envergonhada de dizer isso. Você não vai contar para a minha mãe, né?

— Depende, Heather. Tudo o que você está me dizendo fica entre nós, mas se você me contar alguma coisa que coloca a sua vida em risco ou que causa problemas sérios, precisarei falar com ela.

Curiosamente, Heather pareceu ficar aliviada.

— Bem, há algumas semanas comecei a ir ao banheiro depois do jantar e colocar toda a comida para fora. Eu ficava muito mal.

Então, comecei a fazer o mesmo depois do almoço e até na escola. Agora repito isso mesmo que tenha comido alguma coisa bem pequena.

Examinei Heather. Ela estava magra, mas o peso continuava dentro da margem e os resultados do exame físico foram normais, exceto pelos dentes, danificados pelo ácido estomacal.

Agradeci a Heather por ter confiado em mim. Por dentro, no entanto, estava enfurecida. Aquela garotinha da quinta série estava enfrentando muita dor, e a mãe era incapaz de perceber o que estava acontecendo bem diante de seus olhos. Então perguntei a Heather se podia falar com a mãe dela.

Ela concordou — não sem antes relutar — e disse que queria ficar no consultório. Quando a mãe entrou, contei-lhe tudo o que Heather tinha dito sobre Craig. De início, ela disse:

— Ah, ela sempre fala essas coisas. Está prestes a entrar na adolescência, você sabe como são as crianças dessa idade.

— Sim, eu sei, mas acredito que Heather esteja falando a verdade. Ela não está apenas de mau humor; ela está com problemas físicos e emocionais.

Expliquei a ela o porquê e falei sobre o transtorno alimentar da menina.

— Agradeço sua preocupação, mas acho que você está exagerando. Craig é um homem maravilhoso, e qualquer transtorno alimentar que Heather possa ter não está relacionado a ele nem a mim. As amigas dela estão de dieta, e ela é muito impressionável. Precisamos resolver isso.

Eu era amiga da mãe de Heather, mas precisei confrontá-la dizendo a verdade:

— Heather está doente. Está sofrendo de ansiedade, de depressão e de um transtorno alimentar que, se não for tratado, pode colocar a vida dela em risco. Se você não estiver disposta a ajudá-la, serei obrigada a acionar o serviço de proteção aos menores.

A mãe de Heather então começou a chorar, admitiu que sabia que Craig maltratava a filha e reconheceu que foi um erro convidá-lo para ir morar com elas. Ela se sentia sozinha e queria deixar o ex-marido com ciúmes. Agora, porém, estava amando Craig.

— Não importa — respondi. — Pelo bem da sua filha, ele precisa sair de casa. Hoje.

A mãe de Heather fez a coisa certa e exigiu que Craig saísse de casa. Heather, por sua vez, passou a receber o tratamento médico de que precisava. Fico feliz em dizer que ela se recuperou e hoje é uma jovem saudável, que faz faculdade e tem a sua própria casa.

O que podemos fazer para ajudar nossas filhas?

O caso de Heather tem muito a nos ensinar, uma vez que, do ponto de vista físico, ela parecia estar bem. Isso acontece com muitas pessoas que sofrem de transtornos alimentares — pelo menos nos estágios iniciais. A boa notícia é que, se o transtorno for identificado a tempo, o paciente pode se recuperar totalmente. Por outro lado, isso nos faz questionar o que podemos fazer para prevenir essas doenças. O primeiro passo é prestar mais atenção ao que nossas filhas veem e ouvem.

Limite o acesso às mídias sociais

Deixe-me contar um segredo: a maioria das garotas não gosta de passar tanto tempo nas mídias sociais quanto achamos que gostam. Estudos indicam que as meninas que passam mais tempo no celular e nas redes sociais têm chances muito maiores de desenvolver depressão e até de cometer suicídio[8]. No celular e na internet, as garotas são bombardeadas por mensagens sobre seus corpos — de fotos postadas por modelos no Instagram a materiais pornográficos e mensagens de cunho sexual. Suas filhas participam das redes sociais porque as amigas delas participam, porque acham que todo mundo participa e porque as telas podem virar um vício. Mas não tem nada que elas queiram mais do que uma desculpa para deixar de acessar essas redes, já que ali elas se sentem mal. Precisamos, portanto, dar essa desculpa a elas. Quando se trata de moderar o uso de mídias sociais, a maioria dos pais tem receio de confrontar os filhos, mas acredite: suas filhas preferem que você o faça (mesmo que, num primeiro momento, digam o contrário).

As crianças mais felizes que vi ao longo de trinta anos de pediatria foram aquelas que se sentiam próximas de seus pais. Elas crianças sabem que os pais as amam e sabem também que eles não têm medo de demonstrar esse amor criando-lhes regras e limites. Sua relação com a sua filha e o bem-estar dela ficarão ameaçados se você não impuser restrições ao uso de telas. As telas podem separar os filhos dos pais, e isso é sinônimo de infelicidade.

Mude a maneira como você fala

Embora os pais não sejam causa direta dos transtornos alimentares, tudo aquilo que falamos e os exemplos que damos em casa podem ter um impacto considerável. Quando uma garota escuta a mãe dizer o tempo todo: «Nossa, como estou gorda», ou «Estou precisando perder uns cinco ou seis quilos», ela aprende que o peso é uma questão importante para a mãe. Não me entenda mal: é importante que você dê bons exemplos em relação a estar

---

8   Por exemplo, cf. Caroline Miller, «Does Social Media Cause Depression?», *Child Mind Institute*.

dentro do peso ideal e levar uma vida saudável. Contudo, não deve insinuar que o *valor* de uma pessoa baseia-se na aparência.

Os pais também precisam ter cuidado. Não há problema em elogiar a aparência da sua filha de vez em quando, mas procure também elogiar sua personalidade e comportamento. Elogie características como paciência, bondade, coragem, lealdade, perseverança, consideração pelos outros, empatia, e assim por diante — a lista de características positivas é bem longa. Fixar-se apenas na aparência e na beleza pode produzir efeitos indesejados.

Regras de alimentação

As regras que devemos instituir com relação à alimentação variam segundo o transtorno alimentar que sua filha está mais propensa a desenvolver.

Obesidade. Se sua família tem propensão ao sobrepeso, eis algumas regras simples que podem ajudar a prevenir ou reverter esse quadro:

- *Implemente a regra do «um»:* comer apenas *uma* porção de comida nas refeições, comer apenas *um* lanche entre uma refeição e outra e não repetir o prato.

- *Faça com que a família toda siga as mesmas regras.* Isso pode ser difícil, mas torna mais fácil implementar e seguir as regras. Com o tempo, esse princípio evita que um dos pais (ou um dos irmãos) prejudique os esforços da filha ao preparar sobremesas muito calóricas ou ao comprar *junk food.*

- *Ofereça alimentos variados à sua filha.* Se você restringir a dieta dela a vegetais e comidas com baixo teor calórico, ao mesmo tempo que proíbe carboidratos, massas e outros grupos alimentares, ela terá uma vontade enorme de comer o que não pode. Quando a garota sabe que pode consumir uma grande variedade de alimentos, se sente menos ansiosa.

- *Prepare você mesmo o lanche que ela leva para a escola.* Os alimentos disponíveis na lanchonete da escola costumam ser notavelmente gordurosos, calóricos e cheios de sódio. Um lanche saudável pode ter metade das calorias do que aquele oferecido onde ela estuda.

- *Foque nos alimentos de verdade (peixe, carne, ovos, vegetais) em vez de optar por industrializados diet.* Comida de verdade satisfaz mais, e é comum que as pessoas acabem ingerindo calorias em excesso ao consumir produtos dietéticos industrializados (porque acham que esses produtos não engordam). Refrigerantes *diet* que contêm aspartame e outros aditivos não fazem bem para as crianças. Alguns podem causar problemas de saúde (como enxaquecas), além de nos deixar com vontade de consumir outros produtos que contêm açúcar em excesso.

- *Tire o foco da ideia de «emagrecer» e passe a focar em «crescer sem ganhar peso».* Isso, é claro, depende de dois fatores: a idade de sua filha e o grau de obesidade que ela apresenta. Se está na primeira série e no percentil 75 de peso e 10 de altura, incentive-a a «crescer sem ganhar peso». Isso significa que, em vez de tentar emagrecer, ela deve se esforçar para manter o peso atual à medida que for ficando mais alta. Se, por outro lado, ela tem dezesseis anos, altura em torno do percentil 13 e peso acima do percentil 100, isso significa que ela precisa perder peso. Ao completar dezesseis anos, a maioria das garotas já atingiu a altura máxima (o crescimento cessa dois anos após o início da menstruação); por isso, se sua filha tem sobrepeso nessa idade, é necessário fazer mudanças na dieta.

- *Não fique pegando no pé dela.* Uma jovem sabe quando está acima do peso. Você não precisa ficar lembrando isso à sua filha, pois fará com que se sinta envergonhada e fracassada. Depois que você tiver discutido um plano alimentar com ela, implemente as regras em casa e pronto.

- *Pratiquem exercícios juntos.* Não faça sua filha ir à academia sozinha. Vá com ela e faça seu próprio treino, ou então saiam juntos para uma caminhada ou corrida. Não é preciso pegar muito pesado, mas você pode acompanhá-la para que se sinta mais motivada.

Anorexia ou bulimia nervosa. Se você suspeita de que sua filha está evitando certos alimentos, passe a observá-la com mais atenção. Se a lista de alimentos evitados estiver ficando muito extensa, intervenha e mude os hábitos alimentares de toda a família. Em primeiro lugar, insista para que todos estejam juntos na hora do jantar. Além disso, prepare refeições balanceadas, incluindo carnes magras e legumes, pois a maioria das garotas que começa a fazer dieta aceita esses alimentos com facilidade.

- *Comece a servir alimentos com alto teor de gordura.* Gordura demais faz mal, é claro, mas alimentos com alto teor de gordura também devem fazer parte de uma dieta saudável, uma vez que satisfazem a fome e podem servir de complemento a outros alimentos ricos em nutrientes (por exemplo, coloque manteiga de verdade nos vegetais). Se sua filha está fazendo uma dieta por demais restritiva, os primeiros alimentos que ela tende a cortar são justamente aqueles que têm as gorduras necessárias a uma dieta balanceada. Iogurtes integrais, castanhas e sementes são coisas que ela provavelmente aceitará — pois tendem a ser vistos como saudáveis — e que oferecem a quantidade de gordura de que ela necessita.

- *Acompanhe o peso dela e a maneira como ela come.* Se você perceber que sua filha está usando roupas de tamanhos diferentes, parece ter menos energia do que o normal e só fica passando a comida de um lado para o outro do prato (sem, na verdade, comer quase nada), é possível que ela precise ir ao médico.

- *Não banque o fiscal da comida.* O estresse é uma causa frequente de distúrbios alimentares; por isso, é importante mantê-lo o mais longe possível do ato de comer. Estabeleça as regras e, quando necessário, deixe que o médico de sua filha faça todas as cobranças relacionadas ao peso e à alimentação dela.

- *Esteja atento ao vômito provocado.* Garotas que comem compulsivamente e depois colocam tudo para fora tentam a todo custo esconder esse comportamento (pois isso lhes envergonha). Elas frequentemente pedem licença para ir ao banheiro logo após as refeições. Enquanto o resto da família conversa ao redor da mesa, elas estão vomitando no vaso sanitário.

- *Esteja atento à rotina de exercícios dela.* Muitas garotas que sofrem de anorexia e bulimia ficam obcecadas pelos exercícios. É possível que sua filha comece aos poucos, malhando três vezes por semana com treinos de trinta minutos cada. Depois, passa a malhar todos os dias; os treinos ficam cada vez mais longos, e ela começa a mentir sobre o assunto. Lembre-se: mentir faz parte da doença. Ao praticar exercícios com sua filha, você pode ajudá-la a evitar os excessos. Mas, se a rotina de exercícios dela sair do controle, e se isso for algo que ela esconde de você, é necessário pedir ajuda a alguém.

Mais uma vez, muitos dos fatores que geram transtornos alimentares estão além do nosso controle, mas você deve monitorar tudo o que estiver ao seu alcance. Não há razão para não proteger sua filha dando a ela o que existe de melhor — isto é, seu amor incondicional, sua orientação materna ou paterna e um bom exemplo.

CAPÍTULO 8

Fundamente a fé em Deus

Inicio este capítulo com alguns dados impressionantes a respeito do impacto da fé sobre a nossa saúde. Um gigantesco levantamento feito a partir de publicações científicas[1] pode ser assim resumido:

- 93% dos estudos mostram que a fé traz mais sentido e propósito à vida;
- 68% deles mostram que pessoas com fé têm mais autoestima;
- 44% concluem que pessoas com fé têm maior capacidade de autocontrole;
- 56% indicam que pessoas com fé estão menos sujeitas à depressão (além de se recuperarem mais rápido desse quadro);
- 80% mostram que pessoas com fé apresentam menos chances de cometer suicídio;
- 78% revelam que a fé reduz a ansiedade;
- 86% mostram que pessoas com fé têm menos chances de se envolver em condutas sexuais de risco;
- 69% relacionam a fé com chances menores de desenvolver doenças cardíacas;
- 62% revelam que pessoas com fé têm pressão sanguínea mais baixa (em níveis mais saudáveis);

---

1 Harold G. Koenig, «Religion, Spirituality, and Health: The Research and Clinical Implications». *ISRN Psychiatry*, 16 de dezembro de 2012.

- 57% dos estudos mais conceituados revelam que pessoas com fé têm funções cognitivas mais desenvolvidas;
- 71% apontam que pessoas com fé gozam de funções imunológicas superiores;
- 55% afirmam que a fé está relacionada a riscos mais baixos de desenvolver câncer (e a chances maiores de recuperação após o diagnóstico);
- 75% revelam que a fé pode aumentar a expectativa de vida.

Eu poderia mencionar vários estudos de excelente qualidade que mostram que a religião faz bem para a saúde da sua filha. Por meio da religião, sua filha vive mais; fica menos exposta aos riscos do cigarro e outras atividades pouco saudáveis; e obtém vários outros benefícios. É como se a religião fosse uma espécie de remédio universal: além de melhorar a saúde da sua filha, deixa-a mais feliz, confere-lhe um sentido de vida mais profundo e aumenta imensamente a percepção de seu próprio valor. Não é pouca coisa. De fato, tudo isso é decisivo para o futuro de sua filha. A fé funciona porque a ajuda a manter os pés no chão. Agnósticos e ateus desdenham da fé, tratando-a como um conjunto de ilusões infundadas ou como um grande conto de fadas. Porém, pelo que já pude notar ao longo da vida, a fé dará à sua filha uma noção saudável da realidade — uma compreensão de que ela faz parte de um todo muito maior e de que o mundo não gira ao redor dela.

Quando sua filha não tem os pés fincados nesse tipo de realismo — isto é, quando pensa que o mundo gira a seu redor —, é questão de tempo até que os problemas comecem a surgir. Já vi essa situação milhares de vezes — mulheres que cresceram buscando a autorrealização, conquistaram tudo aquilo que queriam e acabaram com depressão e crises de ansiedade. No fim das contas, a busca pela autorrealização não leva a um estilo de vida saudável. Não traz felicidade. Pelo que pude observar, essa busca frequentemente traz decepção. As pessoas mais

Fundamente a fé em Deus

felizes são aquelas que têm uma noção de sentido na vida — e esse sentido deve ir além delas mesmas[2].

No fundo, a maioria dos pais e mães sabe que isso é verdade. Sabemos que dinheiro, fama, boa aparência e sucesso profissional não são o bastante para trazer felicidade; mesmo assim, frequentemente incentivamos nossas filhas a buscarem todas essas coisas: popularidade, grandes conquistas e um salário polpudo. Não são coisas ruins em si mesmas, mas não devem ser nosso objetivo ou nossa motivação principal, pois não alcançá-las poderia nos deixar arrasados. Ironicamente, ademais, lograr esses objetivos também pode ser problemático — afinal, uma vez que os tenhamos alcançado, o que nos resta fazer?

Nossas filhas podem ser inteligentes e gentis, grandes empresárias e mães maravilhosas; mas se não compreenderem que a vida tem um propósito e que esse propósito vai muito além delas mesmas, não conseguirão, em última análise, alcançar a felicidade. A vida lhes parecerá vazia; as vitórias lhes parecerão ocas e transitórias, pois elas precisam saber que fazem parte de algo que as ultrapassa, de algo que tem valor e sentido duradouros.

O primeiro passo para isso é ensinar a nossas filhas que a vida não gira em torno delas. A vida consiste em servir a Deus. Foi Ele quem nos fez; é Ele quem tem um plano para nós; é Ele quem nos encaixa no todo. Como disse o apóstolo Paulo, *Deus existe antes de todas as coisas, e todas as coisas subsistem nele* (Cl 1, 17). Nesse contexto, podemos compreender melhor a famosa abertura de Santo Agostinho às *Confissões*, em que ele enaltece Deus e observa: «Foi para ti que nos fizeste, e o nosso coração está inquieto enquanto não repousa em ti»[3]. Sua filha estará sempre inquieta, sempre insatisfeita e sempre incompleta enquanto não tiver encontrado a fé. E o caminho para a fé é procurar a verdade.

---

2   Para mais informações sobre esse tema, cf. Rick Warren, *The Purpose Driven Life: What on Earth Am I Here For?*, Zondervan, Grand Rapids, 2012.

3   Santo Agostinho, *Confissões*, I, 1.

O desejo de buscar a verdade

Crianças pequenas chegam à fé de maneira muito natural. Sabem que são limitadas e sabem que há forças maiores do que elas mesmas — começando pelos pais e chegando, em última análise, a Deus. As crianças também têm uma capacidade desconcertante de revelar o que é verdadeiro, certo e bom. Compreendem a moralidade de maneira instintiva, sabem que não devem bater umas nas outras (se veem uma criança fazendo isso, sabem que é errado). Entendem que os adultos não devem gritar uns com os outros (e deixam de respeitar aqueles que o fazem). Porém, à medida que as crianças ficam mais velhas, as verdades e certezas vão se turvando. As dúvidas podem surgir depois de determinado trauma, como o divórcio ou uma violência física e verbal vinda dos pais. Às vezes, vêm da pressão exercida pelos amigos, quando dizem que os valores que a criança recebeu dos pais estão equivocados. Outras vezes, essas dúvidas nascem da hipocrisia de pessoas religiosas que agem de maneira cruel e julgam os outros — ou seja, que não praticam aquilo que pregam. Já ouvi muita gente dizer: «Não me interesso pelo cristianismo porque ele já feriu muita gente». Entendo.

Contudo, a solução foi dada pelos professores Peter Kreeft e Ronald K. Tacelli, que escrevem: «No fim das contas, uma das coisas que simplesmente não podem fazer mal é a busca sincera pela verdade»[4].

Ao longo dos últimos quinze anos, testemunhei uma mudança na postura dos jovens em relação à vida, à moralidade e a Deus. Muitos críticos afirmam que os chamados *millennials* são autocentrados, não gostam de se esforçar e definitivamente não se interessam por religião. Não é isso o que tenho visto, porém. Se eles parecem mais autocentrados e menos esforçados, é

---

4   Peter Kreeft e Ronald K. Tacelli, *Handbook of Christian Apologetics*, InterVarsity Press, Westmont, 1994, p. 22.

porque alguns de nós, de gerações anteriores, temos dificuldade para compreender a diferença entre diversão eletrônica, trabalho eletrônico e envolvimento eletrônico com ideias (ouvir um *podcast*, por exemplo). Conversando com os jovens, descobri que muitos deles se interessam pela busca da verdade. Alguns abandonam a religião porque a veem como algo superficial (em grande medida, por a terem visto praticada por hipócritas — e, se tem algo que os jovens não perdoam, é hipocrisia). Uma busca mais profunda da verdade, no entanto, pode levar a uma fé com raízes mais profundas.

Eliana é minha paciente há muitos anos, e eu simplesmente a adoro. Sei que os médicos não devem ficar falando sobre seus pacientes, mas ela já está comigo há nove anos, e eu a vi enfrentar desafios gigantescos. Em um desses momentos difíceis, Eliana ficou totalmente sozinha. Os pais dela se divorciaram. A mãe raramente parava em casa: passava a maior parte do tempo trabalhando ou com o namorado. O pai se mudou para longe e passou a morar com outra família (em que havia três crianças pequenas). O irmão tinha saído de casa quando ela contava com dezesseis anos. A irmã mais velha padecia de um transtorno mental severo e estava internada. Aos treze anos, Eliana começou a passar muito tempo sozinha em casa.

Ela enfrentou a depressão, lutou contra uma ansiedade fortíssima e chegou a ter pensamentos suicidas. Aos quinze anos, Eliana raspou a cabeça e fez tatuagens nos braços. Mal pude reconhecê-la. Disse-me que havia feito aquilo para chamar a atenção (de um novo grupo de amigos e da mãe). Certa vez, a mãe dela a chamou de «mais uma garota sem futuro».

Eliana chorou ao se lembrar daquilo e disse:

— A questão, dra. Meeker, é que a vida é uma droga. Sou tão ansiosa que não consigo fazer nada na escola. Meus amigos tiram sarro de mim. Para a minha mãe, tanto faz se estou viva ou morta. Quer dizer, se Deus existe mesmo, eu tenho certeza de que Ele também não gosta de mim.

Eliana quase não conseguiu concluir ensino médio. Pouco tempo depois, arrumou um emprego de garçonete. Fiquei sem vê-la por três anos. Tecnicamente, a essa altura ela já não tinha mais idade para ter um pediatra; mesmo assim, aos 21 anos, Eliana foi ao meu consultório uma última vez.

Quando abri a porta, a aparência dela havia mudado drasticamente — para melhor. O cabelo tinha crescido e o rosto estava cheio de animação e de vida.

— Eliana, você está ótima. Você parece feliz. O que mudou?

— Bem, dra. Meeker... Quando eu tinha catorze anos, você me perguntou se eu acreditava em Deus. Respondi que não e fiquei toda irritada. Quando fiz dezenove, algo aconteceu: refletindo sobre o passado, fui percebendo que, se eu realmente queria superar a tristeza, seria necessário resolver algumas questões. Esse processo começou quando conheci uma amiga nova no trabalho. Nós nos divertíamos juntas — continuou ela — e fomos nos tornando muito próximas. Conversávamos sobre os grandes desafios que tínhamos enfrentado na vida e tentávamos nos ajudar mutuamente. Uma tentava arrumar um namorado para a outra, coisas do tipo. Certo dia, minha amiga disse: «Já saí com tanta gente e já experimentei tanta coisa... Não sei mais o que é verdadeiro e o que é falso, o que é certo e o que é errado, nem se amar é maior do que só sair e ficar com alguém». Não consegui dar uma resposta a ela, mas queria ter conseguido.

Eliana prosseguiu:

— Comecei a pensar sobre minha própria vida, sobre como quase cometi suicídio, mas desisti graças a alguma coisa inexplicável. Percebi que tinha algumas questões muito profundas a resolver. Por que eu estava ali? Por que tinha passado por tantas dificuldades na vida? Deus existia mesmo? O amor existia mesmo? Será que a vida ia além do que eu conseguia ver? Comecei a ler e a formular perguntas. Fui a algumas igrejas e ouvi pessoas falando sobre como era importante obedecer a

Deus e rezar, mas aqueles sermões não me tocavam de maneira nenhuma. Precisei encontrar as respostas sozinha.

— E aonde você foi para encontrá-las? — perguntei.

— Eu li, e li muito. Como nunca acreditei em Deus, comecei com os ateus, como Richard Dawkins. Queria saber por que eles também não acreditavam em Deus. Depois, li C. S. Lewis, Henri Nouwen, e às vezes até a Bíblia. A certa altura, comecei a rezar. Dá para acreditar? Mas estava desesperada. Alguma coisa tinha de fazer sentido. A vida devia ter um propósito, e eu estava determinada a encontrá-lo.

— E você o encontrou?

— Sim, encontrei. Quer dizer, eu não entendi tudo, mas cheguei à conclusão de que uma coisa é verdade: Deus existe. Ele existe de fato. Ele é coerente. Muitos cristãos não são, mas Ele é. Rezei pedindo a Ele que me mostrasse se existe. E Ele mostrou. Tive uma série de sonhos que foram se encaixando perfeitamente. Em um deles, vi Jesus andando pela rua, seguido por uma mulher. Ela gritava, mas Jesus não a ouvia. Por fim, ela correu rápido o bastante para alcançá-Lo e ficou de frente para Ele. Ela estava irritada e foi logo dizendo: «Se você é Deus, qual é o seu problema? Por que não está ao lado das pessoas? Por que tem estado ausente, em silêncio?». Jesus então respondeu à mulher: «Se eu tivesse me revelado a você, você teria vindo me procurar?». Foi aí que soube que Ele existia de verdade. Ele estivera lá o tempo todo. Foi Ele quem me ajudara a sobreviver, quem me impedira de cometer suicídio e quem esperara até que eu fosse procurá-Lo. E agora O encontrei.

Ela passou a ver Deus como um pai espiritual e procurava-o quando precisava de orientação. Tinha encontrado nEle um princípio de sentido e propósito, até que, finalmente, sentiu-se realizada e feliz. Mesmo com o passar dos anos, sua fé permaneceu firme e conferiu a ela uma direção na vida.

Como encontrar uma perspectiva saudável

Entendo que muitos pais se sintam desconfortáveis com tudo isso de ter fé, e também entendo que muitas pessoas rejeitem a ideia de que esta ou aquela religião detém a prerrogativa de dizer o que é e o que não é verdade. Mas escrevo estas palavras como cristã convicta, e convicta por dois motivos: primeiro, porque anos de estudo me convenceram de que o Antigo e o Novo Testamentos representam uma história real e contêm uma narrativa coerente, profética e sensata; segundo, porque o cristianismo oferece a melhor explicação que já encontrei para o significado da existência humana.

Muitos jovens hoje em dia não estão familiarizados com a Bíblia, nem com a história sagrada, nem com teologia, nem com filosofia. Preocupam-se em obter sucesso profissional (e em estudar os temas que os levarão a esse sucesso). No entanto, quando têm a oportunidade de discutir esses temas, não pensam duas vezes. Quando um apologeta cristão — como Ravi Zacharias, Abdu Murray ou Os Guinness — é convidado para falar na Universidade de Michigan, Harvard, Berkeley ou Yale, o auditório fica sempre lotado. Isso acontece porque todos queremos respostas para as perguntas mais profundas da vida — e os jovens as querem ainda mais do que as outras pessoas, pois ainda não chegaram às suas próprias conclusões. Muitos jovens se incomodam com a cultura que encontram nos *campi* universitários — uma cultura que gira em torno da promiscuidade, da pornografia e do vício em bebida e videogame. Essas coisas parecem todas muito rasas, e de fato são. Muitos alunos se esforçam para obter sucesso acadêmico com o intuito de conseguir bons empregos e quitar o empréstimo bancário que os permitiu ir para a faculdade; entretanto, no fundo, lá no fundo, anseiam por encontrar respostas para as grandes questões, as quais vão além das boas notas e do sustento diário. Será que há um propósito que se encontra além de nós mesmos?

Alguns jovens, é claro, imediatamente respondem que não, ou então afirmam acreditar em um propósito ao mesmo tempo que se concentram na dieta, na rotina de treinos, nas roupas, nas notas, em sair com outros garotas e garotos, em desenvolver seus talentos profissionais... Os mais questionadores, no entanto, podem não se satisfazer com uma resposta que reduz tudo ao interesse próprio.

É aí que Deus entra. Ele nos dá uma nova perspectiva, que aponta para além do eu e inscreve a vida humana no infinito; que nos diz que nascemos para amar e ser amados e que todos nós, do mais humilde ao mais rico, temos valor infinito e incondicional; e que nos ensina a servir uns aos outros e a viver com base em um código moral fundado no respeito pelo próximo, por nós mesmos e pelo Deus que nos criou. Deus reafirma a noção de consciência que sua filha tem. Ele confere força e confiança a ela quando ela mais precisa.

Quase todos os pais que conheci nos últimos dez anos se mostraram preocupados com o mundo em que as filhas vivem e com as más influências a que estão submetidas. Poucos pais, entretanto, sabem como ajudá-las. Enquanto aceitarem os ditames da cultura popular e virem a vida segundo essa perspectiva, serão incapazes de oferecer ajuda, pois não conseguirão explicar às filhas por que sexo casual é ruim, por que consumir pornografia faz mal e por que elas não precisam ficar tão ansiosas com relação à vida em geral.

A única forma de ajudar nossas filhas é ensinando-as a ver a vida a partir da perspectiva de Deus, que é a perspectiva do amor perfeito. Esse amor faz com que não haja razão para ter medo, serve como escudo contra aqueles que querem degradar a sexualidade e a humanidade dela e serve como inspiração para adotarmos um compromisso verdadeiro com a família e com Deus.

A experiência da paz

O apóstolo Paulo nos dá o seguinte conselho: *Não vos inquieteis com nada! Em todas as circunstâncias, apresentai a Deus as vossas preocupações, mediante a oração, as súplicas e a ação de graças* (Fl 4, 6). Toda garota que luta contra a ansiedade precisa ouvir isso.

Depois do amor, é a paz o que as pessoas mais desejam; só que elas sabem onde encontrá-la. A ansiedade é um fator decisivo no caminho que leva ao alcoolismo, às drogas e ao sofrimento causado pelos transtornos alimentares. Aqueles que buscam a paz nos lugares errados frequentemente o fazem porque duvidam da existência de Deus, ou então porque duvidam de que Deus se importa com eles. Encontrar a paz de Deus requer confiança, fé e a disposição para buscá-Lo por meio da oração.

A maior demonstração de paz que já testemunhei veio da família de Renée. No dia em que dei início ao meu estágio em pediatria, Renée — uma garota de oito anos — me foi designada como paciente. Ela havia caído em uma piscina e se afogado. Depois de ficar de cinco a dez minutos na água, finalmente a viram e tiraram da piscina.

Depois de dias na UTI, a menina foi transferida para o andar em que eu estava trabalhando. Quando a vi pela primeira vez, ela estava deitada de costas, tendo os olhos fechados. Estava em coma. Uma jovem sentada ao lado dela e que segurava-lhe a mão disse:

— Ela está assim desde o acidente.

Eu me apresentei e afirmei:

— Vou cuidar de Renée pelos próximos dois meses. Você é a mãe?

— Ah, não. Sou Louise, tia dela. Fico aqui para os pais poderem descansar.

Conheci os pais de Renée naquela mesma noite e fiquei espantada ao ver como estavam calmos.

Semana após semana, o pai, a mãe, a tia e outros familiares

Fundamente a fé em Deus

e amigos de Renée se mantinham ali, em vigília. Lembro de dizer a um colega, em tom de queixa: «Eles realmente acham que a Renée vai se recuperar. Alguém precisa dizer a eles que isso não vai acontecer. Ninguém tem como saber o estado em que se encontra o cérebro dela. Já tem um mês que ela não faz uma ressonância magnética».

Dias depois, entrei no quarto de Renée e disse aos pais: «Precisamos conversar sobre a Renée. Receio que ela não vá melhorar. Estatisticamente, uma paciente com uma lesão desse nível e que fica tanto tempo sem dar sinais de melhora pode jamais se recuperar».

Aparentemente, minhas palavras não abalaram a calma dos pais; a mãe de Renée até pareceu sorrir, como se nos agradecesse por tudo o que vínhamos fazendo. Confesso ter achado que estavam delirando e que não tinham condições de lidar com a verdade.

Todos os dias, verificava o estado de saúde de Renée para garantir que estivesse bem nutrida e que os sinais vitais permanecessem estáveis. Sempre que eu entrava no quarto, havia três ou quatro pessoas ao lado da cama.

Tentei falar com os pais novamente, com a intenção de prepará-los para o pior. Mas não tive sucesso; eles continuavam se negando a acreditar em mim. Fui, então, falar com meu superior na equipe dos residentes:

— Você e eu sabemos que a menina não vai se recuperar, mas os pais e os outros parentes dela não aceitam.

— Eu sei. Tenho observado isso. É estranho que pareçam não entender. Mas a mãe dela e os outros visitantes estão rezando por ela.

Fui transferida por dois meses para o andar da cirurgia; em seguida, para o andar da oncologia, e fiquei ali por mais dois meses. Certo dia, fui almoçar com uma amiga que trabalhava no andar em que Renée estava internada. E fiz uma pergunta cuja resposta eu temia: Renée já havia morrido?

— Se ela morreu? Não! Está acordada, almoçando no quarto.

— Não é possível que ela esteja acordada, quanto mais comendo!

— Ah, mas está. Vá lá e veja com seus próprios olhos.

Foi o que fiz. Renée estava sentada na cama, e seus pais seguravam-lhe as mãos. Ela não conseguia falar, mas conseguia balançar a cabeça e sorrir.

— Olá — falei. — Não sei se vocês se lembram de mim.

— Dra. Meeker, é claro que lembramos! Como estão as coisas na nova função?

— Desculpem-me por ter dito a vocês que a recuperação da Renée era impossível. Mas é que... isso é tão raro!

A mãe de Renée então respondeu:

— Dra. Meeker, somos pessoas de fé. Sabemos que não podemos curar nossa filha. Mas também sabemos que Deus pode. Por isso nós rezamos. Na oração, encontramos conforto, proximidade com Deus e esperança. A senhora entende o que estou falando?

— Você acreditava que Deus curaria Renée se você rezasse o suficiente?

A resposta dela me surpreendeu:

— Não necessariamente. Deus tem o plano dEle, que pode ser diferente do nosso. Mas como Ele é bondoso, tudo vai ficar bem, não importa o que aconteça.

Vários meses se passaram. Certo dia, passei pelo andar de Renée e decidi vê-la, mas ela não estava lá. Fui até a enfermaria e perguntei se havia sido transferida para outro hospital.

— Ah, não, dra. Meeker. Ela foi para casa.

— Foi para casa?

— Sim. Assim que voltou a andar, a falar e a comer melhor sozinha, recebeu alta.

Sentia-me como se tivesse testemunhado um milagre. Já vi muitos pais rezarem pela cura de uma pessoa próxima, e eu mesma já rezei muitas vezes pelo mesmo motivo. Em algumas ocasiões, a pessoa se curou; em outras, não.

Eu não sei qual é a vontade de Deus, nem sei ao certo como funcionam as orações. Mas de uma coisa tenho certeza: vi Deus dar uma paz extraordinária aos pais de Renée. Eles não eram apenas educados: tinham serenidade. Estavam calmos e confiantes porque tinham fé em um Deus bondoso e amoroso. E acredito que a cura de Renée foi um milagre.

Meses depois, encontrei por acaso a mãe da menina. Ela me relatou que a filha continuava se recuperando, e me disse ainda o seguinte: uma coisa é ter fé e conhecer a Deus; outra é segui-Lo. Depois, comentou algo de que jamais vou me esquecer: «Dra. Meeker, na sua profissão, você terá contato com muitas crianças. Quando olhar para elas, verá a imagem de Deus refletida em cada traço».

E eu vi. De fato, em trinta anos de pediatria, jamais conheci uma criança de quem não gostasse. Já trabalhei com adolescentes bem difíceis. Mas, quanto mais desagradáveis, mais claramente eu via uma criancinha encolhida em seu interior, pedindo ajuda.

A mãe de Renée me incentivou a levar a fé mais a sério, e eu fiz o que ela sugeriu. Comecei a ir à igreja regularmente — algo que tinha parado de fazer porque estivera sempre «muito ocupada». Aprendi a tentar conhecer a vontade de Deus para a minha vida todos os dias, a me submeter àquela vontade e a fazer o que Deus me pedia. Descobri que tudo isso funciona.

A paz que a mãe de Renée tinha era real e baseada em uma fé profunda — e não em algo falso no qual ela se forçara a acreditar. Pude perceber que aquela paz era uma coisa que Deus *dava* para ela. Não se trata de algo que vem fácil, tampouco por acaso. Precisamos buscá-la em Deus. Isso significa que precisamos pedir isso a Ele. Conheço a dor de perder alguém e sei que a paz e a esperança vêm de um Deus transcendente e misericordioso.

O que os pais podem fazer?

Talvez você pense: «Pode ser que a fé funcione para alguns pais, mas você não tem ideia do que ando enfrentando». Ou talvez você seja um cético e diga: «Você só pode estar brincando. Eu não acredito na Bíblia, nem em Deus, nem em orações. O que um pai ou mãe como eu deve fazer?».

A isso eu responderia o seguinte: «Confie em mim. Não nos conhecemos, mas já estive com milhares de pais e mães ao longo de trinta anos de carreira, e um deles era exatamente como você. Você pode ser o evangélico que está nervoso porque suas preces não foram atendidas da maneira como você esperava; o ateu que considera irrelevante qualquer conversa sobre fé; o agnóstico que se sente exausto e mal consegue pôr as crianças para dormir no horário — que dirá ensinar-lhes alguma coisa sobre Deus; o teísta que acredita em Deus, mas acha que Ele é essencialmente incognoscível e não se interessa por nós. Sei também quem são os seus filhos — as crianças e os adolescentes, os que se comportam bem e os que são mais levados. Conheço os seus desafios e sei o que funciona e o que não funciona com as crianças».

A boa notícia é que, quaisquer que sejam nossas crenças, todos nós, pais bons e dedicados, queremos certas coisas para nossas filhas.

Em primeiro lugar, *queremos que nossas filhas tenham uma vida feliz*. Dinheiro, fama e sucesso têm seus benefícios, mas não são a fonte da felicidade. Tenha isso em mente enquanto estiver criando sua filha. Não há razão para forçá-la a se envolver em um ciclo infindável de disputas (acadêmicas e esportivas, por exemplo). Um dos maiores erros que os pais cometem é imaginar que os filhos os odiarão caso não sejam incentivados a alcançar a excelência em certas atividades. Isso é o oposto do que acontece na vida real: as crianças com pais mais exigentes frequentemente são aquelas que se sentem esgotadas e que ficam ressentidas. Seus filhos só precisam do seu amor e da sua orientação paciente. Para muitos, o principal exemplo disso vem de Deus, verdadeira fonte de toda a felicidade verdadeira.

Em segundo lugar, queremos que nossas filhas não se metam em encrencas. Não queremos ver nossas filhas grávidas aos dezesseis anos, saindo com os amigos errados, fumando, usando drogas ou sendo expulsas da escola por mau desempenho. O fato é que Deus ajuda as crianças a melhorar. Essa é uma verdade respaldada pelos dados e pela minha experiência como pediatra (e mãe de quatro filhos): as crianças que têm muita fé em Deus apresentam menos chances de causar mal a si mesmas e aos outros. Deus faz bem para as crianças.

Em terceiro lugar, *queremos que nossas filhas sejam bem--sucedidas*. O segredo está em definir a palavra «sucesso» da maneira correta e ser sincero consigo mesmo. Você está ajudando sua filha a alcançar um objetivo que é importante para ela? Ou a está incentivando a alcançar um objetivo importante para você e que vai fazer com que *você* se sinta um pai bem--sucedido? Mais importante: você está dando a entender que a felicidade, e até a identidade, dela dependem do sucesso? É aí que muitos pais se complicam. O sucesso não é um automóvel que sua filha pode guiar até chegar à felicidade; ele não costuma conduzir até lá. O primeiro passo para que sua filha seja feliz e bem-sucedida é ser a melhor pessoa possível — uma pessoa de caráter e capaz de ter compaixão pelos outros. A fé em um Deus amoroso pode ajudá-la a chegar nesse ponto. Pode ajudá-la a encontrar um propósito e uma vocação na vida — seja como presidente de uma grande empresa, como enfermeira, como mãe, como dona de casa... O verdadeiro sucesso e a verdadeira felicidade acontecem quando fazemos aquilo que acreditamos ter nascido para fazer.

Em quarto lugar, *queremos que nossas filhas tenham bons hábitos morais*. Se elas não conhecem a Deus, essa é uma tarefa difícil. Você pode ensinar à sua filha que ela é capaz de encontrar seus próprios parâmetros morais (o que pode levá-la a adotar os parâmetros dos colegas e amigos) ou que ela deve seguir os seus. Sabemos, afinal, que a pergunta favorita de toda criança é: «Por quê?», e por isso, se sua moral não tem como fundamento uma autoridade superior, é possível que ela simplesmente crie parâmetros novos. Por outro lado, você pode recorrer a Deus. Já acompanhei o crescimento de milhares de garotas, já vi crianças ótimas que vinham de lares ruins e crianças mal-educadas que vinham de bons lares. Já vi garotas de origem privilegiada que mergulharam fundo na depressão e garotas vindas de contextos difíceis que acabaram se saindo bem na vida. Posso dizer com tranquilidade que as garotas que têm fé religiosa são aquelas com mais chances de cultivar uma boa relação com os pais, de ter mais confiança em si mesmas e de olhar para o futuro com esperança.

Cinco maneiras de ensinar sua filha a ter fé

Em seu brilhante livro *Pensamentos*, Blaise Pascal escreve que há três tipos de pessoas no mundo: aquelas que, tendo encontrado a Deus, dedicam-se a servi-lO; aquelas que se dedicam à busca de Deus, sem ainda tê-lO encontrado; e as demais, que ainda não O encontraram, mas que também não O buscam. A terceira categoria constitui um ambiente de ignorância ou rejeição. A segunda, dadas as fraquezas humanas, pode ser uma busca eterna. A primeira, por fim, é aquela que vai permitir que sua filha viva com os pés no chão e tenha forças para encarar o que vem pela frente.

1. Faça uma reflexão sobre a sua fé

Deus pode fazer coisas fantásticas na vida das crianças. Já vi isso acontecer, e muitas crianças também já o fizeram. Tive pacientes que já me contaram ter visto anjos — não, eles não estavam sob efeito de morfina —, e sei que, para muitas garotas, Deus é mais bondoso, mais gentil e mais esperto do que todas as outras pessoas. Elas acreditam que podem conversar com Ele por meio da oração naqueles momentos em que não querem falar com mais ninguém. Deus dá às nossas filhas algo real e verdadeiro ao qual elas podem se agarrar — algo que, por meio da fé, elas podem cultivar para sempre.

É muito mais fácil falar com sua filha sobre Deus se você sabe quem Ele é. Pelo que pude notar até hoje, aqueles que buscam a Deus de maneira sincera conseguem encontrá-lo. Certamente é assim que as coisas funcionam entre as crianças. A fé delas é instintiva, e, quando buscam a Deus, elas o fazem de maneira sincera. Diferentemente de nós, elas não hesitam, não duvidam e não alimentam desconfianças. Por isso, faça uma reflexão sobre a sua fé. É possível que sua filha esteja até mais adiantada do que você no que diz respeito à busca de Deus. Mas, com o passar do tempo, os princípios fundamentais dela provavelmente serão os mesmos que os seus.

Se você já tem uma fé sólida, gostaria de lhe fazer uma pergunta: você vive essa fé de modo que sua filha possa vê-la? Ter uma fé sólida é um dom maravilhoso, mas não vivê-la de maneira integral pode fazer que nossas filhas se tornem amargas e cínicas, pois elas percebem que estamos sendo hipócritas e fazendo as coisas pela metade. A forma como sua filha vê Deus depende amplamente de como ela vê você (especialmente se você for o pai). Por isso, esteja sempre atento.

2. Pratique a sua fé

Lembre-se: a ideia não é dissimular um comportamento falso diante de sua filha. Se você é uma pessoa cética, diga isso a ela. Não finja, pois não vai funcionar. As garotas têm uma habilidade desconcertante de ler as atitudes dos pais. Três minutos depois de você entrar na sala, elas já sabem como está o seu humor. Se você tem fé e quer dar um bom exemplo à sua filha, o melhor a fazer é ler, estudar, rezar e pedir a ajuda de Deus.

Os pais frequentemente reclamam que os filhos são legais com os outros, mas não com eles. Os filhos, por sua vez, dizem o mesmo: que os pais são legais com os outros adultos, mas ficam frustrados e bravos com eles. A vida é estressante, e todos temos nossas fraquezas. Mas, se admitirmos essas fraquezas, podemos mudá-las. Se você se der conta de que é uma pessoa irritadiça, nervosa e de temperamento forte, peça a ajuda de Deus para que Ele o torne mais gentil e paciente. Alguns pais já me disseram ter feito isso. Eles rezaram bastante, de maneira sincera e com os joelhos no chão, e tiveram suas preces atendidas.

Certa vez, Abby, paciente minha, me contou de uma mudança que observara em sua mãe. No passado, ela raramente parava em casa. E, quando estava em casa, as duas brigavam tanto que, por volta dos catorze anos de idade, Abby manifestou para mim a vontade de ir morar com a avó ou a tia em vez de continuar com a mãe. Elas discutiam por causa dos trabalhos escolares, dos amigos, da frequência com que ela usava o telefone e do horário em que precisava ir para cama. Abby não se lembrava de nenhum bom momento que as duas tivessem vivido juntas e achava que a mãe era uma cristã hipócrita. «Ela dedica mais tempo aos estudos bíblicos do que a mim. Aos olhos dela, não sou importante. Aposto que age como se fosse a pessoa mais legal do mundo quando encontra as amigas.»

Certo dia, a mãe de Abby chegou da igreja e disse que havia decidido participar de uma missão junto com uma amiga. As duas iriam passar uma semana fazendo trabalho voluntário em um orfanato na Guatemala. Ela perguntou se Abby queria ir junto, ao que a filha respondeu: «De jeito nenhum, mãe. Seria uma tortura passar uma semana viajando com você e suas amigas».

Passadas algumas semanas, ainda antes da viagem, Abby viu fotos das crianças que viviam no orfanato. Sentiu compaixão delas e, depois de alguns dias, perguntou à mãe se ainda podia participar da missão. A resposta foi sim.

Na volta, encontrei novamente com Abby, que parecia mais confiante, mais feliz, fazendo mais contato visual comigo do que antes.

Perguntei:

— Como foi na Guatemala?

— Foi ótimo. As crianças eram terrivelmente pobres, mas ficaram felizes em nos ver. Nós só precisávamos segurá-las nos braços, fazer-lhes companhia e brincar com elas.

— Como foi passar uma semana com a sua mãe?

— No início eu estava brava. Achei que a intenção dela era parecer boazinha na frente dos amigos. Mas vi um novo lado da minha mãe durante a viagem. Ela parecia muito dedicada e devota. Estava sempre calma, sorria muito e sempre me perguntava como tinha sido meu dia. Eu nunca havia passado tanto tempo com ela, e nos falamos mais do que em qualquer outra ocasião.

— O que você aprendeu na viagem?

— Sobre o quê?

— Sobre si mesma, sobre sua mãe.

— Bom, aprendi que consigo fazer mais do que achava que conseguia. E pode parecer estranho, mas me senti bem, como se tivesse me tornado uma pessoa melhor mesmo.

— E sua mãe? Vocês se deram bem?

— Sabe, dra. Meeker, essa foi a parte mais incrível da viagem. Nós nos demos bem. Quanto mais tempo passávamos juntas, melhor foi ficando nossa relação. Lá era tudo muito difícil. A comida era horrível. Nós dormíamos no chão de um ginásio esportivo. Tivemos de viajar horas em um ônibus sujo. Mas nos divertimos muito. E vi que a fé dela era real — se não fosse, não teria sido capaz de fazer tudo aquilo. Entende o que quero dizer?

— Deixe-me fazer mais uma pergunta. Ter viajado mudou sua fé?

— Sim, mudou. Sei que parece estranho, mas acho que realmente vi Deus. Quer dizer, não no Céu, nem do meu lado, mas alguma coisa me fez sentir que Ele é real e se importa com todos nós... Até mesmo comigo.

As crianças *escutam* as nossas palavras, mas só são tocadas quando nos veem *vivê-las*. Foi isso que Abby viu em sua mãe naquela viagem — e a experiência a transformou profundamente.

3. Ajude sua filha a buscar a Deus

Os jovens buscam a Deus, e nós devemos incentivar essa busca lendo-lhes histórias bíblicas em edições especiais para crianças, e também estando preparados para responder às perguntas que possam fazer. A Bíblia é um livro sério, e a compreensão de alguns de seus trechos demanda maturidade. Outras histórias, como *As crônicas de Nárnia*, conseguem ensinar a fé e suas virtudes por meio de símbolos que as crianças entendem com facilidade.

À medida que seus filhos crescerem, você pode ler os Evangelhos junto com eles. Minha recomendação pessoal é o Evangelho de João. Você também pode ler livros de apologética e livros cristãos de autoajuda. A melhor fé é a fé bem informada.

4. Reze com ela

Muitos pais e mães ficam cheios de escrúpulos na hora de rezar com as filhas. A verdade é que a maioria das garotas — sobretudo as mais jovens — adora rezar junto com os pais. Tenho duas netas de dois anos de idade (irmãs gêmeas) que não nos deixam esquecer de fazer uma prece antes das refeições.

A oração une as famílias de várias maneiras. Uma das mais

Fundamente a fé em Deus

óbvias é quando os familiares se unem para rezar antes das refeições. Mesmo que o dia tenha sido difícil, aquele momento de união e contato humano por meio da oração pode fazer uma enorme diferença. Rezar com seus filhos é uma das melhores maneiras de se aproximar deles.

Ao rezar com sua filha, ensine a ela que Deus está sempre disponível para ouvi-la por meio da oração. Ele é bondoso, importa-se com ela e pode ajudá-la. Se já é mais velha e não faz as orações com você, reze por ela sozinho, mas lhe *diga* que você está orando por ela. Pergunte-lhe se ela quer que você reze por alguma intenção específica. Não se surpreenda se, depois de algum tempo, ela pedir para rezar com você.

Já quis que muitos dos meus pacientes soubessem que podem se agarrar a Deus quando precisam de apoio. Muitos adolescentes problemáticos acham que ninguém os vê nem liga para eles, que não há quem lhes dê ouvidos e os ame. Já perguntei a alguns: «Diga-me: quem na sua vida o ama?». Infelizmente muitos me lançaram um olhar vazio como resposta. «Bem, talvez minha mãe, mas não tenho certeza. Além dela, acho que mais ninguém.»

O amor é o fundamento de uma vida boa, e, quando o amor não faz parte da vida de uma garota, ela sente que não tem vida. Às vezes, uma menina problemática tem dificuldade para compreender que Deus a ama porque a experiência dela é a de não ser amada por ninguém. Garotas assim precisam saber que sempre podem recorrer a Deus. Ele sempre está lá, sempre as ama, e elas sempre podem conversar com Ele por meio da oração.

A oração dá à sua filha uma oportunidade para se abrir. É difícil rezar e esconder coisas de Deus. Como, invariavelmente, Deus sabe o que está acontecendo, muitas garotas se sentem livres para tratar ali de assuntos sobre os quais jamais falariam com os amigos ou com você. Garotas precisam verbalizar seus sentimentos — a incapacidade de fazê-lo frequentemente é sintoma de depressão —, e a oração permite que elas tenham a oportunidade de falar sobre o que sentem. A oração é uma maneira de todas as garotas (com problemas ou não) levarem suas preocupações a Deus. E elas também podem levar a Ele a felicidade que sentem — algo que serve de incentivo à gratidão e ao apreço. A oração aproxima as garotas de Deus. Ele pode tocar o coração delas e inspirá-las com esperança e orientação. Não sou nenhuma especialista em oração, mas já vi tantas garotas mudarem da água para o vinho depois de começarem a rezar que passei a ter um respeito muito solene por esses momentos. Se você é tímido demais para rezar, ou se acha que não sabe por onde começar, meu conselho é: apenas comece. Se, ao terminar este livro, você seguir apenas esse conselho, garanto que não vai se arrepender.

5. Ensine-a a conhecer Deus

Você pode usar o Novo Testamento como guia. Nele, lemos que Deus se fez carne e nos mostrou diretamente quem é. Ele é a paz. Ele é o amor. Ele é a misericórdia. Ele é o perdão. Ele é a cura. Ele é a alegria. E Ele é o autossacrifício. Ao vivermos uma vida de amor, fé, compaixão e serviço, estamos seguindo a Deus. Também o conhecimento é uma questão central — buscar compreender quem é Deus e transmitir esse conhecimento à nossa família. Você não precisa ter passado pelo seminário para fazer isso. Deus está disponível a todos, não só para os acadêmicos. Leia a tradução da Bíblia de sua preferência. Se quiser, comece pelo fim — isto é, pelo Novo Testamento, que é mais acessível. Em seguida, leia o Antigo Testamento e repare como ele se cumpre de maneira extraordinária no Novo.

Pelo que pude observar, cada pai, mãe e filha precisa de Deus, e a oração é o caminho para encontrá-lo. Se você der à sua filha o dom da fé, ter-lhe-á dado o maior de todos os dons — um dom que protegerá a saúde e a alegria dela no futuro.

CAPÍTULO 9

Ajude-a a desenvolver uma sexualidade saudável

No dia em que conheci Lilly, fiquei encantada na hora. Não sei se foram seus cabelos ruivos e encaracolados, as sardas em seu rosto ou seu comportamento tímido. Embora eu nunca tenha conhecido uma criança da qual não tenha gostado, há alguns pacientes que levaria para casa se pudesse. Lilly era uma delas. Quando terminei de examiná-la (ela precisava apresentar um atestado médico para começar a segunda série), sua mãe me pediu conselhos sobre alguns problemas de sono que a filha vinha enfrentando.

Lilly era a mais velha de três irmãs. Os pais dela haviam se divorciado quando ela tinha oito anos, pouco depois que a vi pela primeira vez. O pai se mudara para longe, e ela praticamente não o via. Quando perguntei a Lilly sobre ele, a mãe imediatamente me interrompeu, dizendo:

— Não, não, não. Nós não falamos sobre ele. Ele se meteu em encrencas com a polícia e saiu de casa.

Em seguida, sem que Lilly visse, ela balançou a cabeça num gesto de lamento, indicando que alguma coisa terrível tinha acontecido com o pai. Lilly ficava sempre muito quieta e reticente; quando eu lhe fazia perguntas, quem respondia era a mãe. Muitas mães fazem isso porque ficam envergonhadas quando os filhos não dizem nada ou porque querem ganhar tempo. Por isso, de início não dei muita atenção àquilo.

Depois dessa primeira visita, passei a ver Lilly anualmente até ela completar 21 anos de idade. Pude assistir de camarote ao seu crescimento. Esse é um dos privilégios de ser pediatra, mas o exercício da profissão também exige que eu assuma certas responsabilidades. Uma delas vem do fato de as crianças confiarem a mim suas maiores dores, confusões e dúvidas.

Quando Lilly foi fazer o exame médico da quinta série, percebi que tinha engordado bastante. A mãe não conseguia entender o porquê, mas a menina não parecia preocupada. Nenhuma das duas tinha notado alterações relacionadas à dieta, ao apetite ou à rotina de exercícios de Lilly. Mas a mãe estava preocupada porque os problemas de sono dela tinham piorado. Ao investigar um pouco o assunto, notei que Lilly desenvolvera o hábito de comer em grandes quantidades tarde da noite. Depois de terminar a lição de casa, ela se permitia comer um sorvete, um pacote de Cheetos — enfim, qualquer guloseima disponível na casa. Falei para Lilly que, embora não devêssemos dar muita atenção aos números que aparecem no visor balança (pois é mais importante crescer tendo força mental e corporal), comer demais à noite provavelmente não estava lhe fazendo muito bem, e ela dormiria melhor se mudasse esse comportamento.

No entanto, quando Lilly chegou à oitava série, o ganho de peso já havia se tornado um problema grave. Cada vez que questiono uma garota sobre seus hábitos alimentares, sempre procuro formular as perguntas de maneira muito cautelosa, pois não quero que fiquem inseguras ou que comecem uma dieta radical. Em vez de abordar diretamente a questão do peso, perguntei a Lilly como estavam as coisas. Para a maioria das garotas, o ganho excessivo de peso (ou o emagrecimento por meio de dietas radicais) é desencadeado por um problema de fundo emocional. Lilly me disse que já não gostava de ir à escola, pois ficava chateada quando os colegas faziam comentários sobre sua aparência e peso. Ela mal podia esperar para começar a ter aulas em casa.

Durante essa consulta, Lilly falou a maior parte do tempo, enquanto a mãe ficou em silêncio. No fim do exame, no entanto, a mãe me disse que também estava enfrentando dificuldades. Sua psiquiatra recentemente lhe havia passado um diagnóstico de transtorno bipolar, e ela estava preocupada porque achava que esse problema poderia ter afetado Lilly. De repente, declarou:

— Dra. Meeker, nós achamos que Lilly é gay.

E ficou me observando para ver qual seria a minha reação.

Não fiz nenhum comentário sobre o assunto, mas disse a ela que queria ver Lilly novamente em seis meses. Em seguida, olhei para Lilly e disse:

— Quero acompanhar o seu sono, suas mudanças de humor e seus trabalhos escolares. Não há problema em você estudar em casa, mas, como sua mãe trabalha o dia todo, não quero que você se sinta isolada ou sozinha. Por isso, voltamos a nos ver daqui a seis meses para monitorar seus avanços.

Lilly voltou seis meses depois, conforme o combinado. Havia perdido peso, mas não comecei a conversa por aí.

— Como estão as coisas?

— Ah, acho que tudo bem.

— E os deveres de casa, como vão?

— Bom, como você disse, tenho passado mesmo muito tempo sozinha, e não gosto de sair de casa. Fico meio ansiosa quando preciso sair.

Perguntei sobre os amigos, se elas os visitava.

— Tenho alguns amigos próximos, mas geralmente são eles que me visitam.

— Você tem praticado esportes? Tem feito exercícios?

— Não. Como eu disse, não gosto de sair de casa.

Depois de uma hora conversando com mãe e filha, descobri que Lilly havia começado a fazer dieta de um jeito nada saudável. Também estava mais retraída, ansiosa e depressiva, além de se comportar como se fosse mãe ou pai das irmãs mais novas (o que deixava a mãe muito incomodada).

Em seguida, Lilly me pediu para conversarmos a sós. Disse-me que estava preocupada com a doença da mãe, com as irmãs, com a própria saúde emocional, com a sensação de estar sozinha e com toda a confusão envolvendo sua sexualidade.

— Eu sei que sou gay, dra. Meeker, mas o estranho é que não me sinto à vontade quando converso com outras garotas. Não fico mais interagindo nas redes sociais, e só me sinto à vontade quando converso com meus amigos homens. Não é estranho? O que há de errado comigo?

— Não vamos nos preocupar com isso agora. No momento, precisamos dar atenção à sua saúde emocional e física.

— Eu sei, mas meus amigos dizem que, se eu for gay mesmo, devo conversar com outras garotas, começar a sair com elas, essas coisas.

— Seus amigos estão errados. Você tem treze anos e não deveria sentir nenhuma pressão para sair com ninguém.

Quando estava começando o ensino médio, Lilly foi ao meu consultório novamente, desta vez sozinha. Mal a reconheci. Havia raspado o cabelo de um dos lados da cabeça e tingido o outro de rosa. Mas a mudança que mais me chamou a atenção foi o peso. Ela havia perdido nada menos que trinta quilos e estava assustadoramente magra. Quando entrei na sala de exame, fiz o possível para não demonstrar minha preocupação e meu choque. Ao me ver, a garota sorriu timidamente e foi logo dizendo que a ansiedade tinha piorado. Mas o que ela queria mesmo era falar sobre ser gay. Perguntei os motivos que a faziam sentir-se ansiosa, e ela me disse que tudo seria mais fácil se os amigos a aceitassem como ela era. Ocorre que Lilly não estava sofrendo *bullying*, raramente entrava nas redes sociais, ainda estava tendo aulas em casa e praticamente não saía. Assim, fiz a pergunta que me pareceu mais óbvia:

— Quem não aceita você?

— Ninguém. Se as pessoas me aceitassem como sou, tudo seria melhor. Quer dizer, minha mãe me aceita, mas às vezes minhas irmãs me olham como se eu fosse uma estranha.

— Quem mais não te aceita?

— Ah, ninguém me aceita. Não vejo meus amigos com muita frequência, só mesmo a Mary e o Anthony, que são os mais próximos.

— E como eles a tratam?

— Eles são legais comigo...

Ao dizer isso, Lilly ficou quieta. Sempre que eu mudava de assunto e abordava questões de saúde física (como o emagrecimento) ou emocional (como depressão e ansiedade), ela dava um jeito de voltar a falar sobre sexualidade, e reiterava:

— Se as pessoas aceitassem o fato de eu ser gay, minha vida seria muito melhor.

— Bem, talvez isso seja verdade, mas talvez não. Sua depressão e sua fobia social podem não ter nada a ver com a sua sexualidade.

Mas ela insistia nessa relação, e a conversa acabou não avançando.

Quando vi Lilly novamente, tinha tirado carteira de motorista e estava planejando uma viagem de carro para visitar o pai, que morava a 650 quilômetros de distância. Contou-me que estava casada e que ela e a esposa tinham duas filhas. De repente, Lilly ficou pálida e deixou de fazer contato visual comigo. Fiquei em silêncio.

— Há algo de errado comigo, dra. Meeker, e tenho muita vergonha de falar sobre o assunto.

Tinha certeza de que sabia o que era, mas não perguntei. Em vez disso, esperei que ela mesma dissesse.

— Primeiro, meu pai foi preso. Depois, foi acusado de cometer abuso sexual contra crianças. Achávamos que ele acessava pornografia infantil. Pelo menos foi isso o que minha mãe contou.

Ela não quer que eu vá vê-lo, mas preciso ir. O problema é que tenho todos esses sentimentos esquisitos.

— Você consegue descrever esses sentimentos?

— Talvez, mas não quero.

— Você não precisa descrevê-los, mas acho que, se falar sobre eles, vai se sentir melhor.

Ela ficou em silêncio. As palavras pareciam não lhe sair da boca. Então arrisquei:

— Lilly, você tem algum desejo sexual pelo seu pai?

Ela desabou em lágrimas e ficou chorando por minutos antes de me dizer:

— Isso é uma doença. *Eu sou doente*. O que há de *errado* comigo? Eu sequer o conheço. Mal me lembro dele.

Tentei explicar a ela que crianças cujos pais haviam cometido delitos sexuais às vezes se sentiam assim e que esse desejo não era efetivamente sexual, mas apenas uma vontade distorcida de ser amada pelo pai.

A parte positiva dessa vontade não chegou a se concretizar, uma vez que a tentativa de Lilly de se reconectar com o pai não deu certo — ele disse que não tinha interesse em manter contato. Ao mesmo tempo, o peso dela foi se estabilizando, mas ela continuou confusa sobre a própria sexualidade.

Aos dezenove anos, Lilly me disse que talvez fosse bissexual.

Perguntei se ela vinha saindo com outras pessoas.

— Na verdade, não. Falo com muita gente pela internet. Já tive relações sexuais com homens e mulheres, mas nunca um relacionamento de fato. Parece que não consigo confiar em ninguém o bastante para ter um relacionamento próximo, entende?

— Entendo, sim, Lilly. Você lutou contra a depressão e a ansiedade, tem um relacionamento confuso e dolorido com o seu pai e tem dúvidas quanto à sua sexualidade. Ser sexualmente ativa, no entanto, não vai resolver nenhum desses problemas — pode até piorá-los. Coloque o sexo em banho-maria. Minha maior preocupação é você não conseguir se aproximar de ninguém.

Queria que você se empenhasse em fortalecer sua confiança e que trabalhasse mais essa intimidade no âmbito das amizades próximas. Você se preocupou tanto em definir sua identidade sexual que acabou perdendo de vista suas necessidades mais importantes, seu eu mais profundo. A amizade a ajudará a descobrir quem você é.

Lilly sorriu, como se estivesse aliviada.

— É, acho que faz sentido.

Embora ainda tenha um longa jornada pela frente, Lilly está começando a encontrar o caminho que a leva de volta ao verdadeiro eu, àquela garotinha inocente que havia entrado em minha vida dez anos antes.

O desenvolvimento de uma sexualidade saudável

Pelo que tenho observado nos últimos trinta anos, a história de Lilly não é um ponto fora da curva. Vivemos em uma época muito confusa para as crianças e os adolescentes. No afã de sexualizar os mais jovens, nossa cultura acabou por prejudicar seu desenvolvimento psicológico, sexual, emocional e mental. A partir da segunda série as crianças começam a ouvir falar sobre sexo, identidade sexual e identidade de gênero. Quando entram na pré-adolescência, têm contato com uma ideia que passa a ter um papel decisivo e basilar: a de que a sexualidade é a parte mais importante da identidade, capaz de definir quem elas são.

O problema é que isso não é verdade. A parte mais importante da nossa identidade está em que somos seres humanos com valor inato. A insistência em sexualizar as crianças tem servido para obscurecer o significado de um desenvolvimento saudável, a complexidade da discussão sobre identidade e o fato de que forçar crianças a tomar decisões sobre questões «identitárias» (num momento em que boa parte da autoconsciência delas ainda está em formação) frequentemente leva a resultados pouco saudáveis.

Como sua filha se desenvolve do ponto de vista cognitivo e psicológico

De Jean Piaget a D. W. Winnicott, pediatras e psicólogos de várias escolas delinearam os estágios de desenvolvimento psicológico pelos quais passam as crianças. Quando se trata de compreender sua filha, os oito estágios de desenvolvimento identificados por Erik Erikson são particularmente importantes. Não por acaso, mais da metade dos estágios (os cinco primeiros) vai do nascimento à adolescência. O primeiro diz respeito à capacidade que a criança tem de confiar e desconfiar — capacidade essa que está fortemente ligada à afeição materna e ao cuidado que a criança recebe do momento em que nasce até os dois anos de idade. O segundo estágio, que vai dos dois aos quatro anos, gira em torno do conflito que opõe a autonomia à vergonha e à dúvida. Aqui, a criança aprende a fazer as coisas por si mesma e ganha confiança (ou fracassa e é punida, o que pode levar a uma baixa autoestima). O terceiro estágio vai dos quatro aos sete anos e amplia o alcance do segundo; o foco passa a ser a oposição entre as iniciativas bem-sucedidas e o sentimento de culpa que domina a criança quando ela sente que não está conseguindo se virar sozinha. O quarto — dos sete aos doze anos — está relacionado com a capacidade de ação *versus* a inferioridade e surge quando a criança começa a comparar suas conquistas com as de outra (em especial os colegas de escola). O quinto estágio, que vai dos doze aos dezoito anos, envolve a confusão entre identidade e papéis sociais (seguida, no início da fase adulta, pelo estágio que opõe intimidade e isolamento). O sexto estágio deve soar familiar a todos os pais de adolescentes. Nessa fase, sua filha começa a expandir os horizontes para definir quem ela é como indivíduo que em algum momento vai se separar dos pais. Cada estágio é um desdobramento do anterior; os problemas de um estágio afetam os seguintes, e o processo de desenvolvimento abarca cada aspecto do indivíduo, incluindo elementos físicos, mentais, emocionais e espirituais. Nenhum desses aspectos existe isoladamente. Como pediatra, já tive inúmeras oportunidades de perceber que mente, matéria e espírito estão conectados. Quando, por exemplo, observo os resultados físicos dos transtornos alimentares, sei que são quase sempre causados por transtornos emocionais ou pela depressão.

À medida que nossas filhas atravessam a adolescência, as mudanças causadas pelo desenvolvimento vão ficando mais visíveis e podem tornar-se complicadas tanto para elas quanto para nós, que somos pais. Durante essa fase, sua filha vive um processo de profunda descoberta interior. O conhecimento que tem dos próprios sentimentos, crenças, traços de personalidade, fraquezas e limitações vai se firmando, e seu intelecto fica mais vívido à medida que ela passa a ser capaz de raciocinar de maneira abstrata. Ela também está atravessando uma espécie de crise — percebe que faz parte da família, mas também tenta entender que tipo de mulher quer ser no futuro, quando chegar o inevitável momento de se separar dos pais.

No âmbito dessas grandes mudanças pelas quais sua filha está passando está o conceito de identidade sexual. Como pais, educadores, ou mesmo como sociedade, a última coisa que devemos fazer é forçar nossas filhas a adotarem os rótulos de «gay», «hétero», «bissexual» ou «transexual» no começo da puberdade (pior ainda se for antes disso). Esse aspecto do desenvolvimento vem sendo enfatizado de forma equivocada e desproporcional, e isso pode gerar graves problemas psicológicos.

O cérebro é altamente neuroplástico, ou moldável, sobretudo durante a infância e a adolescência. Considerando-se que o cérebro de uma adolescente está apenas 80% maduro se comparado ao cérebro de uma mulher adulta, temos aí uma grande oportunidade de influenciar as crenças, os pensamentos, os sentimentos e a identidade de nossas filhas.

O brilhante psiquiatra Armand Nicholi, que foi professor da Harvard Medical School e editou o livro *The Harvard Guide to Psychiatry*, disse-me que a formação da identidade sexual só se completa quando o indivíduo tem cerca de vinte anos de idade. Assim como eu, ele acredita que pressionar os adolescentes a escolher e declarar sua identidade sexual é um erro crasso que prejudica o desenvolvimento natural dos jovens.

Isso não significa que você não deve falar sobre sexo com seus filhos adolescentes. Falar sobre esse tema é mais do que uma recomendação — é um requisito para ser pai ou mãe. Eles podem não conhecer as expectativas que você tem, mas saiba que certamente conhecem as expectativas da cultura reinante — que propaga a ideia de que todos os adolescentes são e devem ser sexualmente ativos. Estudos mostram (e minha experiência o confirma) que os adolescentes têm muito mais chances de adiar o início da vida sexual quando os pais conversam aberta e honestamente sobre o assunto e sobre desenvolvimento sexual. Sei que esse pode ser um tema constrangedor para muitos, mas garanto que, depois de ler este capítulo, você terá tudo aquilo de que precisa para ter uma conversa bem informada e clinicamente correta com suas filhas adolescentes.

Uma cultura que corrompe

Revistas que forram as prateleiras perto do caixa do super-mercado, programas de televisão, músicas, videoclipes e posts feitos pelos amigos nas redes sociais — tudo, o tempo todo, está tentando ensinar às nossas filhas (às vezes com sucesso) que elas precisam ser *provocantes* para ter alguma relevância. Elas também aprendem que a atividade sexual deve ser o aspecto mais importante e emocionante da vida de qualquer pessoa.

O resultado é uma autoestima em franco declínio, uma vez que elas não conseguem ser tão bonitas quanto as modelos do Instagram ou das revistas. São jovens demais para dar início à vida sexual — e, se porventura o fazem, os resultados são quase sempre traumatizantes. Garotas precisam de amor, de comprometimento e da verdadeira intimidade proporcionada por uma grande amizade. Porém, nossa cultura sexualizada separa o sexo desses três elementos essenciais.

Nossa cultura está profundamente equivocada no que diz respeito ao sexo. Muitos adultos acreditam erroneamente que «a maioria dos jovens» faz sexo no ensino médio, mas não é isso o que mostram os estudos. De acordo com os Centros de Prevenção e Controle de Doenças, adolescentes sexualmente ativos são minoria (em torno de 40%)[1] — e esse número certamente seria menor se não houvesse tantas expectativas nocivas e tanta pressão cultural em torno da atividade sexual dos mais jovens.

Já ouvi muitos relatos de pacientes contando como se sentem pressionadas para ser sexualmente ativas no ensino médio. Uma jovem que era virgem antes de se formar contou que fez sexo com o namorado algumas semanas depois da formatura porque «já não aguentava mais tanta pressão». Seus colegas disseram que, se ela tinha a intenção de continuar com o namorado, precisava transar com ele. Por fim, ela o fez... e se arrependeu. Ele terminou com ela como se nada tivesse acontecido, e ela me contou que ter feito sexo tornou o fim do namoro muito mais doloroso.

Do ponto de vista sexual, uma cultura saudável é aquela que ensina aos adolescentes que há benefícios em postergar o início da prática sexual, que ter relações sexuais dentro do casamento é bom e que sexo diz respeito aos laços que unem o casal e dão origem a uma família. Isso não deveria ser tão difícil de entender, mas a nossa cultura parece determinada a mudar

---

1   Centers for Disease Control and Prevention, «Sexual Risk Behaviors Can Lead to HIV, STDs, & Teen Pregnancy».

completamente o significado da prática sexual, transformando-a em uma espécie de competição (para saber quem é mais *sexy*), em afirmação identitária e em parâmetro de satisfação pessoal.

O papel dos pais

Os pais podem ajudar muito nessa questão. Se você estiver aberto a conversar com sua filha sobre sexo, terá a oportunidade de ensiná-la que há razões para adiar o início da vida sexual e também poderá lhe apoiar quando ela estiver enfrentando a pressão dos colegas. Você pode lhe explicar que iniciar a vida sexual não fará os garotos se comprometerem seriamente (na verdade, é quase certo que se sentirão menos comprometidos) e que a maioria das adolescentes não faz sexo. Mesmo nos dias de hoje, adiar o início da vida sexual é normal, além de ser mais seguro — do ponto de vista físico, mental e emocional — para os jovens.

A atmosfera familiar dentro da qual sua filha é criada pode afetá-la de maneira surpreendente. Garotas que têm o pai presente em casa começam a menstruar mais tarde do que as que não têm. Menos surpreendente talvez seja o fato de as garotas que recebem amor e apoio dos pais terem bem menos chances de se envolver com drogas, de começar a beber quando ainda são menores de idade, de sofrer de ansiedade ou depressão e de dar início à vida sexual durante a adolescência. Além disso, elas têm mais chances de obter um bom desempenho escolar. Infelizmente, garotas que se encontram em contexto familiar turbulento e sofreram algum tipo de abuso sexual estão muito mais sujeitas a sofrer de depressão, ansiedade, distúrbios comportamentais e problemas relacionados à identidade sexual. Isso ocorre porque a sexualidade das meninas está conectada à capacidade que elas têm de confiar e amar, à intimidade, ao autorrespeito e ao autocontrole.

É inevitável que a perspectiva das jovens seja fortemente

influenciada pelo que suas famílias pensam sobre sexo. Muitos pais acreditam que, se incentivarem a filha a ter relações sexuais somente depois do casamento, elas se rebelarão e se tornarão promíscuas. Isso não é verdade — nem de longe. Se você ensinar à sua filha que o sexo é tão importante (e, no contexto adequado, tão maravilhoso) que ela só deve praticá-lo depois que estiver mais velha ou casada, ela achará que você a respeita e se importa de verdade com seu futuro. O segredo é não ensinar à sua filha que sexo é errado ou vergonhoso — esse é o tipo de atitude que pode gerar revolta. Ensine, antes, que o sexo deve ser valorizado e guardado para o momento certo da vida dela.

Garotas e sexo: o que você precisa saber

Há mais ou menos doze anos, escrevi um livro chamado *Pais fortes, filhas fortes*. Porém, alguns pais que o haviam elogiado disseram ter detestado o capítulo sobre sexo. Não só porque o tema os deixava encabulados, mas também porque ficaram assustados com as informações sobre os riscos do sexo na adolescência. Minha resposta é: os pais precisam saber a verdade para educar seus filhos. Os perigos relacionados à atividade sexual entre adolescentes são ainda maiores atualmente do que na época em que publiquei o livro. Vivemos uma epidemia de doenças e infecções sexualmente transmissíveis. Os dados estão disponíveis para quem quiser ver[2], mas passam praticamente despercebidos e ninguém fala sobre eles. Eis alguns números que você precisa conhecer:

- Todos os anos, os Estados Unidos registram vinte milhões de novos casos de doenças sexualmente transmissíveis[3].
- Metade desses casos envolve adolescentes e jovens entre

---

2   Você pode buscá-los na página dos Centros de Controle e Prevenção de Doenças (Centers for Disease Control and Prevention), por exemplo.

3   HealthyPeople.gov, «Sexually Transmitted Diseases».

15 e 25 anos, embora esse grupo corresponda a apenas um quarto da população do país[4].

- Estudos mostram que uma a cada quatro jovens tem alguma doença sexualmente transmissível[5].

- Mais de 80% das mulheres sexualmente ativas serão infectadas pelo HPV (papilomavírus humano) em algum momento da vida[6].

- Cepas mais agressivas do HPV podem causar câncer de colo do útero, câncer anal, câncer de orofaringe, câncer de vagina e câncer vulvar. Dos casos de câncer de colo do útero, 91% são causados pelo HPV, e adolescentes sexualmente ativas são as que mais têm chances de desenvolver a doença[7].

- A infecção por clamídia é a doença sexualmente transmissível mais comum nos Estados Unidos. A maioria das infecções ocorre em mulheres com menos de 25 anos[8].

- O número de casos de gonorreia aumentou 75,2% desde 2009[9].

- Doenças sexualmente transmissíveis são a segunda maior causa de problemas de fertilidade entre as mulheres[10].

---

4   *Idem*, «Adolescents and Young Adults». Disponível em: https://www.cdc.gov/std/life-stages-populations/adolescents-youngadults.htm.

5   *Idem*, «One in Four Teenage Girls in U.S. Has Sexually Transmitted Disease, CDC Study Shows», *Science Daily*, 12 de março de 2008. Disponível em: https://www.sciencedaily.com/releases/2008/03/080312084645.htm.

6   Kari P. Braaten e Marc R. Laufer, «Human Papillomavirus (HPV), HPV-Related Disease, and the HPV Vaccine», *Reviews in Obstetrics & Gynecology* 1, inverno de 2008. Disponível em: https://www.ncbi.nlm.nih.gov/pmc/articles/PMC2492590/.

7   Organização Mundial da Saúde, «Human Papillomavirus (HPV) and Cervical Cancer», 24 de janeiro de 2019. Disponível em: https://www.who.int/news-room/fact-sheets/detail/human-papillomavirus-(hpv)-and-cervical-cancer.

8   Centers for Disease Control and Prevention, «Chlamydia — CDC Fact Sheet (Detailed)». Disponível em: https://www.cdc.gov/std/chlamydia/stdfact-chlamydia-detailed.htm.

9   *Idem*, «Gonorrhea». Disponível em: https://www.cdc.gov/std/stats17/gonorrhea.htm.

10   Danielle G. Tsevat *et al.*, «Sexually Transmitted Diseases and Infertility», *American Journal of Obstetrics and Gynecology* 216, n. 1, janeiro de 2017, pp. 1-9. Disponível em: https://www.ncbi.nlm.nih.gov/pmc/articles/PMC5193130/.

- Algumas doenças sexualmente transmissíveis não apresentam sintomas no início da infecção; portanto, os pacientes deixam de buscar tratamento adequado, pois não sabem que estão doentes[11].
- Doenças sexualmente transmissíveis (em especial, o HIV) são a maior causa de morte entre mulheres em idade reprodutiva no mundo todo[12].

Esses números são perturbadores e quase inacreditáveis — e o fato de poucas pessoas acreditarem neles faz parte do problema. A cultura popular empenha-se em negá-los, e muitos pais, professores e médicos não sabem como lidar com a situação.

Além desses números alarmantes, adolescentes e jovens sexualmente ativas correm outros riscos sérios. Nossa principal resposta a esses problemas é a contracepção, mas a contracepção não evita que as garotas sejam pressionadas a ter relações. Na verdade, ela pode até aumentar o nível de pressão, uma vez que possibilita o chamado «sexo seguro» — que, na verdade, não é seguro nem física nem psicologicamente. A contracepção não protege as garotas contra a violência sexual e nem as protege de todo contra as doenças sexualmente transmissíveis. Na maioria dos casos, a gravidez não coloca em risco a vida das jovens, ao passo que várias doenças sexualmente transmissíveis, sim. A maior parte das garotas não precisa de mais acesso à contracepção, e sim de conselhos sobre a vida amorosa — sobretudo no que diz respeito à importância de estabelecer regras e limites. Ao longo do tempo, contudo, os pais ficam relutantes em dar conselhos desse tipo.

Quando as garotas chegam à faculdade, a maioria dos pais já aceitaram que elas serão sexualmente ativas; eles acreditam que isso é normal e que faz parte de um processo de crescimen-

---

11   HealthyPeople.gov, «Sexually Transmitted Diseases».

12   Avert, «Women and Girls, HIV and AIDS». Disponível em: https://www.avert.org/professionals/hiv-social-issues/key-affected-populations/women.

to saudável. Se os namorados usarem preservativos, pensam, nossas filhas estarão protegidas contra uma gravidez indesejada ou uma doença.

Os preservativos até oferecem algum nível de proteção, mas os jovens não os utilizam de maneira adequada. Por um lado, isso se deve à sensação de invencibilidade que têm — uma gravidez indesejada ou uma doença sexual são coisas que «nunca vão acontecer comigo» — e, por outro, ao fato de que jovens sexualmente ativos podem se tornar apáticos e deixar de se preocupar com a própria saúde. Eles se tornam complacentes ou até dessensibilizados depois de várias relações, e sua vida sexual costuma vir acompanhada do álcool e das drogas. Isso se aplica sobretudo às garotas que partilham da cultura do «sexo sem compromisso» (garotas que fazem sexo com uma pessoa e não voltam a vê-la), ou àquelas que veem a faculdade como um momento de experimentação sexual com homens e mulheres. Certo estudo mostrou que dois terços dos universitários já tiveram alguma «amizade colorida»[13]. Muitos deles veem o sexo casual como expressão de crenças «progressistas», e muitas garotas também acreditam que podem fazer sexo sem sofrer consequências emocionais e psicológicas. Todavia, do ponto de vista neuropsicológico, isso é impossível.

Há mais ou menos uma década, o dr. Joe McIlhaney e a dra. Freda McKissic Bush escreveram um livro alarmante chamado *Hooked: New Science on How Casual Sex Is Affecting Our Children*. Nele, os autores oferecem uma explicação detalhada e compreensível de como a prática sexual altera profundamente o cérebro[14], e todo pai com filhos no ensino médio ou na faculdade deveria lê-lo. McIlhaney é ginecologista-obstetra e fez parte da força-tarefa de pesquisa que atuou no âmbito da Campanha

---

13   Sally Law, «Survey Finds "Friends with Benefits" Common», *LiveScience*, 2 de abril de 2009.

14   Joe S. McIlhaney Jr. e Freda McKissic Bush, *Hooked: New Science on How Casual Sex Is Affecting Our Children*, Northfield Publishing, Chicago, 2008.

Nacional de Prevenção à Gravidez na Adolescência. É fundador do Instituto Médico para a Saúde Sexual e supervisionou a publicação do melhor material de pesquisa disponível sobre sexo na adolescência. Bush, por sua vez, é a atual diretora do instituto fundado por McIlhaney.

No livro, os dois descrevem como o cérebro de uma garota produz ocitocina durante a prática sexual. A ocitocina é um hormônio que promove a formação de laços entre os seres humanos — entre a garota e o parceiro, entre a mãe e o recém-nascido. Mesmo que a menina pense estar fazendo sexo de maneira casual, seu cérebro vai na direção oposta — ou seja, diz ao corpo que o parceiro é alguém com quem ela tem um vínculo profundo. A química do cérebro das meninas age como se o ato sexual fosse parte de um relacionamento duradouro. Se a jovem quebra esse vínculo, e se esse relacionamento duradouro sequer existe, ela sofrerá efeitos psicológicos e emocionais. É por isso que a depressão entre garotas está frequentemente relacionada à atividade sexual prematura.

Garotas, sentimentos e sexo

«Não sei o que há de errado», disse a mãe de Margot. «Ela começou o ensino médio no ano passado e se saiu tão bem! Fez boas amizades, tirou notas altas, e estava se destacando nas aulas de dança.»

Margot e a mãe sempre tiveram um bom relacionamento; por isso, quando a jovem perguntou se podia conversar a sós comigo e sua mãe aceitou, saindo do consultório logo em seguida, percebi que havia algo muito errado.

Margot me contou que se sentia triste, sozinha e deprimida. Perguntei há quanto tempo vinha se sentindo assim.

— Acho que começou aos poucos. No verão passado, eu estava

bem. Mas depois que as aulas começaram, no outono, passei a me sentir muito distante. Quer dizer, a escola nunca foi muito a minha praia, mas até o outono passado isso não me afetava.

Esperei alguns instantes até que ela continuasse.

— Eu não entendo. Não tenho mais vontade de ficar com meus amigos. Agora eles acham que sou esnobe, e não sei o que responder a eles. Só quero ficar em casa sozinha.

Margot era minha paciente havia muitos anos. Eu nunca a tinha visto melancólica e nunca a tinha visto com a aparência tão ruim. Sempre tivera bom gosto para se vestir, sempre se cuidara e sempre tivera orgulho de cultivar uma boa aparência. Naquele dia, no entanto, ela estava toda desarrumada.

— Você tem dormido bem? — perguntei.

— Sim. Até acho que estou dormindo demais. Mas preciso dormir, porque vivo cansada. Já faltei várias vezes por me sentir estafada demais para sair de casa. Acho que tenho alguma doença.

— Talvez — respondi. — Diga-me, você tem se dado bem com seu pai e sua mãe?

— Sim. Quer dizer, nós não discutimos, nem nada. Minha mãe e eu somos próximas, sempre fomos.

— E os amigos? Teve alguma discussão recente com algum deles?

— Na verdade, não. Como falei, meio que parei de sair com eles.

— Desculpe-me, Margot, mas preciso perguntar uma coisa: você está bebendo ou usando drogas?

— Não — respondeu, abaixando a cabeça.

— E quanto a outras mudanças? Você teve alguma perda recente? Há algum namorado ou amigo próximo que tenha se afastado de você?

Ela olhou para mim como se estivesse surpresa.

— Sim. Tive um namorado no último verão. Eu gostava mui-to dele, mas ele mora em outra cidade, então não nos vimos mais. Terminamos no fim do verão porque não dá para ter um relacionamento à distância. Foi difícil, eu gostava muito dele.

— Vocês tiveram relações sexuais?

— Sim, claro. É o que todo mundo da minha idade faz, especialmente se você gosta da pessoa.

— Margot, sei que você já saiu com outros rapazes. Você fez isso com eles também?

— Claro.

— Não me lembro de ouvir você dizer isso antes. E nós nos conhecemos já faz tempo.

— Eu sei. É que eu tinha muita vergonha de mencionar isso. Não queria que minha mãe soubesse. Ela ficaria muito chateada.

Conversei com Margot por mais vinte minutos, e logo ficou claro que sua depressão havia começado pouco tempo depois de ela ter terminado o namoro; ao longo dos meses seguintes, os sintomas foram se agravando. Margot me disse que, embora gostasse dele, não estava levando aquela história muito a sério, pois sabia que ele não queria estar em um relacionamento de longo prazo. Não obstante, haviam mantido relações sexuais durante todo o verão. Ela não era sexualmente ativa porque queria — ela não gostava nem desgostava de sexo —, mas porque «era o que meu namorado esperava de mim». O que ela não esperava era a depressão que viria logo em seguida.

Minha experiência mostra (e os estudos confirmam) que a situação de Margot é bastante comum. Muitas jovens sexualmente ativas, sobretudo as que já tiveram vários parceiros, sofrem de algum nível de depressão. Curiosamente, elas não associam os sentimentos depressivos à prática sexual, uma vez que veem no sexo uma atividade saudável (o que de fato pode ser, se praticado nas circunstâncias corretas, e não quando se torna um obstáculo ao comprometimento entre duas pessoas).

O fim de uma relação baseada no sexo causa sofrimento às garotas e afeta negativamente a maneira como lidam com as noções de valor próprio, confiança, afeto e intimidade — e isso pode levar à depressão. Garotas nessa situação têm dificuldade para reconhecer a causa dos sentimentos depressivos pois acham que a atividade sexual lhes dá poder e as torna mais maduras. Por um lado, dizem que o sexo é uma experiência extraordinária do ponto de vista físico, emocional e até espiritual; por outro, afirmam (a exemplo de Margot) que não é nada de mais e que podemos praticá-lo com qualquer pessoa. A depressão surge a partir dessa contradição. Do ponto de vista mental, emocional e corporal, o sexo é, sim, importante para essas meninas.

A depressão é um problema sério entre as adolescentes e tem aumentado de maneira tão dramática[15] que o seu tratamento fica frequentemente a cargo de clínicos gerais. O melhor tratamento, é claro, é a prevenção, e isso consiste em conversar com nossas filhas e dizer-lhes a verdade sobre o sexo — algo que não temos feito há décadas.

Como pais e mães podem fazer a diferença

Na hora de instruir as filhas sobre sexualidade, desenvolvimento sexual ou a prática do sexo, muitos pais se sentem inseguros. Alguns de nós ficam com vergonha; outros sentem-se despreparados. A verdade é que os pais têm mais influência do que qualquer amigo ou namorado no que diz respeito à maneira como as garotas veem a própria sexualidade e às decisões que elas tomam em relação ao sexo. No âmbito dessa discussão, há algumas medidas práticas que todos os pais e mães podem adotar.

Ensine sua filha a ter «limites corporais» desde cedo. Uma menina de três ou quatro anos já pode aprender que as partes do corpo que cobrimos quando vamos à praia são partes íntimas. Costumo dizer às minhas pacientes dessa idade que

---

15   Joe Sugarman, «The Rise of Teen Depression», *Johns Hopkins Health Review* 4, n. 2, outono/inverno de 2017.

os corpos delas são lindos e precisam de um cuidado especial. Digo também que há partes que apenas um médico ou os pais podem ver. Nesse estágio é importante definir limites, ajudar sua filha a sentir-se bem com relação a si mesma e incentivá-la a se proteger. O foco não deve estar em sentir vergonha, mas em ter orgulho do corpo.

Ensine à sua filha que ela tem valor por ser uma moça, e não por expressar sua sexualidade de determinada maneira. Um dos maiores males que a cultura geral tem causado a nossas filhas é o de confrontá-las com as múltiplas dinâmicas da sexualidade, exigir que façam escolhas de cunho sexual e tratá-las como se fossem sexualmente ativas desde muito cedo. As crianças entendem a ideia de valorizar outras pessoas como *seres humanos* e respondem bem a estímulos nesse sentido. Devemos destacar isso, e não lhes dizer que devem respeitar uma ampla gama de escolhas sexuais, o que pode causar confusão entre as crianças, gerar irritação e incentivar comportamentos pouco saudáveis (como a promiscuidade danosa interpretada como experimentação inofensiva).

Converse com sua filha desde cedo sobre temas profundos e continue essas conversas enquanto ela for crescendo. Se sua filha tiver o hábito de conversar com você sobre temas importantes, falar sobre «aquilo» será muito mais fácil no futuro. Num plano ideal, essa será uma conversa constante, com a qual você poderá influenciar as decisões que ela irá tomar. A comunicação aberta e sincera, adequada à faixa etária da sua filha, fará mais por sua relação com ela do que quase todos os outros fatores.

Preste atenção nos assuntos sobre os quais os colegas dela estão falando. Para uma garota, é muito mais saudável que as informações sobre sexo venham dos pais do que dos colegas. Sua filha *quer* que você a oriente; por isso, esteja pronto para oferecer orientação quando a hora chegar e faça isso antes dos colegas. A melhor maneira de saber quando sua filha está pronta para receber orientação sobre sexo é estar atento às perguntas que ela faz sobre o tema. Se faz uma pergunta e depois sai correndo para brincar, você pode deixar a conversa para outro momento. Mas se ela repete a pergunta e parece verdadeiramente interessada, a hora de conversar chegou.

Seja sua principal referência em relação a temas como sexo, namoro, mudanças corporais e assuntos pessoais. Todo mundo tem certo pudor quando o assunto é sexo. Nossa cultura tenta destruir esse pudor, mas precisamos preservá-lo e ajudar nossas filhas a fazer o mesmo. Uma forma de alcançar esse objetivo consiste em incentivá-la a procurar você quando tiver dúvidas sobre temas delicados. Mesmo que se trate de assuntos embaraçosos, seja sincero com ela. Isso reforçará a ideia de que você, e não os colegas dela, tem as respostas corretas e de que é você a pessoa certa para falar sobre sexo no contexto adequado — isto é, no contexto do amor, do respeito e do comprometimento. *Não presuma* que sua filha já sabe quais são suas opiniões e suas crenças; tenha *certeza* de que ela sabe.

Lembre-se: pai e mãe têm papéis diferentes em relação à educação. A mãe, obviamente, exerce grande influência sobre a filha. É mais provável que a garota converse com a mãe do que com o pai — e a mãe estabelece os parâmetros de feminilidade que a filha vai adotar, com todas as vantagens que isso acarreta. Use esse poder com sabedoria. Oriente sua filha a trilhar o caminho da bondade, da compaixão e da moralidade, e ela provavelmente seguirá seus passos. As mães geralmente têm mais facilidade do que os pais para identificar formas de orientar uma garota. Mas não se engane: os pais são o parâmetro daquilo que as filhas esperam dos homens. Filhas que recebem afeto, respeito e aceitação do pai têm menos chances de fazer sexo prematuramente, além de serem mais confiantes e terem uma consciência mais aguçada de seu próprio valor. Tudo isso faz com que não precisem de uma confirmação externa (de um namorado sexualmente agressivo, por exemplo). Quando sua filha começa a namorar, inconscientemente compara o namorado a você, que é o pai, e fica se perguntando o que você acharia dele. Se você evita falar palavrão, ela provavelmente terá desdém pelos que não evitam. Se você é respeitoso, ela provavelmente rejeitará os homens que não o são. Se você é moralmente forte, ela provavelmente evitará homens moralmente fracos. Mas o contrário também é verdade. Se o pai de uma garota cometeu abusos contra ela, ela terá mais chances de aceitar um namorado que faz o mesmo. Padrões familiares costumam se repetir.

Não deixe o assunto morrer. Muitos pais e mães têm uma primeira conversa sobre sexo com as filhas e depois deixam o assunto morrer, na crença de que já fizeram o que precisava ser feito. Isso está longe de ser verdade. Quando sua filha está na quarta série, na sexta, no ensino médio e até mesmo na faculdade, é fundamental que vocês conversem sobre o que você deseja e espera para ela. A melhor maneira de dar início a uma conversa sobre temas delicados é perguntar o que seus amigos andam fazendo — se estão namorando, se estão se adaptando bem à escola, se estão trabalhando em algum projeto diferente etc. Mostre interesse sincero e procure não julgar ninguém. Seu real objetivo é ter uma ideia do que *ela* tem pensado e feito ultimamente. Depois de fazer isso, você terá mais facilidade em ajustar o foco da conversa a fim de discutir a vida da sua filha.

Certifique-se de que sua filha não está sofrendo nenhum tipo de pressão em relação ao sexo ou à sua sexualidade. Quando se trata do início da vida sexual, todos conhecemos os perigos da pressão exercida pelos colegas. Hoje em dia, no entanto, as garotas também sentem uma pressão extraordinária — dos amigos, da mídia e dos professores — para definir se são gays, heterossexuais, bissexuais ou transgênero. Não deixe que ela sinta essa pressão. Permita que tenha tempo para se descobrir sozinha e para lhe fazer perguntas quando necessário.

Defina parâmetros elevados. Quando sua filha estiver no

ensino médio (ou até antes), a cultura popular tentará inculcar-lhe a ideia de que ela só tem valor se for *sexy*. Diga-lhe a verdade: a mídia vê o sexo como uma ferramenta para vender objetos e ganhar dinheiro, e ela não deve se deixar manipular por esse jogo. Sua filha é esperta; se você lhe disser isso, provavelmente verá que é verdade e rejeitará a mensagem que vem dos meios de comunicação. Ensine à sua filha que sexo é amor e comprometimento e que, por essa razão, ela deve almejar um parceiro sexual que fique com ela por toda a vida — isto é, seu futuro marido. Diga-lhe que você está definindo parâmetros de alto nível não porque o sexo seja algo ruim, mas porque isso garantirá a ela uma vida sexual satisfatória e saudável ao longo das décadas, além de maximizar as chances que ela tem de ser uma mãe saudável. Sei que tudo isso pode soar pudico demais aos pais de hoje, mas isto não passa de uma realidade da vida que ecoa em todos os dados disponíveis sobre doenças sexualmente transmissíveis, depressão e infertilidade.

Seja um bom exemplo. Muitos pais solteiros que estão namorando (ou que convidam seus namorados e namoradas para morar com eles) querem que as filhas façam o que eles dizem, e não o que eles fazem. Contudo, as crianças percebem quando um discurso é de fachada. Se você é sexualmente ativo, mas não é casado, ela terá o mesmo comportamento. O problema é que, por ser muito jovem, sua filha está mais exposta a doenças sexualmente transmissíveis e à depressão. Por isso, seja um bom pai ou uma boa mãe: dê um bom exemplo.

Sei que a maioria dos pais receia (com razão) pelo que pode acontecer às filhas, mas sei também que eles cedem muito facilmente àquilo que «todos os adolescentes fazem» e confiam (de maneira equivocada) nas aulas de educação sexual que as filhas têm na escola. Essas disciplinas com frequência trazem conteúdos clinicamente imprecisos e não costumam mudar o comportamento sexual dos adolescentes (exceto, talvez, quando a mudança é para pior).

Uma maneira muito mais eficaz de educar sua filha é manter-se conectado a ela, transmitir-lhe suas crenças e parâmetros comportamentais e incentivá-la a procurá-lo quando tiver dúvidas. Ela é a criança e você, o adulto (e ela se sentirá da mesma forma quando chegar aos quarenta anos). Por isso, mantenha-se ligado a ela, ofereça-lhe apoio e não tenha medo de ser exigente em relação ao que você espera.

CAPÍTULO DEZ

Ajude-a a fazer boas amizades (e a lidar com as ruins)

— Você não entende, dra. Meeker — começou Lacey. — Fico muito ansiosa quando estou perto de certas pessoas. É como se meu coração fosse pular para fora do peito. Eu não costumava me sentir assim. Mas agora fico tão assustada que às vezes nem quero sair de casa.

Chelsea, que era amiga dela, foi logo dizendo:

— É verdade, doutora. Eu já vi a Lacey ficar assim. Por exemplo: nós estamos conversando no corredor da escola, e de repente ela diz: «Chelsea, preciso sair daqui». O problema é que não sei o que fazer. O que devo fazer?

As duas me olharam como se pedissem socorro, esperando uma resposta.

Comecei com uma pergunta:

— Lacey, onde está sua mãe? É um pouco estranho vir ao consultório com uma amiga, em vez de vir com um dos pais.

— Ah, minha mãe não pôde vir. Está trabalhando. Ela queria ter vindo, mas tudo bem. Falei para ela que a Chelsea podia me trazer de carro. Além disso, Chelsea sabe tudo sobre mim. Somos amigas desde a terceira série.

Chelsea completou:

— Somos muito próximas, dra. Meeker. Como irmãs. Não temos segredos. Ano passado, quando meus pais se divorciaram, Lacey me ajudou muito. Foi bem difícil: minha mãe chorava o tempo todo, meu pai queria que eu ficasse com ele, e eu só queria ir embora. A mãe da Lacey me deixou passar alguns meses com eles, para que eu pudesse ficar um pouco mais tranquila. Eles salvaram minha vida.

Acreditei no que ela disse. Já vi vários casos desse tipo — adolescentes que são muito próximas e se ajudam mutuamente com uma incrível maturidade (como Lacey havia ajudado Chelsea), sobretudo quando os pais se divorciam ou são distantes (em geral, por causa do trabalho).

Lacey sentia-se pressionada pelas obrigações escolares, por ter de entrar na faculdade e pela necessidade de obter a aprovação do pai (aprovação que, segundo ela, estava parcialmente condicionada à performance acadêmica). A menina tinha ataques de pânico e sentia-se estressada com mais frequência do que uma adolescente normal. De fato, sofria de ansiedade aguda. Tenho visto muito mais casos como o de Lacey do que costumava ver há quinze anos. Hoje, quase um terço dos adolescentes — 38% das garotas — têm sintomas parecidos com os dela[1].

Para tentar superar a ansiedade, Lacey se empenhou no tratamento comigo e com outros terapeutas. Ela conseguiu atingir seu objetivo, e o apoio de Chelsea foi muito importante nesse processo. No verão anterior à ida de Lacey para a faculdade, essa ansiedade já estava sob controle, mas ela se sentia culpada por ter de se afastar de Chelsea (que estava um ano atrás na escola).

— Sei que parece besteira — disse Lacey naquele verão —, mas não me preocupo com meu pai ou minha mãe. Eles já se

---

1   National Institute of Mental Health, «Any Anxiety Disorder». Disponível em: https://www. nimh.nih.gov/health/statistics/any-anxiety-disorder.shtml.

acostumaram com a ideia de que vou sair de casa. Com relação a Chelsea, no entanto, as coisas são um pouco diferentes.

Voltei a ver Lacey no recesso de fim de ano. Ela estava indo muito bem na faculdade, e a amizade com Chelsea também ia bem. «Sempre estaremos prontas para ajudar uma a outra», disse. Foi uma frase sincera, e eu sabia que ela estava certa.

Por que nossas filhas precisam das amigas

Muitos de nós, pais e mães, presumimos que as amizades das nossas filhas são passageiras e até insignificantes. Mas isso não é verdade. Como adultos, encaramos as amizades segundo a perspectiva de uma vida longa e diversificada. Contudo, nossas filhas não têm a mesma perspectiva. Para elas, amizades são coisas novas e poderosas, que podem levar à alegria ou à desolação. Isso ocorre porque estão experimentando pela primeira vez os intensos sentimentos de amor e aceitação (bem como de julgamento e rejeição) advindos da amizade. Quando as garotas fazem uma amizade próxima, seu mundo emocional se expande rapidamente por meio do compartilhamento de segredos, pensamentos e sentimentos. A amizade é a primeira relação importante que sua filha irá cultivar fora de casa. Isso pode ser emocionante e desesperador para ela, e a motiva a fazer mais amizades.

Lembro até hoje da conexão profunda que eu tinha com minha melhor amiga na terceira série. A professora me dava bronca porque eu vestia *shorts* por baixo da saia. Fazia aquilo para poder correr e pular sem precisar me preocupar. Mas a professora dizia que aquilo era totalmente contrário à feminilidade e que na escola inteira só havia mais uma garota que fazia aquilo. Logo descobri o nome dela, e o vínculo entre nós — que começou num ato de revolta e teimosia — foi aos poucos se tornando uma amizade próxima e divertida.

Na sexta série, minha melhor amiga era a Sandy. Nós andávamos a cavalo por horas e horas nos arredores de Boston. Trotando pelos bosques, falávamos sobre a vida, sobre o quanto ela sentia falta do pai (os pais eram divorciados), sobre nossos interesses comuns (sobretudo cavalos) e sobre nossos medos. Ela me ajudou a cavalgar melhor, e eu a ajudei a lidar com o divórcio dos pais. Sempre achei Sandy incrível. Em certo sentido, acredito que sentíamos compaixão uma da outra. Eu sentia compaixão por ela por causa da dor que vinha enfrentando graças ao divórcio dos pais (ao passo que eu era feliz com minha família). Acho que ela sentia compaixão de mim porque cavalgava muito melhor e ia muito melhor na escola. Nós até fizemos faculdade perto uma da outra. Ela foi para a Smith College e eu fui para a Mount Holyoke College, em Massachusetts, e continuamos andando a cavalo juntas e compartilhando nossos sucessos e fracassos acadêmicos e profissionais.

As amizades que começam na infância nos moldam mais do que as que se formam depois porque, na juventude, ainda estamos descobrindo quem somos. Uma pessoa que chega à vida adulta já teve experiências suficientes para conhecer a si mesma; embora as novas amizades ainda possam ser muito próximas nessa fase, é improvável que tenham papel tão determinante quanto as amizades da meninice.

As garotas anseiam por conexões profundas e pela felicidade

Garotas são emocionalmente complexas: se tem algo que as define é a confusão sobre os próprios sentimentos. São atraídas por pessoas que as ajudam a compreender o que sentem. Se uma menina já viveu algum trauma — se os pais se divorciaram, por exemplo, ou se um deles morreu —, pode se sentir isolada ou se fechar em si mesma, e precisará de uma amiga para processar melhor o que aconteceu. O mesmo vale para as garotas que estão passando pelas mudanças emocionais e físicas da adolescência.

Para uma jovem, é muito importante ter uma ou duas amigas próximas que lhe possam oferecer apoio e compreensão. Uma amiga pode dar-lhe esperança, aumentar sua autoestima, evitar que ela caia em depressão e ajudá-la a lidar com eventos dolorosos (leves ou intensos).

Foi o que Celia fez por Theresa.

Quando foi para a sexta série, Theresa saiu da escola. Ela havia se mudado da Califórnia para o Michigan e estava chateada com a mudança. Theresa tinha bons amigos na Califórnia e chorou quando precisou se afastar deles. Sua mãe garantiu que, por Skype e Facebook, ela teria várias oportunidades de manter contato com as amigas. Mas Theresa sabia que não era bem assim. Mesmo aos doze anos de idade, compreendia perfeitamente que a internet não substituía o contato real.

Ela também estava ansiosa porque iniciava o período escolar que antecedia o ensino médio. Essa época é sempre tumultuada, e ela previu (corretamente) que teria um ano ainda mais difícil na escola porque não conhecia ninguém.

Com 1,72m de altura, Theresa era a garota mais alta da sala. Além de ter vergonha, também se preocupava com a balança. Theresa era magra e desajeitada, e na primeira semana de aula uma garota chamada Jessica tirou sarro dela, dizendo que ela parecia «uma girafa, só que sem o corpo». Celia ouviu o comentário. Ela sabia como Theresa se sentia, pois também tinha se mudado para a cidade um ano antes. Cheia de autoconfiança e compaixão, foi sentar-se perto de Theresa na hora do intervalo. Depois de conversar um pouco com a nova aluna, disse: «Ouvi o comentário da Jessica sobre você se parecer com uma girafa. Não fique chateada, ela faz isso com todo mundo. Ninguém dá atenção a ela. Ela fica provocando os outros, mas, se você a ignora, ela para e às vezes até vira sua amiga. Ela é assim mesmo, esquisita».

Theresa ficou aliviada e feliz ao receber aquele conselho. Nas semanas que se seguiram, as duas se tornaram boas amigas; além disso, Jessica parou com as provocações, conforme Celia havia previsto. Theresa teve outros problemas na sexta série e buscou o apoio da nova amiga em cada uma dessas ocasiões. Celia era sempre muito compreensiva. Theresa me disse:

— Não sei exatamente o que acontece entre nós duas, mas parece que sempre nos «sacamos». Pode parecer que sou sempre a parte que está passando por algum problema, mas não é bem assim. Ela se mudou para o Michigan um ano antes de mim e ainda sente muita falta dos amigos que deixou para trás. Quando se sente sozinha, nós nos encontramos e uma tenta animar a outra.

A amizade das duas continuou se fortalecendo no ensino médio e as ajudou a passar pelas inevitáveis dificuldades da adolescência. Não importa quais fossem as circunstâncias, ambas sabiam que podiam sempre compartilhar mutuamente seus pensamentos e sentimentos, oferecendo apoio uma à outra. As amizades que proporcionam esse vínculo de reciprocidade são saudáveis, e nossas filhas precisam delas.

As amizades ajudam sua filha a se compreender melhor

Muitas garotas veem-se refletidas nas amigas, a ponto de adotarem seus maneirismos e suas características. As amizades próximas ajudam-nas a definir uma identidade à parte da família, e é por isso que as *boas* amizades são tão importantes e as más podem ser tão danosas.

Quando uma garota não confia muito em si e faz amizade com outra garota mais autoconfiante, a autoestima da primeira vai às alturas. Ela observa como essa amiga autoconfiante age, conversa e se comporta; assim, diz a si própria que talvez não haja problema em imitá-la. Pesquisas mostram claramente que uma amizade saudável melhora a vida das meninas em vários aspectos — e a autoestima é um deles. O interessante é que ter uma única amizade próxima é mais importante do que ter um grupo de amigos.

De acordo com novos estudos publicados no periódico *Child Development*, jovens que tiveram uma amiga próxima aos quinze ou dezesseis anos (em vez de terem um grupo maior de colegas com as quais cultivaram relações mais distantes) apresentam níveis mais altos de percepção do próprio valor e níveis mais baixos de ansiedade social e depressão aos 25 anos de idade (se comparadas a colegas mais populares na adolescência)[2].

De fato, outro estudo confirmou que garotas com um círculo muito amplo de amigas têm mais chances de sofrer de ansiedade no futuro. Segundo os autores, as meninas que dão prioridade à formação de amizades próximas estão mais aptas a administrar demandas sociais e de desenvolvimento à medida que entram na vida adulta (em comparação com aquelas que tentam se encaixar num grupo de colegas)[3].

Esse é um ponto importante para os pais. Frequentemente incentivamos nossas filhas a expandir seu círculo de amigas ou se envolver em mais atividades extracurriculares. Fazemos isso porque queremos que sejam populares e aceitas. O que deixamos de perceber, no entanto, é que ter muitas amigas é estressante para algumas garotas e pode torná-las mais vulneráveis à pressão das colegas e ao *bullying*. Ter umas *boas* amigas pode ser muito melhor para uma garota do que ter várias não muito próximas (que talvez não sejam tão legais nem ofereçam tanto apoio). Todos somos influenciados pelos hábitos dos nossos amigos. Se, por exemplo, seu melhor amigo segue uma

---

2   Rachel K. Narr *et al.*, «Close Friendship Strength and Broader Peer Group Desirability as Differential Predictors of Adult Mental Health», *Child Development* 90, n. 1, 21 de agosto de 2017.

3   Society for Research in Child Development, «Close Friendships in High School Predict Improvements in Mental Health in Young Adulthood», *Science Daily*, 22 de agosto de 2017.

dieta saudável, você tem cinco vezes mais chances de seguir uma dieta saudável também[4]. Entretanto, nossas filhas — que são jovens e estão em pleno processo de desenvolvimento emocional — veem-se particularmente maleáveis; por isso, quando se trata de amizade, a qualidade (e não a quantidade) é mais importante. (Para os adultos, por outro lado, ter mais amigos pode ser algo bom, pois permite que sejamos socialmente ativos e que tenhamos uma rede de apoio mais ampla.)

Às vezes alguns pais me perguntam como podem ajudar as filhas a fazer mais amizades. Essas garotas, em sua maioria, são tímidas e têm uma ou duas amigas próximas. Eles dizem: «Quando está em casa ela só quer ficar lendo, ouvindo música ou trabalhando sozinha em algum projeto. Como podemos tirá-la dessa bolha?».

Talvez você não deva tirá-la. Não há nada de errado nesse comportamento; trata-se tão somente de um tipo de personalidade. Garotas naturalmente introvertidas vivem muito bem com uma ou duas amigas próximas; elas gostam de ficar sozinhas e não apresentam nenhum tipo de distúrbio. Os pais frequentemente temem que suas filhas se sintam rejeitadas e excluídas, ou que venham a sofrer de baixa autoestima, solidão e ansiedade caso não se encaixem em um grupo de amigas. Mas a verdade é que essas garotas, em sua maioria, sentem-se perfeitamente bem e correm menos riscos emocionais do que se estivessem tentando se tornar populares. Se sua filha é tímida e introvertida mas tem algumas amigas próximas e não parece ter nenhum problema, provavelmente não há com o que se preocupar.

Amizades próximas ajudam nossas filhas a crescer emocionalmente. Elas aprendem a lidar com conflitos, a ser assertivas, a compreender melhor a própria personalidade e a valer-se das

---

4   Tom Rath, *Vital Friends: The People You Can't Afford to Live Without*, Gallup Press, Washington, D.C., 2006, p. 24; Jane Collingwood, «The Importance of Friendship», *Psych Central*, 18 de março de 2019.

amizades para atender às necessidades pessoais. Isso é natural, e é também o motivo pelo qual, até certo ponto, «os opostos se atraem»: garotas que estão sempre precisando de ajuda tendem a fazer amizade com garotas que gostam de oferecer ajuda. Garotas mais contestadoras tendem a se aproximar de garotas mais quietas e discretas para equilibrar suas mudanças de humor.

O interessante é que meninas seguras e confiantes geralmente fazem amizade com garotas que também são seguras e confiantes. E por quê? Porque elas tendem a ser mais maduras e, assim, precisam de menos apoio e conseguem estabelecer amizades mais parecidas com as de um adulto. Garotas menos seguras, por outro lado, às vezes buscam amizades com o intuito de ganhar *status* — e essas amizades são quase sempre tênues e pouco significativas. Há várias razões que levam duas garotas a se tornarem amigas, mas pais perspicazes geralmente conseguem compreender a dinâmica das amizades das filhas com rapidez, e a partir daí é possível aconselhá-las quanto à maneira correta de interagir.

As amizades deixam as nossas filhas mais felizes

Várias pesquisas sobre mulheres adultas e jovens revelam que amizades próximas geram mais felicidade. Um estudo fundamental feito pela Universidade da Califórnia mostrou que as amizades de fato mudam a composição química do cérebro[5]. O mesmo estudo concluiu que, quanto mais amigas uma mulher tem, menores são as chances de que venha a desenvolver distúrbios físicos à medida que envelhece e maiores as de que leve uma vida feliz. De fato, os resultados foram tão contundentes que os pesquisadores fizeram o seguinte alerta: não ter

5   Gale Berkowitz, «UCLA Study on Friendship Among Women», Anapsid.org, 2002.

confidentes ou amigos próximos faz tão mal à saúde quanto fumar ou carregar excesso de peso. Os responsáveis pelo estudo pesquisaram a fundo o motivo pelo qual isso acontece. A conclusão foi a de que as amizades têm papel decisivo na redução do estresse entre as mulheres, e isso traz felicidade. Mulheres que compartilham suas vidas com amigas próximas apresentam níveis mais altos de ocitocina (neurotransmissor que reduz o estresse), têm pressão sanguínea mais baixa e vivem mais e melhor.

Embora esse estudo tenha sido feito com mulheres adultas, ele tem algo a dizer a nossas filhas. Sabemos, por exemplo, que as garotas têm ocitocina no fluido cerebrospinal, o que influencia o seu humor. Muitas jovens sofrem de estresse, e não há por que achar que a química neural delas é diferente da química das mulheres adultas quanto à resposta a essa condição. Além disso, os estudos feitos com mulheres mostram os efeitos das amizades ao longo do tempo; muitas dessas amizades podem ter começado quando elas eram mais jovens. Embora as amizades entre mulheres possam diferir das amizades entre garotas, ambas compartilham várias qualidades.

Diferentes tipos de amizade

É importante entender por que nossas filhas cultivam certas amizades, pois a partir daí podemos ajudá-las a lidar melhor com o assunto. Algumas amizades podem ser saudáveis; outras, problemáticas. As razões pelas quais a garota vem a cultivar amizades dos dois tipos podem revelar muitas coisas sobre a maneira como ela vê a si própria.

Na *Ética a Nicômaco*, Aristóteles escreveu sobre os três fundamentos da amizade. O primeiro deles é uma busca de caráter utilitário — ou seja, você cultiva uma amizade apenas para obter algo a partir dela. Relações de negócios podem entrar nessa categoria. O segundo é a busca da satisfação pessoal — a satisfação de ter a companhia de um amigo, talvez porque tenhamos interesses e passatempos em comum. O terceiro fundamento é o mais elevado e também o mais raro: trata-se da busca da virtude. Em uma amizade desse tipo, ambas as partes são maduras e equilibradas; ambas vivem bem, e cada qual se une à outra com o intuito de ajudá-la a reconhecer a virtude e a viver de maneira virtuosa.

Normalmente, nossas filhas buscam amigas que servem a um propósito, o qual costuma ter natureza emocional; desejam aí encontrar felicidade, paz, empatia ou compaixão. O real valor — e a provável duração — da amizade tem a ver com a reciprocidade. Se de fato se baseia em cuidado e respeito mútuo, a relação ajuda as duas garotas a florescer e se fortalecer. Por outro lado, há certas amizades que fazem mal e que, por isso, devem ser desencorajadas.

A dramática

Todos conhecemos mulheres e meninas que são assim, superdramáticas. Exageram cada dificuldade e cada situação ruim. Acreditam que as experiências delas são únicas e que ninguém jamais viveu coisa parecida. Às vezes exageram na descrição das situações felizes, mas em geral concentram-se nas ruins. Essas mulheres agem assim porque querem que as amigas lhes deem atenção ou sintam pena delas. Num primeiro momento, as amigas até podem corresponder a essa expectativa, mas depois provavelmente se cansarão de todo o drama, se sentirão manipuladas e irão se afastar.

Os adultos conhecem esse tipo de gente, mas as garotas mais jovens podem não perceber que estão sendo manipuladas. E o problema da manipulação é que às vezes funciona. A amiga dominante sabe exatamente como controlar a outra para se sentir mais poderosa. Ela consegue o que «quer» porque conhece a personalidade da amiga a ponto de incitar nela todo tipo de sentimento, incluindo pena e raiva.

A «amiga» que suga as energias

Trata-se da «amiga» que esgota as energias de quem a escuta, falando exclusivamente de si mesma e de percalços, sem demonstrar interesse pelo que acontece na vida da ouvinte. A relação com ela é uma via de mão única.

De início, a garota sobre a qual essa pessoa despeja todos os seus problemas sente ser uma grande amiga. Afinal, ela tem uma capacidade inigualável de ouvir e se importar — pelo menos é o que a outra parte diz. Isso pode ser lisonjeiro no início, mas, com o passar do tempo, a ouvinte fica emocionalmente esgotada e percebe que, mesmo recebendo elogios constantes por ser uma ótima amiga, aquela relação não é recíproca. Na verdade, ela está sendo usada, e a única coisa que ganha com esse contato é muito cansaço e um sentimento de culpa que a domina quando tenta se livrar dessa relação nada saudável.

A amiga problemática

Essa é a garota que precisa de uma espécie de cura e convence as amigas (ou as vítimas) de que só *elas* podem curá-la. A garota-problema pode ter passado por algum trauma de fato, ou (o que é mais provável) pode estar exagerando suas dificuldades para que os outros tenham pena dela.

A parte mais nociva dessa relação tem a ver com as demandas cada vez mais numerosas que a garota apresenta à amiga, que parece nunca estar dedicando tempo suficiente à relação (sobretudo por passar tempo com outros amigos). A parte responsável pela cura inevitavelmente fica irritada e amarga, pois, embora a problemática a elogie pelo apoio e pela ajuda, ela acaba se perguntando: «Se estou fazendo tão bem para ela, por que me sinto tão mal nessa relação?» — e essa pergunta faz todo o sentido. A resposta: ela não consegue se sentir bem na relação porque não se trata de uma relação saudável, e sim de uma relação de codependência que precisa ser encerrada.

A amiga descolada

Às vezes as garotas se sentem atraídas por garotos «encrenquei-ros»; do mesmo modo, também podem se sentir atraídas por «garotas encrenqueiras». A jovem que faz tudo certinho pode achar que a garota promíscua é mais legal, mais popular ou mais autoconfiante do que ela, ou então que essa garota leva uma vida mais emocionante. A partir daí, pode querer sentir um pouco dessa emoção também. É claro que isso é um erro, uma leitura equivocada da situação, mas muitas jovens são simplesmente imaturas demais para compreender isso (ou acham que não se importam, o que faz parte do mesmo problema).

Invariavelmente, a amiga descolada faz a ingênua se meter em confusão, geralmente com a promessa de que, se essa garota mudar seu jeito de ser, terá uma vida mais autêntica e feliz — o que pode levar à promiscuidade, ao uso de drogas, ao cigarro, ao álcool e até a problemas com a polícia. A menina ingênua se envolve com essas coisas para impressionar a amiga descolada, para fazer parte da turma e, ainda mais importante, para chamar a atenção daqueles que estão de fora do grupo, incluindo os pais. Garotos que ingressam numa gangue frequentemente o fazem para ganhar admiração e atenção, bem como para sentir que fazem parte de um grupo. São esses os mesmos motivos que levam as garotas a entrarem para uma turma de jovens descoladas. Não há nada de errado com essas necessidades e desejos, mas, em ambos os casos, os jovens estão tentando satisfazê-los de forma destrutiva.

A amiga que idolatra

Se uma jovem consegue boa performance em determinada área — nos esportes, estudos ou disciplinas artísticas — ou tem pais bem-sucedidos, é comum que outras garotas se aproximem dela só por causa desse sucesso. Certas meninas querem estar perto de pessoas bem-sucedidas e se comportam como se as idolatrassem; com isso, sentem-se mais importantes. O problema é que, como a garota que idolatra sempre se sente inferior, uma amizade verdadeira nunca se consolida.

Uma jovem bem-sucedida costuma ter um pé atrás com relação a essas garotas que chegam querendo fazer amizade. Isso porque compreende que, embora seja legal receber atenção e elogios, as amizades que se baseiam em nossas conquistas (em vez de se basearem em quem somos) não podem ir para a frente, não são autênticas. Se uma jovem tem uma amiga que a idolatra, a relação entre as duas faz com que ambas se sintam usadas e deslocadas: a garota bem-sucedida sentir-se-á usada por causa do *status* que possui e a garota que a idolatra, em algum momento, ficará insatisfeita com a assimetria que rege a relação.

As meninas malvadas

Por fim, temos, é claro, as meninas malvadas — aquelas que acabam com o sossego de qualquer pessoa. Elas manipulam os outros, incitam conflitos entre outras garotas (e entre grupos de garotas), fazem *bullying*, espalham mentiras e parecem gostar de destruir relações saudáveis. São um tipo tão comum que já foram personagens de inúmeros filmes, e os pais naturalmente temem que elas prejudiquem suas filhas.

De fato, os pais estão certos em atentar para a possibilidade de *bullying*, mas não há por que ficar paranoico em relação às meninas malvadas ou à influência que elas exercem. Sim, elas podem magoar as pessoas e infernizá-las *por algum tempo*, mas, se os pais agirem da maneira correta, o impacto pode ser mínimo.

Caroline conheceu Diane na terceira série, logo no primeiro dia de aula. Diane, que vinha de outro estado e tinha acabado de se mudar, era muito descolada e vestia roupas da moda, a ponto de despertar inveja entre as outras garotas.

Diane se aproximou de quatro ou cinco garotas (entre elas, Caroline) e, juntas, elas formaram um grupinho fechado. Diane dava festas em casa, assistia a filmes proibidos para sua faixa etária quando a mãe não estava em casa e gostava de impressionar as amigas.

Na época do Natal, Diane disse às amigas via Instagram que Caroline não fazia mais parte do grupo — ela ia ficar de recuperação em matemática, era estúpida e até cheirava mal. Caroline ficou sem chão. Como Diane tivera coragem de fazer aquilo? Ela havia sido a primeira amiga de Diane na escola, ajudando-a a se adaptar à nova cidade. Agora, no entanto, passara a ser ignorada pelas outras garotas do grupo. A mãe de Caroline notou que havia algo errado, pois a filha passou a ficar mais retraída e a chorar com facilidade; a partir daí, logo concluiu que Diane e as outras garotas do grupo provavelmente tinham se voltado contra a filha.

A mãe de Caroline pediu à filha que convidasse *outras* colegas de classe para irem à casa dela. Ofereceu-se para levá-las a parques de diversão, ao shopping e a restaurantes. No fim, porém, apenas uma ou outra garota aceitou o convite, pois a influência de Diane era muito forte.

A mãe de Caroline decidiu conversar com ela sobre maldades e sobre as meninas que as praticam. Sem ignorar que a filha estava magoada, a mãe passou os meses seguintes ensinando-lhe que ela tinha a capacidade de controlar seus sentimentos, de se acertar com sua mágoa (compreendendo que a hostilidade de Diane provavelmente era resultado de uma insegurança profunda) e de seguir adiante. A mãe também incentivou a filha a se aproximar das amigas de fora da escola — aquelas do coral e das aulas de dança. Ao longo do tempo, a estratégia foi funcionando, e Caroline se aproximou de uma nova amiga.

Há meninas malvadas de todos os tipos, tamanhos, etnias e religiões. Algumas já nascem com uma personalidade difícil; outras desenvolvem essa personalidade devido a algum trauma. Você pode acompanhar a dinâmica social das amizades da sua filha, mas em geral os altos e baixos dessas amizades não demandam a intervenção dos pais. E não se preocupe tanto com o *bullying* a ponto de ensinar à sua filha que já deve ir *se preparando* para enfrentar essa realidade — antecipar as coisas pode levar a uma reação desproporcional da parte dela. Além disso, lembre-se de que há agressões de diferentes níveis. Se uma garota da primeira série puxa o cabelo da sua filha quando ninguém está vendo, isso é algo com que ela pode lidar sozinha. Se ela é adolescente e uma menina malvada (ou um grupo de meninas malvadas) a chama de vagabunda nas redes sociais, você deve intervir de maneira imediata e incisiva. Se o incidente ocorreu na escola, fale com a professora. Se ela não fizer nada, procure a diretora. Se a diretora também não fizer nada, procure os pais das garotas que estão maltratando sua filha (com provas em mãos) e converse com eles longe das garotas. Se os pais se recusarem a conversar com você, é hora de pensar se as garotas que maltrataram sua filha infringiram alguma lei. Em caso afirmativo, procure a polícia. Existem leis contra a prática de *bullying* em todos os estados americanos, e elas servem para proteger inocentes e coibir comportamentos nocivos.

Precisamos impedir que nossas filhas sejam negativamente afetadas por pessoas que praticam *bullying*. Hoje em dia, essas pessoas costumam agir nas redes sociais, pois partem do pressuposto de que os pais não estão nesse território. Se perceberem que estão sendo observadas por pais — ou mesmo por agentes da lei —, seu comportamento vai mudar.

Quando você disser à sua filha que vai verificar tudo o que ela envia e recebe nas redes sociais, ela ficará revoltada. Talvez venha a gritar, espernear, bater a porta e dizer que você é um péssimo pai ou uma péssima mãe. Fazer o quê? Ela é uma criança (mesmo que tenha dezessete anos de idade) e não tem ideia de como lidar com a crueldade e a difamação. Você, por outro lado, tem. Portanto, esteja lá, junto com ela. Não dê nem um passo atrás: faça o que tem de fazer, na condição de pai ou mãe, e procure reduzir as chances de contato entre sua filha e fotos que possam lhe causar dano.

Por que as garotas magoam umas às outras?

Se uma garota chega em casa chorando porque foi rejeitada ou maltratada por um amiga, os pais, em sua maioria, dizem que ela não merecia ter sido tratada daquela forma ou que a amiga é uma imbecil. Tudo bem, isso é verdade; mas, se você explicar por que a amiga dela agiu daquela maneira, sua filha poderá compreender melhor a situação e, a partir daí, superá-la mais rapidamente.

Inveja

Na maioria esmagadora dos casos, as garotas se magoam umas às outras porque sentem inveja. Vários atributos podem fazer uma menina sentir-se ameaçada por outra: imagem, aparência, popularidade, talento, inteligência... Enfim, uma infinidade de coisas. A inveja é um dos sentimentos mais nocivos que existem, e quando repousa sobre o coração de uma jovem imatura e autocentrada é problema na certa. A reação instintiva de uma garota à inveja consiste em atacar a amiga que é objeto de reverência — e as redes sociais facilitam a vida de quem quer fazer esse tipo de ataque.

A inveja pode parecer um conceito difícil de explicar, mas não é. Ela aparece inclusive em contos de fadas, como a história da Branca de Neve e da Cinderela. Meninas inseguras podem manifestar desprezo por nossas filhas porque elas são bonitas e bem comportadas («a perfeitinha da sala»), religiosas e virtuosas («a santinha»), inteligentes («a *nerd*») ou boas nos esportes («a esportista»).

Sua filha provavelmente não vai gostar que você diga coisas negativas sobre uma garota que costumava ser amiga dela — ou talvez reaja no outro extremo e sinta certo desejo de vingança —, mas você pode ajudá-la a compreender a situação perguntando se ela já sentiu vontade de ser como outra pessoa ou de ter algo que outra pessoa tinha. Uma vez que ela tenha investigado os próprios sentimentos, você pode lhe dizer que é isso que a ex-amiga dela sente — só que multiplicado por dez. A inveja leva as pessoas — mesmo as boas — a fazer coisas ruins e nunca está direcionada ao alvo; ao contrário, sempre reflete o coração do agressor. Ao longo do tempo, mesmo uma jovem podem compreender e interiorizar essa realidade.

Insegurança

Em vários sentidos, nós, que somos pais, prestamos um desserviço às nossas filhas ao repetir constantemente que elas são incríveis. Nós as incentivamos a encontrar aquilo que amam, a usar os talentos que possuem e a estar sempre entre as melhores. Esses incentivos são bons e bem intencionados, mas, se exagerarmos na dose, podemos acabar levando-as a cair em uma armadilha: elas podem achar que, por serem tão maravilhosas, devem sempre *sentir-se* maravilhosamente bem. Mas a verdade é que *toda* filha passa por períodos (que podem durar anos) de insegurança e inadequação.

O que uma adolescente precisa compreender é que todas as jovens se sentem assim — todas são inseguras e se comparam constantemente umas às outras. A garota com cabelo longo e maravilhoso sente-se uma perdedora perto da garota que tira notas boas; a garota que tira notas boas, por sua vez, queria ser igual à garota que dança superbem; a garota que dança superbem sente-se mal porque tem menos amigas do que a líder de torcida. E assim por diante. Quanto mais consciente uma garota estiver de que a insegurança é um traço universal da humanidade, mais profunda será a compreensão que tem de si mesma e das colegas.

O que é uma boa amiga?

Sei que algumas pessoas imaginam que as amizades entre adolescentes são sempre complicadas e dolorosas. No entanto, a verdade é que muitas não são. O segredo está em ensinar nossas filhas a escolher as amizades certas.

Quando as garotas mais velhas solicitam conselhos sobre relacionamentos, peço-lhes que escrevam uma lista de características que consideram imprescindíveis para a escolha de um marido — coisas como integridade, paciência, um bom temperamento e uma fé sólida. Se o garoto não atende a esses critérios, não saia com ele. É muito mais fácil sair de um relacionamento que começou há apenas algumas semanas do que de outro que começou há meses ou anos.

O mesmo vale para as amizades. Se a sua filha refletir sobre as características que valoriza em uma amiga, ela poderá distinguir melhor as amizades superficiais das profundas. Percebi que esse exercício simples dá mais confiança às garotas, além de ajudá-las a assumir o controle das amizades e a identificar aquelas que não estão dando muito certo.

Amigas têm interesses, crenças e valores em comum

A diversidade é vista como algo positivo pela nossa cultura — e é muito bom que seja assim. No entanto, também é verdade que uma amizade profunda depende de laços e interesses em comum. Há uma grande diferença entre as amigas próximas e as não tão próximas. Como adultos, sabemos disso porque temos amigos dos dois tipos. Nossas filhas, por outro lado, sempre buscarão ter amigas próximas, e precisamos ajudá-las a reconhecer que, embora seja possível ter várias amigas com quem mantemos um contato mais esporádico — basta ter bondade e ser gentil —, uma amizade próxima requer cultivo e cuidado. As grandes amizades podem nascer no campo de futebol, na sala de aula, na igreja, em uma competição escolar, em uma peça de teatro ou em um show — isto é, em qualquer situação que una duas garotas a partir de um interesse por meio do qual podem se conhecer e, então, decidir se querem se abrir e se expor mais. Acima de tudo, as grandes amizades dependem da existência de valores compartilhados. Uma garota que acredita na importância de sermos gentis não se aproximará de uma garota que gosta de ser maldosa. Uma garota que valoriza a sinceridade e a integridade não vai querer ser amiga de outra que mente. Uma garota que se interessa por servir os outros e participar de missões humanitárias organizadas pela igreja provavelmente não tentará fazer amizade com outra que é autocentrada e se preocupa demais com a própria aparência. Uma garota que não quer ser sexualmente ativa terá dificuldade para se enturmar com uma garota promíscua.

É claro que as jovens podem ter contato com certas garotas muito diferentes, mas construir uma amizade profunda e repleta de comprometimento é difícil se os valores são incompatíveis. Como pais e mães, é importante que possamos reconhecer quais são as crenças e os objetivos de nossas filhas, pois assim seremos capazes de orientá-las a cultivar amizades saudáveis. Eu observo que, quando se trata das amizades, pais e mães bem intencionados frequentemente seguem dois caminhos possíveis nesse processo de orientação.

No primeiro grupo estão os pais que querem que suas filhas se aproximem das «boas meninas», embora as «boas meninas» não sejam necessariamente definidas pelo caráter que possuem. Alguns pais acham que as «boas meninas» são as mais ricas ou as mais bem-sucedidas nos esportes e na escola. A questão pode ter mais a ver com prestígio do que com virtude.

Já os pais do segundo grupo querem que as filhas se aproximem de garotas vindas de contextos menos privilegiados. Embora isso possa ser bom, também pode gerar grandes problemas — não apenas pela falta de paridade na relação, mas também porque uma das garotas talvez se sinta pressionada a mudar, o que pode gerar ressentimentos ou maus comportamentos. Esse risco fica imensamente reduzido se as meninas compartilham os mesmos valores e interesses e conseguem se inspirar mutuamente.

Quando Corinne e Amanda se conheceram, Corinne vinha morando em um lar provisório. Seus pais estavam na cadeia, e ela vivia em uma casa temporária desde os seis anos de idade. Por ser uma garota bem comportada, Corinne felizmente estivera com a mesma família desde o início desse processo (em vez de ficar pulando de casa em casa).

As duas jovens se conheceram na quinta série. Eram muito inteligentes e iam muito bem na escola, o que gerava inveja entre alguns dos colegas. Como ambas se achavam meio esquisitas, se interessavam por temas da cultura *nerd* e não curtiam praticar esportes, foram se aproximando e se tornaram grandes amigas.

Durante os anos que passaram juntas, conversaram sobre o desejo de fazer trabalho voluntário para ajudar crianças menos privilegiadas. Isso parecia natural para Corinne, uma vez que ela nunca havia sido amada pelos pais biológicos e queria se dedicar a ajudar outras crianças que viviam situações semelhantes. Amanda, por outro lado, era muito ligada aos pais e queria que outras jovens pudessem receber o mesmo amor que ela recebia em casa.

No ensino fundamental, ambas trabalharam como babás temporárias. No ensino médio, manifestaram interesse em trabalhar em um orfanato. Ao longo de um ano, juntaram dinheiro para viajar em grupo e prestar serviço voluntário na Guatemala.

Junto com dois professores e outros quatro colegas, Corinne e Amanda passaram uma semana cuidando de crianças em um orfanato guatemalteco. Elas brincavam com as crianças e ajudavam nas rotinas de alimentação e banho. Divertiram-se muito e se apegaram tanto às crianças que queriam adotar pelo menos uma. O orfanato, no entanto, não permitia que crianças fossem adotadas por pais estrangeiros, de forma que tiveram de desistir da ideia.

Muitas pessoas podem pensar que Corinne e Amanda são pontos fora da curva — e, em muitos sentidos, elas são mesmo. Em outros, no entanto, as duas são muito semelhantes a outras garotas da mesma idade. Já pude observar que, quando uma garota tem um grande desejo de fazer algo bom, basta que se associe a outra com um desejo semelhante para que as coisas ganhem vida. Para muitas de nossas filhas, no entanto, esses sonhos infelizmente são frustrados, dado que agimos como se os ideais elevados dissessem respeito a objetivos inalcançáveis e, às vezes, inadvertidamente, fazemos com que passem horas nas redes sociais e se tornem autocentradas, pois afinal é isso o que *presumimos* que vai acontecer. Corinne e Amanda foram incentivadas pelos pais, e alguns dos professores e colegas que admiravam o entusiasmo das duas e a missão com a qual estavam comprometidas juntaram-se a elas na viagem à Guatemala.

Elas têm experiências de vida em comum

Meninas que passaram por traumas, situações turbulentas, depressão, perdas, tristeza profunda ou outras experiências impactantes frequentemente se aproximam de garotas com uma história de vida semelhante. Essas amizades podem parecer ameaçadoras para aqueles pais que acreditam que as filhas precisam superar as experiências ruins e para aqueles que se preocupam por achar que as garotas podem estar compartilhando segredos dolorosos que nem eles próprios conhecem. Porém, em certo sentido, o objetivo é esse mesmo — essas amigas são pessoas com quem elas podem conversar de um jeito único, sabendo que serão compreendidas e que o teor da conversa não causará incômodo. Eis por que toda garota necessita de amigas próximas. Elas não precisam necessariamente de conselhos — e sim saber que não estão sozinhas, que não precisam viver com vergonha, que podem encontrar consolo e que é possível acreditar em um futuro melhor. Na condição de pais, podemos tentar fazer tudo isso por nossas filhas, e de fato devemos estar sempre atentos a essas questões. No entanto, a superação às vezes só vem por meio da amizade próxima entre duas garotas que passaram por traumas e dificuldades semelhantes. Os pais não devem encarar essa relação como uma ameaça; na verdade, se a amizade for boa, pode ser uma ajuda e tanto.

Como ajudar nossas filhas a estabelecer relações saudáveis

Quanto se trata de ajudar nossas filhas a encontrar, conservar e cultivar amizades saudáveis, o mais importante é que possamos nos manter sempre próximos delas. Trata-se de fazer parte de suas vidas, mas não de ficar o tempo todo de marcação cerrada. Pode ser difícil encontrar esse equilíbrio, sobretudo para as mães: no afã de demonstrar que estão sempre disponíveis, elas podem acabar parecendo carentes demais, ou então se intrometer nas amizades das filhas de um jeito pouco construtivo. As mães frequentemente tentam se manter «próximas» das meninas participando de suas amizades, e em geral as garotas não gostam disso. É adequado e proveitoso que você seja amável com as amigas das suas filhas, mas lembre-se: você é pai ou mãe dela, e não uma colega. Por isso, não adicione as amigas das suas filhas no Facebook. Seus amigos devem ser adultos, enquanto as amigas dela devem ser colegas da mesma idade.

Ao manter uma distância apropriada da sua filha, você ganha mais autoridade — afinal, você é o adulto da relação. Além disso, também passa a ocupar uma posição privilegiada para lhe dar conselhos, bastando que a ouça (com atenção e sem pressa, de modo que ela se sinta convidada a dizer mais) e faça perguntas amigáveis que indiquem certa direção e a permitam compreender as coisas por si. Você sabe que as garotas, sobretudo no ensino fundamental, podem ser muito inconstantes no que diz respeito às amizades, uma vez que são imaturas e inseguras. Isso é totalmente normal, mas é horrível ser a garota que se sente rejeitada — e as garotas rejeitadas quase sempre culpam a si mesmas pela rejeição. É nesse contexto que certas perguntas cuidadosas vindas dos pais podem levar as meninas a compreenderem que talvez o problema não seja elas, mas as amigas inconstantes. Muitas amizades de nossas filhas transcorrem num nível muito mais superficial do que elas pensam. Sim, a rejeição dói. Mas, com a sua ajuda e o seu incentivo, sua menina superará esse momento, que faz parte do crescimento.

Não é porque a maioria das garotas é inconstante que você não deve incentivar sua filha a ter uma melhor amiga. Os pais podem desempenhar um papel decisivo na hora de ensinar as filhas a serem amigas gentis e leais. Embora todas as crianças sejam autocentradas, as meninas gozam de certa facilidade em se comprometer com os outros, sobretudo quando são incentivadas pelos pais. Além disso, já pude observar que o bom comportamento delas pode acabar contagiando os colegas.

Certo dia, Lila, então com dezessete anos, começou a tremer incontrolavelmente durante a aula. Seus olhos se reviraram, e ela caiu no chão. Os colegas começaram a gritar. As professoras perceberam que ela estava tendo uma convulsão e chamaram uma ambulância. Vinte e quatro horas depois, a vida da garota tinha mudado completamente. Lila fora diagnosticada com um tumor cerebral de tipo raro; os médicos lhe disseram que passaria meses fazendo sessões de radioterapia, mas as sessões poderiam não ser suficientes para salvar a sua vida.

Lila ficou destruída. Era uma excelente aluna e vinha se preparando para começar a estudar em uma universidade de renome. Em vez disso, entrou em uma faculdade local para ficar mais perto do hospital onde estava recebendo tratamento.

Quando o médico ligou para passar o diagnóstico de Lila, ela estava com a mãe e uma amiga chamada Helen. Ao saberem do diagnóstico, as três começaram a chorar.

Sempre que Lila ia ao hospital para as sessões de radioterapia, Helen a acompanhava e levava doces e sorvete para a amiga — mesmo que ela estivesse muito enjoada para comer qualquer coisa.

À medida que Lila foi se aproximando dos vinte anos de idade, as garotas perceberam que o tratamento não estava funcionando. Inicialmente, o tumor diminuiu, mas depois voltou a crescer. Em uma das últimas ocasiões em que Lila foi hospitalizada, Helen pediu a várias colegas que fossem ao hospital visitá-la, a fim de alegrar um pouco o dia da amiga doente. Várias amigas e conhecidas foram ao hospital, até que Lila disse a Helen: «Pare com isso. Entendo o que você está fazendo, mas não é necessário. Agora eu só quero estar com minha família e com você. Para mim, basta ter vocês aqui».

Três dias antes de morrer, Lila já não conseguia falar nem abrir os olhos. No entanto, foi capaz de apertar a mão de Helen.

Ao sentir aquilo, Helen abriu um livro de poesia que Lila adorava e começou a lê-lo em voz alta. E ficou ali, lendo para a amiga, por horas e horas.

No último dia, os pais e a irmã de Lila sentaram-se com Helen ao lado da cama do hospital. Conforme conversavam, Helen olhou para a melhor amiga e se deu conta de que ela já não estava mais entre eles. Passaram-se nove meses até que conseguisse pensar na amiga sem chorar. Por fim, Helen seguiu em frente e terminou a faculdade. A coragem e o talento acadêmico de Lila foram para ela uma grande inspiração. Nossas filhas precisam de amigas assim: boas e leais. Como pais, podemos ajudá-las a reconhecer e buscar as verdadeiras amizades — aquelas que podem transformar a vida de uma pessoa para sempre.

CAPÍTULO 11

Ajude-a a ser forte,
e não uma vítima

Mais de 25 anos atrás, Charles J. Sykes escreveu *A Nation of Victims: The Decay of American Character*, livro no qual fala sobre o fato de as pessoas gostarem cada vez mais de se declararem vítimas (e até de usar essa categoria para definir quem são)[1]. Outra palavra que podemos usar para descrever isso é *autocomiseração* (isto é, o ato de sentir pena de si mesmo), e o problema identificado pelo autor só piorou desde a publicação da obra.

A autocomiseração é nociva porque paralisa as pessoas, impedindo-as de assumir a responsabilidade por suas próprias ações e de agir para resolver seus próprios problemas. Trata-se de um sentimento que nos leva a culpar os outros por nosso fracasso e a não acreditar na possibilidade do sucesso pessoal. Precisamos que nossas filhas sejam fortes, e não que sintam pena de si mesmas.

Elena foi ao meu consultório para fazer o exame médico da segunda série. Tinha oito anos e vinha enfrentando problemas para se relacionar com seus colegas. Disse que não gostava de

---

1   Charles J. Sykes, *A Nation of Victims: The Decay of the American Character*, St. Martin's Press, Nova York, 1992.

ir à escola, uma vez que os colegas a ridicularizavam e ninguém gostava dela. A mãe da garota tomou a palavra e concordou, dizendo que Elena acabava excluída porque era gorda e tinha o cabelo ruivo.

— Pobrezinha... — disse ela. — A vida é difícil para uma garota como Elena, que se sente diferente.

Dei uma olhada na curva de crescimento de Elena. Ela estava muito acima do peso — quase vinte quilos acima. Ela se sentou na maca do meu consultório com os ombros encolhidos e os dedos entrelaçados na frente da barriga. A mãe continuou:

— Nós temos falado sobre reduzir as calorias, mas... Bem, não quero que a autoestima dela seja afetada.

A mãe de Elena falava com voz suave e macia, mas a menina era hostil e a interrompia várias vezes, dizendo que ela a estava envergonhando e devia ficar calada. Era fácil perceber quem mandava naquela relação — e não era a mãe.

Quando terminei o exame, abordei a questão da obesidade de maneira delicada, na esperança de que mãe e filha me dessem ouvidos.

— No ensino fundamental — comecei —, muitas garotas dão excessiva atenção ao peso e à aparência, o que não é saudável. Mas esse não é o problema da Elena. Ela está com dificuldade para controlar o consumo de calorias, e isso me preocupa, porque o ganho de peso aumenta o risco de diabetes e de outros problemas que podem se estender até a vida adulta.

A mãe respondeu:

— Sei de tudo isso, dra. Meeker. Mas você não entende... A Elena nem come tanto assim.

— Certo, vamos repassar a dieta dela. Elena, o que você come no café da manhã?

A mãe interviu e respondeu pela filha:

— Ela gosta de rabanada e cereais de chocolate. Normalmente, come um pouco dos dois, mas não muito. Depois, se veste para ir à escola e come um salgado. Sempre deixo ela comer um salgado porque não quero que tenha pouco açúcar no sangue de manhã, quando ela precisa se concentrar na escola.

— Mãe, você está exagerando. Eu nunca como tanto.

A mãe balançou a cabeça.

— E o almoço? — perguntei. — Você come na cantina da escola ou leva almoço de casa?

— Geralmente como na cantina, porque estamos muito ocupadas para fazer almoço. Minha mãe podia fazer na noite anterior, mas não faz. As mães das outras crianças fazem, mas ela não.

A mãe de Elena ignorou a crítica e disse:

— Ah, Elena, você se esqueceu de dizer que come um lanchinho antes do almoço. Lembra? Você come pão com requeijão. Mas ela nem chega a terminar o pão, dra. Meeker.

— Certo. E no resto do dia?

— Bem, na escola eu geralmente como *nuggets*, leite com achocolatado em pó e suco. Quando chego em casa, como um lanche e depois vou brincar na rua. No jantar, minha mãe geralmente pede pizza, esquenta uma pizza congelada, ou faz massa. Mas nunca como muito no jantar.

— É verdade — disse a mãe. — Não entendo como ela pode estar ganhando peso.

— Bem — respondi —, acho que consigo enxergar o problema, e posso oferecer ajuda se vocês concordarem em fazer alguns pequenos ajustes. Em primeiro lugar, vamos cortar a comida extra no café da manhã. Você consegue fazer isso, Elena?

Elena ficou emburrada e disse:

— Não! Eu tenho muita fome de manhã, não posso fazer isso.

A mãe concordou:

— Isso seria difícil. Não acho que seja uma boa ideia. Ela precisa se concentrar na escola, precisa dessas calorias.

— Certo. E se ela pulasse o lanche da manhã?

— Ela pode tentar, mas não sei se vai dar certo. É ela mesma quem faz o pão com requeijão, e ela precisa desse lanche para segurar a fome de manhã.

Foi ficando claro para mim que nem a mãe, nem a filha estavam dispostas a mudar, então resolvi tentar uma abordagem diferente com a mãe.

— O jantar é algo que você pode controlar. Preciso que você cozinhe refeições saudáveis à noite e estabeleça o limite de um prato e uma porção de cada alimento para Elena. Elena, você gosta de frango, vegetais ou salada?

Elena arregalou os olhos na direção da mãe e berrou:

— NÃO!

— Ela não come nada além de massa e pizza, dra. Meeker. Até queria que experimentasse outros alimentos, mas ela não experimenta.

— Ela precisa mudar de dieta. É uma questão de saúde.

— A dieta não está tão ruim, doutora. Elena já vem brigando contra a balança; não quero colocar mais um fardo nas costas dela. Como os colegas fazem piada na escola, quero que ela se sinta bem em casa.

— Se você e sua filha não estiverem dispostas a fazer mudanças, a saúde dela será afetada. Elena pode facilmente se tornar diabética. Ela já tem sintomas de problemas sérios. Podemos corrigir tudo isso a partir de hoje, mas é preciso que vocês se esforcem. Você e ela têm de estar dispostas a fazer esse esforço.

— Dra. Meeker, entendo sua preocupação, mas ela é jovem, vulnerável e sensível porque os colegas riem dela. Acho que seria um erro focar demais na dieta agora. Precisamos nos concentrar na autoestima dela.

As duas saíram do consultório e eu fiquei ali, com o coração na mão. Elena estava presa em uma armadilha porque a mãe sentia pena dela. Diante disso, acreditava que não conseguiria ou que não era necessário mudar. Elena era uma *vítima* da obesidade, e isso era injusto. Outras crianças não tinham de passar por aquilo que ela estava passando.

Eu até gostaria de dizer que uma atitude assim é rara, mas não é verdade. Muitos pais veem suas filhas como vítimas de

Ajude-a a ser forte, e não uma vítima

grandes injustiças. Vejo pais gritando com o técnico do time de futebol porque a filha ficou no time reserva. Reclamam com o professor porque a filha tirou notas baixas. Reclamam com o chefe da filha porque ele exige que ela seja pontual e trate bem os clientes — mesmo quando ela não está muito a fim de ir trabalhar nem de ser educada. Com frequência, os pais ensinam às filhas que os percalços da vida são sempre culpa de alguém. E o fazem com a melhor das intenções, pois não querem que suas filhas se sintam mal. No entanto, os resultados são os piores possíveis. De fato, esses pais fazem com que o mundo se torne um lugar mais triste para as filhas. Ficar colocando a culpa nos outros não ajuda ninguém a ser feliz. Deixar de responsabilizar nossas filhas por determinados acontecimentos é impedi-las de alcançar aprimoramento pessoal, felicidade verdadeira e sucesso.

Se a mãe de Elena tivesse dito simplesmente: «Mudar a dieta vai ser difícil, mas você consegue, e eu vou te ajudar», teria levado a filha de uma autocomiseração impotente (com todas as atitudes negativas que ela suscita) à força. Elena não precisava só perder peso — precisava também que a mãe lhe ensinasse que a vida é feita de escolhas. Ela podia escolher entre ficar parada com pena de si mesma e encarar o problema de frente e vencer.

A triste realidade é que Elena provavelmente continuará obesa por anos e anos, e os esforços da mãe para preservar a autoestima dela terão, na verdade, o efeito oposto. A incapacidade de controlar o peso inevitavelmente levará a menina a ter baixa autoestima, limitações físicas e ressentimento pelos outros — tudo isso porque foi tratada como uma garota fraca.

A posição dos pais é muito delicada. Queremos que nossas filhas sejam felizes e tenham boa autoestima, mas a felicidade e a autoestima são atributos que conquistamos assumindo responsabilidades pessoais, tendo muita dedicação, cultivando a fé a esperança e desenvolvendo nossa personalidade e nossa independência. Em vez de incentivar nossas filhas a agir de maneira independente, no entanto, é comum que façamos as coisas por elas ou que ignoremos erros pelos quais elas deveriam se responsabilizar. Eu já fiz isso, e acredito que você também.

Nosso comportamento instintivo consiste em culpar os outros porque não desejamos acreditar que nossas filhas seriam capazes de fazer algo errado, e tampouco desejamos achar que falhamos em nossas funções de pai ou mãe. Porém, quando as crianças cometem erros, não é porque são más ou porque seus pais são ruins, mas *porque são crianças*.

Também tendemos a culpar os outros para evitar conflitos. Se reconhecermos que nossas filhas fizeram algo errado, teremos de lidar com a situação e mostrar a elas que haverá consequências. Muitos pais não gostam do conflito, da disciplina e da ideia de estabelecer regras. Já pude observar que muitos começam bem, mas depois desistem. Por exemplo: confiscam o celular da filha por uma semana como castigo por algo que elas fizeram, mas depois, quando a filha começa a reagir e reclamar, dizendo que eles são cruéis ou injustos, os pais flexibilizam a punição.

Todo pai tem a missão de encontrar um equilíbrio. De um lado, somos as pessoas mais importantes na vida de nossas filhas; do outro, não podemos permitir que ocupem o centro de nossas vidas. Precisamos manter certa distância a fim de julgá-las objetivamente e de que possamos ser bons pais; elas, por sua vez, precisam manter certa distância para que possam ser independentes. Colocar nossas filhas no centro de nossas vidas distorce a dinâmica interna de uma família saudável. Os pais devem estar no comando. Não devemos satisfazer todas as vontades dessas meninas. De fato, elas não querem ter esse tipo de poder; o que querem é que os pais sejam líderes, que lhes ofereçam estrutura e orientação e que verifiquem se as regras estão sendo cumpridas. Quando agimos de maneira diferente, nossas filhas ficam mais egoístas, e pessoas egoístas não são felizes: apenas culpam os outros por seus próprios fracassos.

Evidentemente, é comum que os pais não percebam que isso está acontecendo em suas respectivas famílias. Eles podem até notar que há algo de errado, podem sentir certa tensão no ar, podem acabar percebendo que estão ressentidos com os filhos, mas não conseguem explicar exatamente por quê. Para desfazer essa tensão ou aliviar a culpa vinda do ressentimento, os pais podem se tornar permissivos demais — e isso só piora as coisas. É aí que começam as discussões: a filha sai de casa batendo a porta e os pais sentem que perderam o controle. E perderam mesmo.

Quais são as consequências para as nossas filhas?

Quando recebem atenção da maneira indevida e são muito paparicadas, nossas filhas desenvolvem uma falsa consciência de si e do mundo que as cerca. Ficam tão acostumadas em ter suas vontades, necessidades e desejos tratados como coisas altamente especiais que se ressentem se alguém não «compreende» o que querem. Foi o que aconteceu com Calista.

Quando Calista tinha treze anos, o técnico de ginástica artística chamou os pais dela para uma conversa reservada e disse-lhes que ela tinha um talento acima da média — talvez um talento de nível olímpico — e que podia se tornar uma grande ginasta se suas habilidades continuassem a se desenvolver naquele ritmo. Os pais de Calista ficaram nas nuvens. Um ano depois, perguntaram ao técnico se havia algo que podiam fazer para maximizar o potencial da garota. O técnico foi cauteloso e respondeu que o avanço de Calista havia se tornado mais lento.

Não foi fácil ouvir aquilo. O pai disse:

— Estamos pensando em mudar para a Califórnia. Sabemos que Calista é extraordinária para a idade dela, e lá existe um centro de treinamento para ginastas que parece ser fantástico.

O técnico disse:

— Não acredito que ela esteja pronta para treinar em um centro assim. As garotas que frequentam esses centros colocam o esporte acima de tudo — cada aspecto da vida delas, inclusive a escola, gira em torno da ginástica. É uma conduta muito rigorosa, e Calista precisa amadurecer as habilidades atléticas antes que vocês cogitem um passo dessa magnitude.

O pai da garota respondeu:

— Já pensamos sobre o assunto e estamos dispostos a fazer isso. Queremos fazer de tudo para que ela tenha a oportunidade de ir para as Olimpíadas.

— E quanto a seus dois filhos mais novos? — perguntou o técnico. — Será um sacrifício para eles também.

— Eles estão dentro — respondeu a mãe de Calista. — Todos achamos que vai ser incrível.

O técnico fez um último apelo:

— Sinceramente, acho que essa é uma decisão prematura. Calista é talentosa, mas há milhares de garotas mais talentosas do que ela. Ela vai treinar entre algumas das ginastas mais bem-sucedidas e competitivas do mundo. Ela é uma ótima ginasta, mas não acho que esteja pronta para isso.

Decepcionados, os pais de Calista voltaram para casa e repensaram os planos. Ao longo dos meses seguintes, os dois frequentaram os treinos de Calista e ficaram convencidos de que ela tinha talento suficiente para competir nas Olimpíadas. Venderam a casa, pegaram os três filhos e se mudaram para a Califórnia.

Os três anos seguintes foram tranquilos para Calista, mas não para o irmão dela, de oito anos. Ele encontrou dificuldades para fazer amigos na escola nova. Sua mãe costumava consolá-lo dizendo:

— Sei que é difícil, meu amor, mas você não quer que Calista vá para as Olimpíadas? Não seria legal viajar para longe e ver outros países?

Isso fazia com que o garoto voltasse a se sentir bem, mas não por muito tempo; a vida escolar nunca chegou a melhorar para ele. Calista passou a treinar intensamente e foi muito bem na primeira competição de nível nacional. Nas Olimpíadas Juniores, no entanto, teve um desempenho ruim e disse que não estava se sentindo bem. Vieram então as eliminatórias para as Olimpíadas, mas a menina não conseguiu se classificar. Quando chegou em casa, ela chorou durante uma conversa com os pais.

— Não acredito! — lamentou-se. — Sei que minha performance foi melhor do que a de algumas outras garotas. Além disso, eu me dediquei mais do que elas. Acho que os juízes foram tendenciosos. Um deles mal viu minha apresentação. Não é justo!

— Eu sei — começou o pai. — Às vezes os juízes não são justos. Pode ser que tenham tido um dia difícil. Mas o fato de não terem escolhido você e de acharem que você não é melhor do que várias daquelas garotas mostra o quão tendenciosos chegam a ser. Você é mais alta do que muitas delas. Aposto que não gostaram disso. Vou ver o que consigo fazer. Você merece pelo menos a oportunidade de se apresentar de novo.

O pai de Calista ligou para o técnico da filha e disse que as eliminatórias haviam sido injustas. Será que os juízes não conseguiam perceber o quão boa ela era? Por um milagre, o comitê permitiu que se apresentasse uma segunda vez, mas novamente ela ficou de fora da equipe olímpica.

Os pais de Calista ficaram arrasados. Todos os membros da família haviam sido afetados pela decisão deles, mas os sonhos olímpicos de Calista não se tornaram realidade. A família ficou na Califórnia por mais quatro anos a fim de que a garota pudesse ter uma segunda chance de participar das Olimpíadas, mas a banca de juízes «tendenciosos» novamente foi incapaz de apreciar todo o talento que ela tinha.

Assim, a família fez as malas e voltou para Michigan. Os irmãos de Calista ficaram muito felizes com a possibilidade de voltar a conviver com os antigos amigos, e a vida escolar deles também melhorou.

Calista se candidatou a seis faculdades de prestígio no estado americano da Nova Inglaterra. Para sua surpresa, todas as instituições a rejeitaram. Novamente ela reclamou, dizendo que não sabiam o quão talentosa ela era. Além disso, Calista tentou trabalhar como treinadora de ginastas mais jovens. Chegou a receber uma proposta de emprego, mas, quando lhe disseram que receberia «apenas» três mil dólares por mês e que poderia ser necessário que trabalhasse mais de quarenta horas semanais, ela exclamou: «Isso é algum tipo de brincadeira? Vocês leram meu currículo? Mudei para a Califórnia para trabalhar com um dos melhores treinadores dos Estados Unidos. Participei das eliminatórias para as Olimpíadas duas vezes, e só fui eliminada por causa de juízes tendenciosos. Não aceito·trabalhar por menos de sete mil dólares».

Não é preciso dizer que ela não conseguiu o emprego e nem foi chamada para trabalhar como treinadora nos outros lugares para onde enviara o currículo. Calista achava que o mundo estava contra ela, e os pais concordavam. Por fim, a garota conseguiu se encaixar numa vaga no setor de varejo, mas continuou ressentida por não ter obtido o reconhecimento de que se julgava digna.

A maioria dos pais não leva os desejos das filhas às últimas consequências, como foi o caso dos pais de Calista. Entretanto, variações menos drásticas desse cenário podem ser observadas em muitos lares americanos. Vários pais reorganizam suas agendas a fim de proporcionar mais oportunidades para as filhas. Sem que eles percebam, esses compromissos podem se tornar a dinâmica central de uma família. Os irmãos têm de se conformar com o fato de que, aos fins de semana, um dos pais está sempre em alguma competição da qual a filha está participando. Os pais, por sua vez, falam tanto sobre o sucesso da filha que a convencem de que ele é importante não apenas para ela, mas para a família com um todo. Em seguida, a filha passa a se sentir pressionada a ter um desempenho sempre infalível. Ela vê quanto tempo e quanto dinheiro os pais têm dedicado ao seu futuro. As refeições em família deixam de ocorrer para que ela tenha mais tempo para treinar. Ao longo dos anos, a jovem se convence de que o fato de os pais se organizarem em função das atividades que ela pratica é mais do que uma atitude legal da parte deles: é um direito dela.

É nessas horas que a vida surpreende. Quando o ensino médio acaba, a garota desiste dos treinos porque perdeu o interesse pelo esporte, porque não é boa o suficiente para jogar no time da universidade, porque precisa se concentrar mais nos estudos ou porque começou a trabalhar e o tempo ficou curto. De repente, a identidade dela parece ter se deslocado. Ninguém mais fala de suas conquistas; fora de casa, ninguém mais a coloca no centro do mundo. Em muitos sentidos, os pais e irmãos estiveram a serviço dela até aqui, e agora ela começa a aprender uma dolorosa lição: a de que precisa se assumir responsável pela própria vida. Infelizmente, ela se sente enganada, pois foi levada a crer que era normal e saudável que os outros a servissem o tempo todo. Com isso, a transição para a maturidade será para ela muito mais dolorosa do que precisaria ser.

Não se trata de ficar buscando os culpados da história. Várias vezes, agimos errado como pais porque amamos nossas filhas. Mas também erramos porque fazemos o que fazem nossos amigos. Nossas filhas enfrentam pressão dos colegas, mas nós também. Quando vemos nossos amigos se desdobrando para satisfazer as necessidades de suas filhas, fazemos o mesmo. Mas não é assim que se cria uma mulher forte, dedicada, independente e criativa. Se nos comportarmos dessa forma — e isso pode soar irônico em uma era dominada pelo feminismo —, estaremos ensinando a nossas filhas que elas precisam que *os outros* façam as coisas acontecerem em suas vidas.

Mudando de perspectiva

O importante é criar jovens capazes de perceber que *não* são o centro da família, mas parte de um todo. Uma maneira simples de fazer isso está em colocar a filha para fazer tarefas domésticas. Mesmo que ela reclame, isso a fará sentir-se necessária — o que, por sua vez, fará com que se sinta bem. De fato, é comum as garotas não se negarem a fazer serviços domésticos; em vez disso, os pais é que não querem ver as filhas abrirem mão do precioso tempo que têm para se dedicar ao piano ou a outro talento qualquer. É perfeitamente normal que os pais tenham orgulho de suas filhas, mas é preciso que se orgulhem da formação e do desenvolvimento delas como seres humanos capazes de se lembrar, em primeiríssimo lugar, de que fazem parte de uma família, de que têm obrigações que vão além delas mesmas e de que são responsáveis por seus próprios sucessos e fracassos.

Eduque-a para ser independente, e não para depender de você

Pais e mães adoram sentir que são necessários. As mães, em particular, acham que atender às necessidades de seus filhos as torna melhores. No entanto, dar atenção demais às crianças não as ajuda a alcançar sucesso e felicidade na vida adulta. Muitos pais têm dificuldade para entender que, à medida que nossos filhos se desenvolvem, passam a depender de nós por motivos diferentes. Uma das coisas que precisamos começar a fazer é justamente prepará-los para serem independentes.

Minha cunhada teve câncer de mama por volta dos quarenta anos de idade e câncer no útero por volta dos cinquenta. Infelizmente, a doença tirou-lhe a vida quando ela era muito jovem (estava prestes a completar sessenta anos). Tratou-se de uma morte bastante trágica porque ela era mãe solteira de quatro filhos com idades entre 19 e 27 anos; a mais jovem estava no primeiro ano da faculdade.

Em seu leito de morte, ela disse ao meu marido: «Tive uma vida maravilhosa. Não me preocupo com meus filhos porque eles não precisam mais de mim».

Em um primeiro momento, o comentário dela me incomodou. «É claro que precisam de você!», pensei. «O que vão fazer sem você, uma vez que não têm pai?» Em seguida, percebi que havia verdade no que ela estava dizendo — no entanto, como mãe, não queria acreditar naquilo. Os filhos *não* precisavam dela. Ela os havia educado para que fossem fortes e independentes. Embora se sentisse próxima deles (e eles, dela), minha cunhada os havia ensinado — em meio a todas as dificuldades do divórcio e do câncer — que eles podiam viver bem sozinhos. Tinham toda a capacidade para lidar com questões financeiras, tomar boas decisões para escolher um marido ou uma esposa, conseguir bons empregos e trabalhar com afinco. Ela tinha certeza de que seriam bons pais para os futuros netos dela. Ensinara a eles tudo o que era necessário para que andassem com as próprias pernas.

Muitos pais têm dificuldade para «trocar de marcha» à medida que as filhas crescem, pois a própria identidade deles se resume quase que inteiramente ao papel de pai ou mãe. Esses papéis lhes trouxeram grandes alegrias e realizações, e eles não querem perder essa sensação. Acreditam que só serão felizes se as filhas precisarem deles e sempre querem tomar decisões por elas. Algumas filhas revoltam-se contra isso, gerando conflitos. Por outro lado, se aceitam essas condições, acabam por tornar-se dependentes. É possível que liguem para os pais quatro vezes por semana, façam visitas frequentes e até peçam para a mãe lavar suas roupas ou trocar seus lençóis — afinal, elas não teriam como arrumar tempo para fazer isso, pois são jovens muito ocupadas e profissionalmente bem-sucedidas.

As famílias existem para que seus membros se ajudem mutuamente, mas não a ponto de os pais fazerem pelos filhos algo que os filhos poderiam fazer por si mesmos. Ao escolhermos esse caminho de imprudência, acabamos por lhes ensinar que são incapazes. Para uma filha, isso pode conduzir a uma dose nada saudável de insegurança.

Emma, que foi minha paciente, não fez faculdade — em vez disso, começou a trabalhar. No entanto, não conquistou com isso sua independência. Os pais permitiram que continuasse morando com eles para que pudesse guardar dinheiro. Não pediam que cozinhasse, nem que limpasse a casa, nem que fizesse outros trabalhos domésticos, pois queriam que ela se dedicasse totalmente ao emprego.

Depois de alguns anos, o relacionamento entre os membros da família começou a apresentar sinais de desgaste. Os pais de Emma começaram a se incomodar profundamente por ela mudar de emprego o tempo todo, não avançar profissionalmente e estar, no fundo, retrocedendo (havia deixado de trabalhar em tempo integral para trabalhar apenas em meio período). Ela sempre reclamava dos chefes, não conseguia se dar bem com os colegas (eles eram sempre injustos com ela) e achava que os pais precisavam ser mais compreensivos. Os pais, por sua vez, estavam cansados de pagar suas contas e de esperar que fosse morar sozinha. Precisavam começar a pensar na aposentadoria, e as «necessidades» dela estavam atrapalhando.

Quando disseram à filha que ela tinha de sair de casa, a jovem explodiu. Aos berros, respondeu que eles eram cruéis e injustos e fez questão de frisar que não se importavam com ela — do contrário, jamais teriam dito para ela partir. Por fim, Emma se recusou a ir morar sozinha, os pais recuaram e os três continuaram — juntos e infelizes — na mesma casa.

Ainda que tivessem as melhores intenções, os pais de Emma criaram um monstro ao transmitirem para ela uma mensagem clara e direta: você precisa de nós para sobreviver; não pode ser independente porque não é forte o bastante. No fim das contas, eles não foram fortes o bastante para desconstruir essa mensagem nociva.

Como mantê-la forte

Há algumas instruções básicas que todos os pais podem seguir para garantir que a filha viva todo o seu potencial.

Deixe que ela tenha a oportunidade de se esforçar sozinha

Todo pai e toda mãe podem começar a fazer isso desde a infância das filhas. Recentemente, vi minha neta de dois anos tentando colocar uma jaqueta. Deixei que tentasse sozinha, mas ela estava colocando o braço esquerdo na manga direita, e vice-versa. Depois de alguns minutos, peguei a jaqueta e a vesti, pois estava com pressa para sair. Logo depois que subi o zíper, ela gritou. Em seguida, começou a chorar. A menina queria ter posto o casaco sozinha, queria ter obtido sucesso naquela tarefa, e eu a impedi. Gostaria de poder dizer que tirei a jaqueta dela e permiti que tentasse de novo, mas não foi isso o que fiz. Naquele momento, estava frustrada e precisava que ela entrasse no carro. Porém, agi de outra forma na oportunidade seguinte.

Uma semana depois, estávamos prontas para sair de casa e aconteceu a mesma coisa. Entreguei a jaqueta para ela, e novamente ela tentou colocá-la ao contrário. Virei a jaqueta do lado certo e lhe devolvi a peça, mas não adiantou: ela continuava invertendo os braços, e eu comecei a ficar irritada — mas percebi também que, mesmo aos dois anos de idade, ela precisava compreender o sentido do esforço e seu grau de capacidade. Se eu fizesse aquele esforço em seu lugar, ela não venceria aquela batalha pessoal.

Esse foi um pequeno incidente, mas, quando se é uma pessoa impaciente — e eu o sou —, essas coisas parecem durar uma eternidade. Entretanto, precisamos lembrar que vitórias aparentemente pequenas e insignificantes para nós são gigantescas para nossas filhas e netas. Depois daquela que pareceu ser a trigésima tentativa, minha neta finalmente conseguiu vestir a jaqueta do jeito certo e ficou eufórica. Não houve lágrimas nem gritos — apenas a alegria do sucesso. E, embora esses sejam pequenos obstáculos, é a partir deles que as crianças buscam alcançar feitos cada vez significativos.

Ensine-a a viver sem medo

Como pais, temos o instinto natural de proteger nossas filhas. Os homens, em particular, sentem essa necessidade — e isso é bom e saudável.

No entanto, às vezes a proteção passa da conta. Sem perceber, podemos acabar mimando demais as meninas, de maneira que elas não conseguem aprender a enfrentar o medo e se defender por conta própria. Como adultos, aprendemos a seguir em frente mesmo sofrendo de ansiedade, fadiga ou estresse, e nossas filhas precisam aprender o mesmo. Vivemos preocupados com a possibilidade de que algo ruim aconteça — e pode acontecer —, mas não podemos controlar todas as circunstâncias que afetam a vida delas. Elas precisam aprender a lidar com situações difíceis, e nós podemos ajudá-las dando-lhes exemplos de coragem.

Certa noite, Kristine foi acordada pela filha, Jenna, de quatro anos de idade, que estava com uma tosse terrível. Como era Natal e as duas tinham ido visitar os pais de Kristine, que moravam numa pequena cidade no estado de Montana, a pediatra de Jenna não estava disponível para ajudar. Por isso, Kristine decidiu levar a filha ao pronto-socorro do hospital local.

No pronto-socorro, o médico examinou Jenna e disse a Kristine que seria necessário fazer um raio-X para garantir que a garota não estava com pneumonia. Além disso, pediu um hemograma completo. Mais ou menos uma hora depois, o médico voltou, com o rosto pálido. «Não sei muito bem o que está acontecendo com a sua filha», disse, «mas ela precisa ir urgentemente para o Hospital Infantil de Seattle. Ela não está com pneumonia. Na verdade, receio que tenha algum tipo de câncer — talvez leucemia».

O médico saiu da sala e pediu uma ambulância para transportar Jenna até Seattle (um trajeto de cinco horas). A estrada estava coberta de gelo, mas essa era a última das preocupações de Kristine. Ela entrou na ambulância e sentou-se ao lado da filha, que estava na maca tomando soro. Mal sabia que aquele era o primeiro passo de uma longa e dolorosa jornada que duraria três anos.

Para complicar ainda mais as coisas, Kristine deixou a outra filha (de dois anos) com os pais. Isso a preocupava. Além disso, o marido dela era militar, e o batalhão dele estava alocado do outro lado do mundo. Kristine queria desesperadamente que ele estivesse ali, junto com ela. Totalmente sozinha com a filha, que lutava para conseguir respirar, Kristine só tinha uma coisa a fazer: esperar.

Durante a difícil viagem de ambulância, Kristine conversou comigo por telefone. Sua voz estava surpreendentemente calma, mas eu sabia que ela já tinha contemplado o pior dos cenários: a morte da filha.

Ela me explicou tudo o que havia acontecido nas últimas oito horas. No início da noite, Jenna estivera bem, jantara normalmente e não apresentara febre. Quando fora levar a filha para a cama, Kristine havia notado que a menina estava ansiosa — e ela nunca ficava ansiosa. Depois que a mãe saíra do quarto, Jenna pegara no sono e dormira bem, até acordar tossindo. Inicialmente, Kristine achou que ela estava gripada, mas logo ficou claro que havia alguma outra coisa. «Talvez eu devesse tê-la levado para o pronto-socorro mais cedo. Talvez eu devesse ter notado que ela estava pálida. Ou talvez...»

Tentei fazê-la parar. Todas aquelas conjecturas eram irrelevantes, e, mesmo que ela tivesse agido diferente, o resultado teria sido igual. Às vezes, por razões que jamais compreenderemos, as crianças simplesmente adoecem. Assim como os adultos, elas podem ser acometidas por uma enfermidade gravíssima em pouco tempo.

Naquele dia, mesmo tendo todos os motivos para estar preocupada, Kristine me disse algo de que jamais vou me esquecer: «Sinto-me absolutamente em paz. Estou aqui, sozinha, no meio do nada, com minha filha que tem sabe Deus o quê, e acredito que Deus tem tudo sob controle. Não posso fazer nada, mas Ele pode. Não sei como tudo isso vai acabar. Mas Deus está no comando. E Ele é bom».

Quando ela disse isso, fiquei tremendamente emocionada. E, de certa forma, também me senti fraca. A fé que aquela jovem mãe tinha — sentada ao lado de uma filha que lutava pela vida — era extraordinária. As palavras dela não soavam como um conjunto de clichês ensaiados. Eram, antes, manifestações reais que transbordavam de um coração partido.

As palavras de Kristine me lembraram de uma cena do livro *A viagem do peregrino da alvorada*, de C. S. Lewis:

> *Mas ninguém, à exceção de Lucy, sabia que, ao voar em torno do mastro, o albatroz havia sussurrado: «Coragem, querido coração», e a voz, ela tinha certeza, era de Aslan, e com a voz ela sentiu um delicioso hálito tocar-lhe a face*[2].

Jenna recebeu um diagnóstico de leucemia linfoide aguda e foi imediatamente internada na UTI. O tumor que tinha na caixa torácica era tão grande que pressionava as suas vias aéreas. A situação era crítica. Se os médicos não conseguissem reduzir

---

2   C. S. Lewis, *The Chronicles of Narnia*, HarperCollins, Nova York, 1956, p. 511.

o tamanho do tumor imediatamente, Jenna poderia ficar com as vias aéreas totalmente bloqueadas, o que a levaria à morte.

O marido de Kristine foi transportado de avião para Seattle, e Jenna começou o tratamento contra a leucemia. Seis semanas depois, ela voltou para o Michigan e deu início a uma longa sequência de sessões de quimioterapia, hemogramas, punções lombares, raios-X e incontáveis testes e exames. Perdeu os cabelos, ficou inchada de tanto tomar esteroides e sofreu com os enjoos causados pela quimioterapia. Mais ou menos um ano depois do início do tratamento, encontrei Kristine e Jenna. Kristine contou que a filha estava lidando bem com a terapia. Perguntei então a Jenna o que ela achava de ter de ir ao hospital (que ficava a duas horas de onde elas moravam) com tanta frequência para fazer exames. «Ah, não sei», respondeu. «Não é tão ruim. As enfermeiras são legais. Eu só não gosto quando ficam me espetando nas costas.»

Fiquei impressionada com o comportamento pragmático de Jenna e Kristine. A leucemia era apenas algo com que elas tinham de lidar e que demandava tratamento. Não havia nenhum traço de autocomiseração na fala delas. A vida seguiu em frente, e Kristine continuou tratando a filha da mesma forma como sempre tratara — inclusive dando-lhe broncas quando se comportava mal. A leucemia não era desculpa para esse tipo de comportamento.

Muitos pais cujas filhas tiveram alguma enfermidade crônica (mas não fatal), como asma ou anemia, pedem que as tratemos com delicadeza na hora de examiná-las. Se a criança chora no momento em que a toco, o pai ou a mãe imediatamente a pega nos braços, numa atitude cheia de compaixão, e diz: «Ela não gosta de médicos. Tem trauma por causa das agulhas». Em seguida, começa a paparicar e abraçar a filha.

Diferentemente de Kristine, esses pais não ensinaram as filhas a serem corajosas — isto é, não lhes mostraram a importância de ser forte diante do medo e de ser resiliente, porque a dor faz parte da vida. Esse trecho do poema «Coragem», de Robert W. Service, resume a postura de Kristine:

Abri meus olhos hoje cedo,
E vi, com maravilha e assombro,
Na macieira de novembro,
Um botão florescer.

Num galho escuro e tenebroso,
Ele brilhava-me nos olhos
Qual raio ardente e radioso
De amor e fé.

«Oh, pobre flor», disse eu, «que viu
na neve a cor primaveril!
Pois eis que a ave foge ao frio
Que vai romper.»

Serena, a flor me olhou de frente:
«Frio não há que me afugente
pois sou aquela», em tom valente,
«Que antevê.

Pois há de haver a flor primeira
Que traz a bela primavera
A um mundo sem eira nem beira —
E é o que vou ser.

E essa visão terei sozinha:
A neve e o vento que assovia
Sem macular minha alegria
Ou me abater.»

Ter coragem não é não ter medo, mas resistir ao medo e fazer o certo — por nós mesmos e por nossas filhas. É muito fácil ter pena de nossas filhas por elas crescerem imersas em uma cultura nociva que as desvia do bom caminho, ou porque sofrem de ansiedade, de depressão ou de uma doença crônica, ou porque passaram por momentos difíceis durante um divórcio conturbado.

Contudo, seria um enorme desserviço ensiná-las a culpar o mundo pelos problemas que enfrentam. Afinal, se a culpa é dos outros, nossas filhas estão condenadas ao desamparo e à inação. Por outro lado, meninas que aprenderam a encontrar e desenvolver sua força interior sempre serão capazes de ter esperança e viver com mais plenitude.

Ajude-a a assumir riscos calculados e a enfrentar o fracasso

Naturalmente, seríamos irresponsáveis se incentivássemos nossas filhas a assumir riscos que podem gerar consequências drásticas. Muitos pais cometem esse erro, sobretudo aqueles que têm filhas adolescentes. Por presumirem que são mais maduras do que efetivamente são, alguns pais lhes dão liberdade em excesso — afinal, dizem, as filhas são dignas de «confiança». Pode ser que instruam a filha de dezesseis anos a usar métodos contraceptivos porque ela tem um namorado «legal», eles sabem que ela será sexualmente ativa e querem evitar problemas. Ingenuamente, esquecem que a gravidez não é o único «problema» — os métodos contraceptivos não a protegerão da depressão nem de várias doenças sexualmente transmissíveis.

Outros pais permitem que as filhas passem o fim de semana na casa de uma amiga que vai dar uma festa em que provavelmente haverá bebida alcoólica. Talvez os pais da amiga não estejam em casa, mas, como a filha é uma aluna nota dez, eles lhe dão permissão, acreditando que ela não vai aprontar (nem fazer nada ilegal). Porém, não importa o quão boa ela seja: seu cérebro ainda não amadureceu totalmente, e os pais não devem presumir que as adolescentes (sobretudo quando em grupo) farão sempre a coisa certa. *Elas são crianças*, afinal.

Dito isso, nossas filhas precisam aprender a sair da zona de conforto e assumir os riscos *adequados* à idade. Em sua maioria, as garotas não assumem riscos sem que haja um estímulo externo, pois, uma vez que querem ser bem-sucedidas, acabam por trilhar sempre o caminho que já conhecem. No entanto, nenhuma garota terá sucesso na vida enquanto não aprender a fracassar da maneira correta, e isso se dá por meio da compreensão de que não é necessário ser bom em tudo para ser uma boa pessoa.

Quando Anna estava no primeiro ano do ensino médio, tirava boas notas em matemática e história. A parte acadêmica dos estudos parecia-lhe fácil, e ela não se sentia desafiada nesse quesito. Anna também gostava de jogar hóquei na grama, mas não se achava boa atleta e, por isso, nunca havia feito teste para entrar em um time. Pensava em tocar na banda da escola, mas acreditava que não tinha talento suficiente para tocar um instrumento de percussão. Seus pais ficavam satisfeitos em saber que ela estava indo bem nos estudos e não queriam que a filha enfrentasse dificuldades; assim, nunca a incentivaram a fazer algo diferente. Anna continuou na zona de conforto enquanto as amigas jogavam hóquei e tocavam na banda escolar.

Na faculdade, Anna continuou indo bem nos estudos, mas logo ficou entediada. Por fim, tomou coragem e participou de um teste para um coral feminino. Durante as audições, notou que alguns alunos na plateia davam risadinhas.

«Obrigado, Anna», disse o diretor do coral. «Entraremos em contato. No entanto, é importante que você saiba que o canto talvez não seja uma boa escolha.»

Anna ficou envergonhada. Alguns dias depois, o diretor do coral telefonou e disse que ela não tinha passado no teste. A jovem ficou chateada, mas não surpresa. O que a surpreendeu mesmo foi a rapidez com que superou a rejeição. De fato, ela me contou que, por algum motivo esquisito, a rejeição acabou servindo-lhe de estímulo para tentar outras coisas. «Pensei: o que tenho a perder? O pior que pode me acontecer é receber um não, o que nem é tão ruim.»

Ajude-a a ser forte, e não uma vítima

Ela fez testes para entrar no time de hóquei duas vezes — e não passou em nenhuma. «Sim, isso me deixou mal», admitiu, «mas não me senti uma pessoa ruim. Quando o coral me rejeitou, tive muita vergonha, senti que era uma fracassada. Mas, no time de hóquei, eu me dediquei ao máximo e até fiquei meio mal por alguns dias, mas depois segui em frente».

O mais incrível nesse caso foi que, quanto mais rejeição ela encontrava, mais ela insistia nas atividades extracurriculares. «Depois de um tempo», disse, «aquilo virou uma espécie de jogo para mim. Curiosamente, eu achava tudo muito divertido. Era como se estivesse me testando fora da sala de aula. Tentei entrar para a banda marcial, mas não consegui. Tentei entrar para a equipe de natação, mas também não deu certo. Depois, tentei entrar para a banda da faculdade. Eles precisavam de um baterista; então, fui lá, me candidatei e passei no teste. Adorei a experiência! Fiz isso todos os anos da faculdade».

Como pais, não queremos que nossas filhas tenham de lidar com o fracasso, pois tememos que a autoestima delas seja negativamente afetada. Contudo, é por meio da experiência do fracasso e da superação que nossas filhas aprendem a ser resilientes e compreendem que fracassar em algo — ou em várias coisas — não é o fim do mundo. O fracasso faz parte da vida, e amadurecer também significa aprender com ele, permitindo que nos torne mais fortes.

Por isso, se você tem uma filha interessada em entrar para o time de hóquei, incentive-a (mesmo que ela seja um pouco desajeitada). Se você tem uma filha que nunca demonstrou grande aptidão para os estudos científicos, mas tem interesse em participar da feira de ciências, permita que ela o faça. E se ela não é muito boa em soletrar mas quer participar de um concurso do tipo, avise que terá de estudar muito, mas não a impeça de se arriscar e participar do concurso.

Depois de incentivar sua filha a pisar fora da zona de conforto — mesmo que isso a leve a cair —, demonstre que você a valoriza a despeito do desempenho dela em determinada atividade e das vitórias e derrotas que virão pela frente. Ensine que cair não é tão doloroso quanto parece e que todos precisamos enfrentar nossos medos. Essas lições nos libertam.

Nunca faça por ela o que ela pode fazer por si mesma

Todos queremos ajudar nossas filhas, mas é preciso controlar essa vontade. Já fiz pelas minhas várias coisas que não deveria ter feito. Praticamente todos os pais já o fizeram. É como se ficássemos atrás delas concluindo tarefas que elas deveriam ter concluído. Ellie se esqueceu de alimentar o cachorro; logo, nós o alimentamos por ela. Vera não faz a cama há uma semana; logo, nós fazemos a cama por ela, pois não aguentamos olhar aquela bagunça. Nora precisa arrumar a cozinha depois do jantar, mas diz que tem muita lição de casa; logo, nós arrumamos a cozinha por ela. Jana já consegue amarrar o cadarço, mas hoje está atrasada para a escola; logo, nós o amarramos por ela.

São coisas pequenas, mas que estabelecem um parâmetro comportamental pouco saudável para nossas filhas. Elas aprendem que não precisam se preocupar se não concluírem determinada tarefa. Afinal, nós o fazemos em seu lugar. Isso pode abrir portas para péssimos hábitos à medida que elas crescem. Por isso, comece desde cedo a cobrar que sua filha faça aquilo que você pede. Se pedir a ela para fazer alguma coisa, certifique-se de ela concluiu a tarefa. Demonstre que as coisas estão ao alcance dela, que ela pode administrar o tempo para dar conta das tarefas domésticas e dos deveres de casa, que pode assumir responsabilidades e que ajudar os outros membros da família deve ser um compromisso.

Dê à sua filha um presente que lhe será útil pelo resto da vida: ensine-a a ser uma mulher de caráter, uma mulher determinada e resoluta que jamais sente pena de si mesma.

Agradecimentos

Deixo aqui meus agradecimentos a Marji Ross, por todo o apoio e incentivo, e também a meus incríveis editores, Harry Crocker e Kathryn Rigs, que melhoraram infinitamente este livro. Agradeço aos meus pacientes, por terem me dado o privilégio de cuidar deles ao longo dos últimos trinta anos; a Anne Mann e Lisbeth Keen: sou profundamente grata a vocês por organizarem minha vida e mantê-la nos trilhos; a Shane Koefed e Ameera Masud: obrigada por terem dedicado centenas de horas ao meu trabalho. Vocês são sensacionais.

Ao Walt, meu incrível marido: você esteve ao meu lado por três décadas, e por isso sou imensamente grata. Por fim, a minhas filhas e netas maravilhosas: me orgulho em saber que vocês são (e serão) mulheres fortes.

Referências bibliográficas

A. L. Coker, K. E. Davis, I. Arias, S. Desai, M. Sanderson, H. M. Brandt e P. H. Smith, «Physical and Mental Health Effects of Intimate Partner Violence for Men and Women». *American Journal of Preventative Medicine*, vol. 23, n. 4, novembro de 2002, pp. 260-268.

A. L. Dunn, M. H. Trivedi e H. A. O'Neal. «Physical Activity Dose-Response Effects on Outcomes of Depression and Anxiety». *Medicine & Science in Sports & Exercise*, vol. 33, n. 6, junho de 2001, S587-597, discussão 609-10.

Adam Isen e Betsey Stevenson, «Women's Education and Family Behavior: Trends in Marriage Divorce and Fertility». Pesquisa preliminar conduzida na Universidade da Pensilvânia, 28 de janeiro de 2010.

Ahmed M. Abdel-Khalek, «Can Somatic Symptoms Predict Depression?». *Social Behavior and Personality: An International Journal*, vol. 32, n. 7, 2004, pp. 657-666.

Ali Reza Soltanian, Amiri Mohammad, Soudabeh Namazi, Hossein Qaedi e Gholam Reza Kohan, «Mental Health Changes and Its Predictors in Adolescents Using the Path Analytic Model: A 7-Year Observational Study», *Iranian Journal of Psychiatry*, vol. 9, n. 1, março de 2014, pp. 1-7.

Amanda C. La Guardia, Judith A. Nelson e Ian M. Lertora, «The Impact of Father Absence on Daughter Sexual Development and Behaviors: Implications for Professional Counselors». *The Family Journal: Counseling and Therapy for Couples and Families*, vol. 22, n. 3, 2014, pp. 339-346.

Anna Petherick, «Gains in Women's Rights Haven't Made Women Happier. Why Is That?». *The Guardian*, 18 de maio de 2016. Disponível em: https://www.theguardian.com/lifeandstyle/2016/may/18/womens-rights-happiness-wellbeing-gender-gap.

Anthony F. Bogaert, «Menarche and Father Absence in a National Probability Sample», *Journal of Biosocial Science*, vol. 40, n. 4, 2008, pp. 623-636.

Armand M. Nicholi, *The Harvard Guide to Modern Psychiatry*, Belknap Press of Harvard University Press, Cambridge, 1978.

Armand M. Nicholi, *The Question of God: C.S. Lewis and Sigmund Freud Debate God, Love, Sex, and the Meaning of Life*, Free Press, Nova York, 2002.

Ashley Fetters, «4 Big Problems with "The Feminine Mystique"». *The Atlantic*, 12 de fevereiro de 2013. Disponível em: https://www.theatlantic.com/sexes/archive/2013/02/4-big-problems-with-the-feminine-mystique/273069/.

Betsey Stevenson e Justin Wolfers, «Happiness Inequality in the United States». *Journal of Legal Studies*, vol. 37, n. S2, 2008, pp. 33-79.

Betsey Stevenson e Justin Wolfers, «Marriage and Divorce: Changes and Their Driving Forces». *Journal of Economic Perspectives*, vol. 21, n. 2, 2007, pp. 27-52.

Betsey Stevenson e Justin Wolfers. «The Paradox of Declining Female Happiness». Trabalho n. 14969, não publicado, conduzido por meio do NBER (National Bureau of Economic Research), maio de 2009. Disponível em: https://www.nber.org/papers/w14969.pdf.

Betty Friedan, *The Second Stage*, Summit Books, Filipinas, 1981.

Bitsko R. H., J. R. Holbrook, R. M. Ghandour, S. J. Blumberg, S. N. Visser, R. Perou e J. Walkup. «Epidemiology and Impact of Healthcare Provider — Diagnosed Anxiety and Depression among US Children», *Journal of Developmental and Behavioral Pediatrics*, vol. 39, n. 5, junho de 2018, pp. 395-403.

Bradford Wilcox, «The Distinct, Positive Impact of a Good Dad: How Fathers Contribute to Their Kids' Lives». *The Atlantic*, 14 de junho de 2013.

Bruce J. Ellis e Judy Garber, «Psychosocial Antecedents of Variation in Girls' Pubertal Timing: Maternal Depression, Stepfather Presence, and Marital and Family Stress». *Child Development*, vol. 71, n. 2, março a abril de 2000, pp. 485-501.

Bruce J. Ellis, John E. Bates, Kenneth A. Dodge, David M. Fergusson, L. John Horwood, Gregory S. Pettit e Lianne Woodward, «Does Father Absence Place Daughters at Special Risk for Early Sexual Activity and Teenage Pregnancy?». *Child Development*, vol. 74, n. 3, maio a junho de 2003, pp. 801-821.

C. Frentz, F. M. Gresham e S. N. Elliott, «Popular, Controversial, Neglected, and Rejected Adolescents: Contrasts of Social Competence and Achievement Differences». *Journal of School Psychology*, vol. 29, n. 2, 1991, pp. 109-120.

Carmelle Minton e Kay Pasley, «Fathers' Parenting Role Identity and Father Involvement: A Comparison of Nondivorced and Divorced, Nonresident Fathers». *Journal of Family Issues*, vol. 17, n. 1, 1996, pp. 26-45.

Referências bibliográficas

Caroline Miller, «Does Social Media Cause Depression: How Heavy Instagram and Facebook Use May Be Affecting Kids Negatively». Child Mind Institute. Disponível em: https://childmind.org/article/ is-social-media-use-causing-depression/.

Centers for Disease Control and Prevention, «Data and Statistics on Children's Mental Health». Disponível em: https://www.cdc.gov/childrensmentalhealth/ data.html.

Idem, «National Health and Nutrition Examination Survey». National Center for Health Statistics.

Idem, «National Survey of the Diagnosis and Treatment of ADHD and Tourette Syndrome». National Center for Health Statistics. Disponível em: https:// www.cdc.gov/nchs/slaits/ns_data.htm.

Idem, «School Health Policies and Practices Study (SHPPS)». Adolescent and School Health. Disponível em: https://www.cdc.gov/healthyyouth/data/ shpps/index.htm.

Idem, «School-Associated Violent Death Study». Violence Prevention. Disponível em: https://www.cdc.gov/violenceprevention/youthviolence/schoolviolence/savd.html.

Christian Bjørnskov, Axel Dreher e Justina A. V. Fischer, «On Gender Inequality and Life Satisfaction: Does Discrimination Matter?». *Economics Discussion Paper*, n. 2007-07, University of St. Gallen, 23 de abril de 2007.

Christopher Munsey, «Does Marriage Make Us Happy?». *American Psychological Association*, vol. 41, n. 9, outubro de 2010. Disponível em: https://www. apa.org/monitor/2010/10/marriage.

Claudia Golden, Lawrence F. Katz e Ilyana Kuziemko, «The Homecoming of American College Women: The Reversal of the College Gender Gap». *Journal of Economic Perspectives*, vol. 20, n. 4, 2006, pp. 133-156.

D. Buhrmester «Intimacy of Friendship, Interpersonal Competence, and Adjustment during Preadolescence and Adolescence». *Child Development*, vol. 61, n. 4, agosto de 1990, pp. 1101-1111.

Daniel F. Roberts, Ulla G. Foehr e Victoria Rideout, «Generation M2: Media in the Lives of 8-18-Year-Olds». *Kaiser Family Foundation*, 2010. Disponível em: https://www.kff.org/wp-content/uploads/2013/04/8010.pdf.

Idem, «Generation M: Media in the Lives of 8-18-Year-Olds». *Kaiser Family Foundation*, março de 2005.

Daniel Kahneman, «Objective Happiness». In: Daniel Kahneman, Ed Diener e Norbert Schwarz, *Well-Being: The Foundations of Hedonic Psychology*, Russell Sage Foundation, Nova York, 1999, pp. 3-25.

David T. Elwood e Christopher Jencks, «The Spread of Single-Parent Families in the United States since 1960». *John F. Kennedy School of Government Working Paper*, Harvard University, fevereiro de 2004.

E. J. Costello, S. Mustillo, A. Erkanli, G. Keeler e A. Angold, «Prevalence and Development of Psychiatric Disorders in Childhood and Adolescence». *Archives of General Psychiatry*, vol. 60, n. 8, agosto de 2003, pp. 837-844.

E. Mavis Hetherington, «Effects of Father Absence on Personality Development in Adolescent Daughters». *Developmental Psychology*, vol. 7, n. 3, 1972, pp. 313-326.

Ed Diener, «Subjective Well-Being: The Science of Happiness and a Proposal for a National Index». *American Psychologist*, vol. 55, n. 1, 2000, pp 34-43.

Idem, «Subjective Well-Being». *Psychological Bulletin*, vol. 95, n. 3, 1984, pp. 542-575.

Eirini Flouri, «Exploring the Relationships between Mothers' and Fathers' Parenting Practices and Children's Materialistic Values». *Journal of Economic Psychology*, vol. 25, n. 6, fevereiro de 2004, pp. 743-752.

Erica Komisar, *Being There: Why Prioritizing Motherhood in the First Three Years Matters*, TarcherPerigee, Nova York, 2017.

Franklin B. Krohn e Z. Bogan, «The Effects Absent Fathers Have on Female Development and College Attendance». *College Student Journal*, vol. 35, 2001, p. 598.

G. W. Brown, B. Andrews, T. Harris, Z. Adler e L. Bridge, «Social Support, Self-Esteem and Depression». *Psychological Medicine*, vol. 16, n. 4, novembro de 1986, pp. 813-831.

Gay C. Armsden e Mark T. Greenberg, «Inventory of Parent and Peer Attachment: Revised Manual». Versão revisada e não publicada. University of Washington, Seattle, 1989.

Gay C. Armsden e Mark T. Greenberg, «The Inventory of Parent and Peer Attachment: Individual Differences and Their Relationship to Psychological Well-Being in Adolescence». *Journal of Youth and Adolescence*, vol. 16, n. 5, outubro de 1987, pp. 427-454.

General Social Survey, «Trends in Psychological Well-Being». *NORC at the University of Chicago*, abril de 2015. Disponível em: https://www.norc.org/PDFs/GSS%20Reports/GSS_PsyWellBeing15_final_formatted.pdf.

George A. Akerlof, Janet L. Yellen e Michael L. Katz, «An Analysis of Out-of-Wedlock Childbearing in the United States». *Quarterly Journal of Economics*, vol. 111, n. 2, maio de 1996, pp. 277-317.

Gloria Steinem, *Revolution from Within: A Book of Self-Esteem*, Little, Brown and Company, Nova York, 1993.

Gwenn Schurgin O'Keeffe e Kathleen Clarke-Pearson, «The Impact of Social Media on Children, Adolescents, and Families». *American Academy of Pediatrics*, vol. 127, n. 4, abril de 2011, pp. 800-804. Disponível em: https://pediatrics.aappublications.org/content/127/4/800.

Referências bibliográficas

Henry B. Biller, «Paternal and Sex-Role Factors in Cognitive and Academic Functioning». *Nebraska Symposium on Motivation*, vol. 21, pp. 83-123.

Hillary L. McBride. *Mothers, Daughters and Body Image: Learning to Love Ourselves as We Are*, Post Hill Press, Nova York, 2017.

J. Downing e M. A. Bellis, «Early Pubertal Onset and Its Relationship with Sexual Risk Taking, Substance Use and Anti-Social Behavior: A Preliminary Cross-Sectional Study». *BMC Public Health*, vol. 9, 3 de dezembro de 2009, p. 446.

J. F. Leckman e J. S. March, «Editorial: Developmental Neuroscience Comes of Age». *Journal of Child Psychology and Psychiatry*, vol. 52, n. 4, abril de 2011, pp. 333-338.

J. M. Tither e B. J. Ellis, «Impact of Fathers on Daughters' Age at Menarche: A Genetically and Environmentally Controlled Sibling Study». *Developmental Psychology*, vol. 44, n. 5, 2008, pp. 1409-1420.

J. P. Allen, F. C. McFarland, M. R. Porter e P. Marsh, «The Two Faces of Adolescents' Success with Peers: Adolescent Popularity, Social Adaptation, and Deviant Behavior». *Child Development*, vol. 76, n. 3, 2005, pp. 747-760.

J. S. Chisholm, J. A. Quinlivan, R. W. Petersen e D. A. Coall, «Early Stress Predicts Age at Menarche and First Birth, Adult Attachment, and Expected Lifespan». *Human Nature* vol. 16, n. 3, 2005, pp. 233-265.

Jayne O'Donnell e Anne Saker, «Teen Suicide Is Soaring. Do Spotty Mental Health and Addiction Treatment Share Blame?». *USA Today*, 19 de março de 2018. Disponível em: https://www.usatoday.com/story/news/politics/2018/03/19/teen-suicide-soaring-do-spotty-mental-health-and-addiction-treatment-share-blame/428148002/.

Jean M. Twenge, «The Age of Anxiety? Birth Cohort Change in Anxiety and Neuroticism, 1952-1993». *Journal of Personality and Social Psychology*, vol. 79, n. 6, 2000, pp. 1007-1021.

Joe McIlhaney, *Hooked*, Northfield Publishing, Chicago, 2008.

Joe Sugarman, «The Rise of Teen Depression». *Johns Hopkins Health Review*, vol. 4, n. 2, outono/inverno de 2017.

Joni F. Fitzgerald e Robert C, «The Role of the Father in Anorexia». *Journal of Contemporary Psychotherapy*, vol. 30, n. 1, março de 2000, pp. 71-84.

Joseph H. Pleck, «Paternal Involvement: Revised Conceptualization and Theoretical Linkages with Child Outcomes». In: M. E. Lamb (org.), *The Role of the Father in Child Development*, John Wiley, Nova York, 2010, pp. 66-104.

Joy Pullmann, «The Feminist Life Script Has Made Many Women Miserable. Don't Let It Sucker You». *The Federalist*, 11 de dezembro de 2018. Disponível em: https://thefederalist.com/2018/12/11/the-feminist-life-script-has-made-many-women-miserable-dont-let-it-sucker-you/.

K. R. Olson, L. Durwood, M. DeMeules e K. A. McLaughlin, «Mental Health of Transgender Children Who Are Supported in Their Identities». *Pediatrics*, vol. 137, n. 3, março de 2016.

Karin Grossmann, Klaus E. Grossmann, Elisabeth Fremmer-Bombik, Heinz Kindler, Hermann Scheuerer-Englisch e Peter Zimmerman, «The Uniqueness of the Child-Father Attachment Relationship: Fathers' Sensitive and Challenging Play as a Pivotal Variable in a 16-Year Longitudinal Study». *Social Development*, vol. 11, n. 3, 11 de julho de 2002, pp. 301-337.

Kim A. Jones, «Assessing the Impact of Father-Absence from a Psychoanalytic Perspective». *Psychoanalytic Social Work*, vol. 14, n. 1, 2007, pp. 43-58.

L. Andrade, J. J. Caraveo-Anduago, P. Berglund, R. V. Bijl, R. De Graaf, W. Vollebergh, E. Dragomirecka, R. Kohn, M. Keller, R. C. Kessler, N. Kawakami, C. Kilic, D. Offord, T. B. Ustun, e H. U. Wittchen, «Epidemiology of Major Depressive Episodes: Results from the International Consortium of Psychiatric Epidemiology (ICPE) Surveys». *International Journal of Methods in Psychiatric Research*, vol. 12, n. 1, 2003, pp. 3–21.

L. East, D. Jackson e L. O'Brien, «Disrupted Relationships: Adult Daughters and Father Absence». *Contemporary Nurse*, vol. 23, n. 2, dezembro de 2006 a janeiro de 2007, pp. 252-261.

Leonard Sax, *Boys Adrift: The Five Factors Driving the Growing Epidemic of Unmotivated Boys and Underachieving Young Men*, Basic Books, Nova York, 2016.

Idem, Girls on the Edge, Basic Books, Nova York, 2010.

Idem, The Collapse of Parenting: How We Hurt Our Kids When We Treat Them Like Grown-Ups, Basic Books, Nova York, 2016.

Idem, Why Gender Matters, Second Edition: What Parents and Teachers Need to Know about the Emerging Science of Sex and Differences, Harmony Books, Nova York, 2017.

Lewis Leavitt, «Research to Practice: Emotional Development and Maternal/ Infant Attachment». *Journal of Pediatric Health Care*, vol. 13, n. 3, parte 2, maio/junho de 1999, S4-S7.

Linda Nielsen, «Divorced Fathers and Their Daughters: A Review of Recent Research». *Journal of Divorce & Remarriage*, vol. 52, n. 2, 10 de fevereiro de 2011, pp. 77-93.

Linda Schierse Leonard, *The Wounded Woman: Healing the Father-Daughter Relationship*, Shambhala, Boston, 1998.

Lisa A. Newland e Diana D. Coyl-Shepherd. «Fathers' Role as Attachment Figure: An Interview with Sir Richard Bowlby». *Early Child Development and Care*, vol. 180, nn. 1-2, janeiro de 2010, pp. 25-32.

Referências bibliográficas

Liuan Huska, «Has Attachment Parenting Theory Made Us Anxious Parents?». *Christianity Today*, julho/agosto de 2018. Disponível em: www.christiani-tytoday.com/women/2018/march/has-attachment-theory-made-us-anxious-parents.html.

M. L. Danielson, R. H. Bitsko, R. M. Ghandour, J. R. Holbrook e S. J. Blumberg, «Prevalence of Parent-Reported ADHD Diagnosis and Associated Treatment among U.S. Children and Adolescents, 2016». *Journal of Clinical Child and Adolescent Psychology*, vol. 47, n. 2, março-abril de 2018, pp. 199-212.

Marilyn Wedge, «Why French Kids Don't Have ADHD». *Psychology Today*, 8 de março de 2012.

Marjorie Hogan e Victor Strasburg, «Body Image, Eating Disorders, and the Media». *Adolescent Medicine*, vol. 19, 2008, pp. 1-27.

Matra Robertson, *Starving in the Silences: An Exploration of Anorexia Nervosa*, New York University Press, Nova York, 1992.

Matthew S. Robinson e Lauren B. Alloy, «Negative Cognitive Styles and Stress-Reactive Rumination Interact to Predict Depression: A Prospective Study». *Cognitive Therapy and Research*, vol. 27, n. 3, junho de 2003, pp. 275-291.

Megan A. Moreno, Lauren A. Jelenchick, Katie G. Egan, Elizabeth Cox, Henry Young, Kerry E. Gannon e Tara Becker, «Feeling Bad on Facebook: Depression Disclosures by College Students on a Social Networking Site». *Depression and Anxiety*, vol. 28, n. 6, junho de 2011, pp. 447-455.

Merck Newsroom Home, «FDA Approves Merck's HPV Vaccine, GARDASIL 9, to Prevent Cancers and Other Diseases Caused by Nine HPV Types — Including Types That Cause About 90% of Cervical Cancer Cases», 11 de dezembro de 2014. Disponível em: https://www.mrknewsroom.com/news-release/prescription-medicine-news/fda-approves-mercks-hpv-vaccine-gardasil9-prevent-cancers-an.

Michael E. Lamb (org.), *The Role of the Father in Child Development*, John Wiley, Hoboken 2010.

Miles Kimball e Robert Willis, «Utility and Happiness». Trabalho não publicado, conduzido na Universidade do Michigan, 30 de outubro de 2006. Disponível em: http://www.econ.yale.edu/~shiller/behmacro/2006-11/kimball-willis.pdf.

N. Bilenberg, D. J. Petersen, K. Hoerder e C. Gillberg, «The Prevalence of Child-Psychiatric Disorders among 8-9-Year-Old Children in Danish Mainstream Schools». *Acta Psychiatrica Scandinavica*, vol. 111, n. 1, janeiro de 2005, pp. 59-67.

Nancy Lovell, «God, Love, Sex, and the Meaning of Life: An Interview with dr. Armand Nicholi». *The High Calling*, 14 de fevereiro de 2006. Disponível em: https://www.theologyofwork.org/the-high-calling/blog/god-love-sex-and-meaning-life-interview-dr-armand-nicholi.

Natacha M. de Genna, Cynthia Larkby e Marie D. Cornelius, «Pubertal Timing and Early Sexual Intercourse in the Offspring of Teenage Mothers». *Journal of Youth and Adolescence*, vol. 40, n. 10, outubro de 2011, pp. 1315-1328.

National Institute of Mental Health, «Major Depression». Disponível em: https://www.nimh.nih.gov/health/statistics/major-depression.shtml.

National Survey on Drug Use and Health (NSDUH). Disponível em: https://nsduhweb.rti.org/respweb/homepage.cfm.

Nick Zagorski, «Using Many Social Media Platforms Linked with Depression, Anxiety Risk». *Psychiatric News*, 17 de janeiro de 2017.

Olga Khazan, «Fewer Sex Partners Means a Happier Marriage». *The Atlantic*, 22 de outubro de 2018.

P. Cohen, J. Cohen, S. Kasen, C. N. Velez, C. Hartmark, J. Johnson, M. Rojas e E. L. Streuning, «An Epidemiological Study of Disorders in Late Childhood and Adolescence-I. Age- and Gender-Specific Prevalence». *Journal of Child Psychology and Psychiatry*, vol. 34, n. 6, setembro de 1993, pp. 851-867.

P. M. Lewinsohn, P. Rohde e J. R. Seeley, «Major Depressive Disorder in Older Adolescents: Prevalence, Risk Factors, and Clinical Implications». *Clinical Psychology Review*, vol. 18, n. 7, novembro de 1998, pp. 765-794.

Parents Television Council, «The New Media: The Wild Wild West».

Paul L. Adams, Judith R. Milner e Nancy A. Schrepf, *Fatherless Children*, John Wiley, Nova York, 1984.

Paul Raeburn, «How Dads Influence Teens' Happiness». *Scientific American Mind Behavior & Society*, 1º de maio de 2014. Disponível em: https://www.scientificam- erican.com/article/how-dads-influence-teens-happiness/.

Paula Davis-Laack, «Women & Happiness: Is It Still Declining?». *Psychology Today*, 10 de março de 2013. Disponível em: https://www.psychologytoday.com/us/ blog/pressure-proof/201303/women-happiness-is-it-still-declining.

Penny Marsh, Joseph P. Allen, Martin Ho, Maryfrances Porter e F. Christy Mc-Farland, «The Changing Nature of Adolescent Friendships Longitudinal Links with Early Adolescent Ego Development». *The Journal of Early Adolescence*, vol. 26, n. 4, 2006, pp. 414-431.

Peter R. Kilmann, Laura V. Carranza e Jennifer M. C. Vendemia, «Recollections of Parent Characteristics and Attachment Patterns for College Women of Intact vs. Non-Intact Families». *Journal of Adolescence*, vol. 29, n. 1, fevereiro de 2006, pp. 89-102.

Pew Research Center, «The Decline of Marriage and Rise of New Families», 18 de novembro de 2010. Disponível em: https://www.pewsocialtrends.org/wp-content/uploads/sites/3/2010/11/pew-social-trends-2010-families.pdf.

Referências bibliográficas

Phyllis Bronstein, «Father-Child Interaction: Implications for Gender-Role Socialization». *Fatherhood Today: Men's Changing Role in the Family*, editado por P. Bronstein e C. P. Cowan, John Wiley, Oxford, 1988, pp. 107-124.

R. A. Cree, R. H. Bitsko, L. R. Robinson, J. R. Holbrook, M. L. Danielson, D. S. Smith, J. W. Kaminski, M. K. Kenney e G. Peacock, «Health Care, Family, and Community Factors Associated with Mental, Behavioral, and Developmental Disorders and Poverty among Children Aged 2-8 Years; United States, 2016». *Morbidity and Mortality Weekly Report*, vol. 67, n. 5, 2018, pp. 1377-1383.

R. Kim Oates, Douglas Forrest e Anthony Peacock, «Self-Esteem of Abused Children». *Child Abuse & Neglect*, vol. 9, n. 2, 1985, pp. 159-163.

R. M. Ghandour, L. J. Sherman, C. J. Vladutiu, M. M. Ali, S. E. Lynch, R. H. Bitsko e S. J. Blumberg, «Prevalence and Treatment of Depression, Anxiety, and Conduct Problems in U.S. Children». *Journal of Pediatrics*, vol. 206, março de 2019, pp. 256-267.

R. Perou, R. H. Bitsko, S. J. Blumberg, P. Pastor, R. M. Ghandour, J. C. Gfroerer, S. L. Hedden, A. E. Crosby, S. N. Visser, L. A. Schieve, S. E. Parks, J. E. Hall, D. Brody, C. M. Simile, W. W. Thompson, J. Baio, S. Avenevoli, M. D. Kogan e L. N. Huang, «Mental Health Surveillance among Children —United States, 2005-2011». *Morbidity and Mortality Weekly Report*, vol. 62, n. 2, 17 de maio de 2013, pp. 1-35.

Rachel Blumstein Posner, «Early Menarche: A Review of Research on Trends in Timing, Racial Differences, Etiology, and Psychosocial Consequences». *Sex Roles: A Journal of Research*, vol. 54, n. 5-6, 2006, pp. 315-322.

Ramin Mojtabai, Mark Olfson e Beth Han, «National Trends in the Prevalence and Treatment of Depression in Adolescents and Young Adults». *Pediatrics*, vol. 138, n. 6, dezembro de 2016. Disponível em: https://pediatrics.aappublications.org/content/138/6/e20161878.

Ravi Zacharias, «"Who Are You, Really?" — A dr. Ravi Zacharias Presentation», 23 de março de 2013.

Idem, «RZIM: Life's Four Big Questions, Q and A — by Ravi Zacharias @ University of Kentucky», 2 de junho de 2016. Disponível em: https://www.youtube.com/watch?v=DseIM5MlpSo.

Ron J. Steingard, «Mood Disorders and Teenage Girls: Why They Are More Vulnerable Than Boys, and What Signs and Symptoms You Should Look For». *Child Mind Institute*. Disponível em: https://childmind.org/article/mood-disorders-and-teenage-girls/.

Rose Merlino Perkins, «The Father-Daughter Relationship: Familial Interactions That Impact a Daughter's Style of Life». *College Student Journal*, vol. 35, n. 4, 2001, pp. 616-626.

Roxanne Dryden-Edwards, «Teen Depression». *MedicineNet*. Disponível em: https://www.medicinenet.com/teen_depression/article.htm.

Ruth Gaunt, «Biological Essentialism, Gender Ideologies, and Role Attitudes: What Determines Parents' Involvement in Child Care». *Sex Roles: A Journal of Research*, vol. 55, n. 7-8, 2006, pp. 523-533.

S. E. Anderson e Aviva Must, «Interpreting the Continued Decline in Average Age at Menarche: Results from Two Nationally Representative Surveys of U.S. Girls Studied 10 Years Apart». *Journal of Pediatrics*, vol. 147, n. 6, dezembro de 2005, pp. 753-760.

S. E. Anderson, G. E. Dallal e Aviva Must, «Relative Weight and Race Influence Average Age at Menarche: Results from Two Nationally Representative Surveys of US Girls Studied 25 Years Apart». *Pediatrics*, vol. 111, n. 4, abril de 2003, pp. 844-850.

S. G. Pfefferle e E. L. Spitznagel, «Children's Mental Health Service Use and Maternal Mental Health: A Path Analytic Model». *Children and Youth Services Review*, vol. 31, n. 3, março de 2009, pp. 378-382.

Sabine Hoier, «Father Absence and Age at Menarche». *Human Nature*, vol. 14, n. 3, setembro de 2003, pp. 209-233.

Sandra L. Bem, *The Lenses of Gender: Transforming the Debate on Sexual Inequality*, Yale University Press, New Haven, 1993.

Sarah L. DeJean, Christi R. McGeorge e Thomas Stone Carlson. «Attitudes Toward Never-Married Single Mothers and Fathers: Does Gender Matter?». *Journal of Feminist Family Therapy*, vol. 24, n. 2, 30 de abril de 2012, pp. 121-138.

Sarah M. Ellis, Yasmin S. Khan, Victor W. Harris, Ricki McWilliams e Diana Converse, «The Impact of Fathers on Children's Well-Being». *University of Florida IFAS Extension*, setembro de 2014. Disponível em: https://edis. ifas. ufl.edu/fy1451.

Shir Atzil, Talma Hendler, Oma Zagoory-Sharon, Yonatan Winetraub e Ruth Feldman. «Synchrony and Specificity in the Maternal and the Paternal Brain: Relations to Oxytocin and Vasopressin». *Journal of the American Academy of Child & Adolescent Psychiatry*, vol. 51, n. 8, agosto de 2012, pp. 798–811.

Silvia Pezzini, «The Effect of Women's Rights on Women's Welfare: Evidence from a Natural Experiment». *The Economic Journal*, vol. 115, n. 502, 2 de março de 2005, pp. C208-227.

Stanford Children's Health, «Teen Suicide». Disponível em: https://www. stanfordchildrens.org/en/topic/default?id=teen-suicide-90-P02584.

Stephanie Faris, «Teenage Depression: Statistics, Symptoms, Diagnosis, and Treatments». *Healthline Newsletter*, 22 de março de 2016. Disponível em: https://www.healthline.com/health/depression/teenage-depression.

Stuart T. Hauser, «Loevinger's Model and Measure of Ego Development: A Critical Review». *Psychological Bulletin*, vol. 83, n. 5, 1976, pp. 928-955.

Referências bibliográficas

Stuart T. Hauser, E. B. Gerber e J. P. Allen, «Ego Development and Attachment: Converging Platforms for Understanding Close Relationships». In: *Personality Development: Theoretical, Empirical, and Clinical Implications of Loevinger's Conception of Ego Development*, editado por M. P. Westenberg e A. Blasi, Lawrence Erlbaum Associates, Mahwah, 1998, pp. 203-217.

Susanna N. Visser, Melissa L. Danielson, Rebecca H. Bitsko, Ruth Perou e Stephen J. Blumberg, «Convergent Validity of Parent-reported ADHD Diagnosis: A Cross-study Comparison». *JAMA Pediatrics*, vol. 167, n. 7, julho de 2013, pp. 674-675.

T. E. Moffitt, A. Caspi, J. Belsky e P. A. Silva, «Childhood Experience and the Onset of Menarche: A Test of a Sociobiological Model». *Child Development*, vol. 63, n. 1, fevereiro de 1992, pp. 47-58.

T. J. Berndt e R. C. Savin-Williams, «Variations in Friendships and Peer-group Relationships in Adolescence». *Handbook of Clinical Research and Practice with Adolescents*, editado por P. Tolan e B. Cohler, John Wiley, Nova York, 1993, pp. 203-219.

T. J. Dishion e L. D. Cwen, «A Longitudinal Analysis of Friendships and Substance Use: Bidirectional Influence from Adolescence to Adulthood». *Developmental Psychology*, vol. 38, n. 4, 2002, pp. 480-491.

Victoria Secunda, *Women and Their Fathers*, Bantam Double-day Dell, Nova York, 1992.

W. F. Furman e K. L. Bierman, «Children's Conceptions of Friendship: A Multi-Method Study of Developmental Changes». *Developmental Psychology*, vol. 20, n. 5, 1984, pp. 925-931.

W. M. Bukowski, C. Gauze, B. Hoza e A. F. Newcomb, «Differences and Consistency Between Same-Sex and Other-Sex Peer Relations during Early Adolescence». *Developmental Psychology*, vol. 29, n. 2, 1993, pp. 255-264.

William H Jeynes, «The Effects of Recent Parental Divorce on Their Children's Consumption of Alcohol». *Journal of Youth and Adolescence*, vol. 30, n. 3, junho de 2001, pp. 305-319.

William R. Downs e Brenda A. Miller, «Relationships between Experiences of Parental Violence during Childhood and Women's Psychiatric Symptomatology», *Journal of Interpersonal Violence*, vol. 13, n. 4, 1º de agosto de 1998, pp. 438-455.

William V. Fabricius, «Listening to Children of Divorce: New Findings That Diverge from Wallerstein, Lewis, and Blakeslee». *Family Relations: An Interdisciplinary Journal of Applied Family Studies*, vol. 52, n. 4, 2003, pp. 385-396.

Direção geral
Renata Ferlin Sugai

Direção editorial
Hugo Langone

Produção editorial
Gabriela Haeitmann
Ronaldo Vasconcelos
Juliana Amato

Capa & diagramação
Gabriela Haeitmann

ESTE LIVRO ACABOU DE SE IMPRIMIR
A 28 DE JULHO DE 2022,
EM PAPEL IVORY 65 g/m².